校勘標點 大明律直解

校勘標點 大明律直解

韓相權 具德會 沈義基 朴鎭浩 張景俊 金世奉 金伯哲 趙允旋 校點

韓國古典飜譯院

凡例

1. 이 책은 明의 법률서인《大明律》을 朝鮮에서 吏讀로 번역하여 1395년 간행한《大明律直解》를 校勘·標點한 것이다.
2. 이 책의 底本은 1546년에 公州에서 重刊한 것으로 추정되는 木版本이며, 그 所藏處는 高麗大學校 晩松文庫(만송 B7-A118B 1-5)이다.
3. 校勘에 참고한 異本은 다음과 같다.
   - 《大明律直解》世宗板, 16世紀 前半, 日本 蓬左文庫 所藏(蓬左文庫 103-44 1-4), 國立中央圖書館 마이크로필름(M古 3-1999-10, 11)
   - 《大明律直解》光州板, 16世紀 後半, 서울大學校 奎章閣韓國學硏究院 所藏(奎 5938)
   - 《大明律直解》晉州板, 17世紀 後半, 대구가톨릭大學校 圖書館 所藏(동369.12 대 34 1-4)
   - 《大明律直解》樂安板, 17世紀 後半, 대구가톨릭大學校 石田文庫 所藏(동369.12 대 34 1-4)
   - 《大明律直解》平壤板, 1686, 서울大學校 奎章閣韓國學硏究院 所藏(貴 1709-v.1-4)
4. 校勘에 사용한 주요 參考 資料는 다음과 같다.
   - 《大明律》(朝鮮 刊本), 15世紀 前半, 所藏處 不明, 原本 複製本
   - 《大明律講解》(朝鮮 刊本), 1907, 서울大學校 奎章閣韓國學硏究院 所藏, 奎章閣 影印本(2001)
   - 《大明律附例》(朝鮮 刊本), 1585 이후, 서울大學校 奎章閣韓國學硏究院 所藏, 奎章閣 影印本(2001)
   - 《律條疏議》(中國 刊本), 1467, 楊一凡 整理 中國律學文獻 第1輯 第2冊·第3冊, 黑龍江人民出版社, 2005.
   - 《大明律釋義》(中國 刊本), 1543, 楊一凡 整理 中國律學文獻 第2輯, 〔明〕應檟 撰 明嘉靖28年刻本 藏日本尊經閣文庫, 黑龍江人民出版社, 2005.
   - 《大明律集解附例》(中國 刊本), 1596, 臺灣學生書局 影印本(1970)
   - 《大明律附例箋釋》(日本 刊本), 1612, 東京大學 東洋文化硏究所 所藏, 原本 複製本

5. 底本의 오류가 명백한 경우 本文을 고치고 校勘記에 그 근거나 사유를 밝혔다.
6. 底本의 오류가 의심되지만 명백한 근거나 사유를 찾을 수 없는 경우 校勘記에 그 내용을 언급하였다.
7. 底本과 異本, 校勘 資料 간에 글자의 차이는 있지만 어느 쪽이 옳은지 확정할 수 없는 경우 校勘記에 그 내용을 밝혔다.
8. 影印 과정상의 문제로 底本에서 判讀이 어려운 글자나 變形된 글자는 異本에 의거하여 補充·訂正하고 별도의 校勘記는 달지 않았다.
9. 本文에 쓰인 異體字 가운데 현재 일반적으로 通用되지 않는 글자는 代表字로 고치고 校勘記는 달지 않았다. 代表字 판정은 韓國古典飜譯院 異體字 檢索시스템을 準據로 하였다.
10. 板刻이나 筆寫 과정에서 관행적으로 通用하던 글자는 文脈에 맞게 고치고 校勘記는 달지 않았다. 예) 己 已 巳, 簫 蕭
11. 原文에는 없으나 편의상 각 條에 1條부터 460條까지 일련번호를 부여하였다.
12. 律文에서 조문의 내용을 구분한 項은 '-1, -2'와 같이 표기하고, 直解는 律文의 項 구분에 따라 행을 바꾸고 '○'로 표시하였다. 단, 律文은 項을 나누었으나 直解는 項을 나누지 않은 경우 直解에 '(○)'를 넣고, 律文은 項을 나누지 않았으나 直解는 項을 나눈 경우 直解에 '○'를 넣되 행을 바꾸지 않았다.
13. 법조문이라는 자료의 특징을 살려 범죄자, 범죄 행위, 형벌 적용 대상, 범죄 대상물, 범죄 구성 요건, 면죄의 조건, 형벌 적용 조건과 그에 대한 형벌, 처벌 규정 등은 각각 반점으로 구분하였고, 각 사항별로 내용이 복잡한 경우도 필요에 따라 반점으로 구분하였다.
14. 直解는 吏讀 표시(예 : 聞知爲遣)와 띄어쓰기만 하고 標點 符號는 사용하지 않았다. 吏讀 표시는 동사류, 부사류 및 문법 형태 위주로 하고 명사류(예 : 捧上, 次知)에는 하지 않았다. 띄어쓰기는 원칙적으로 吏讀가 포함된 문장 성분을 기준으로 하였다. 조문의 시작을 표시하는 '凡' 자 다음에는 한 칸을 띄었고, 띄어 쓴 단위 내부에 구절 경계가 있어 띄어 쓰지 않으면 문장 파악이 어려운 경우, 대등한 성분이 지나치게 길게 나열된 경우 등에는 적절히 띄었다.
15. 徒刑·流刑과 附加刑으로서의 杖은 사이에 반점을 찍지 않았다.

16. 이 책에서 사용한 標點 符號는 다음과 같다.

。　疑問文을 제외한 文章의 끝에 쓴다.

?　疑問文의 끝에 쓴다.

,　한 文章 안에서 일반적으로 句의 구분이 필요한 곳에 쓴다.

、　한 句 안에서 竝列된 單語 사이에 쓴다.

·　名詞의 竝列이 중층적인 경우 모점(、) 안에서 竝列語를 구분하는 데 쓴다.

;　複文 안에서 구조상 분명하게 竝列된 語句 사이에 쓴다.

:　뒤에 나올 내용을 제시할 때 쓴다.

“ ”　직접 引用된 말이나 强調해야 하는 말을 나타내는 데 쓴다.

【 】　原文의 小註 또는 律註를 나타내는 데 쓴다.

《 》　書名, 篇名 등을 나타내는 데 쓴다.

____　人名, 地名, 國名, 年號 등의 固有名詞를 나타내는 데 쓴다.

爲旀　吏讀를 나타내는 데 쓴다.

目次

卷1 名例律

卷2~3 吏律

卷4~10 戶律

卷11~12 禮律

卷13~17 兵律

宮衛

軍政

關津

廄牧

郵驛

卷18~28 刑律

盜賊

人命

鬪毆

雜犯

捕亡

斷獄

卷29~30 工律

大明律總目【凡四百五十六條 計三十卷】

刑律

工律

五刑之圖

笞刑五	一十	二十	三十	四十	五十
杖刑五	六十	七十	八十	九十	一百
徒刑五	一年 杖六十	一年半 杖七十	二年 杖八十	二年半 杖九十	三年 杖一百
流刑三	二千里 杖一百	二千五百里 杖一百	三千里 杖一百		
死刑二	絞【全其肢體】	斬【身首異處】			

五刑名義

笞者，謂人有輕罪，用小荊杖決打。自一十至五十爲五等。每一十下爲一等加減。
杖者，謂人犯罪，用大荊杖決打。自六十至一百爲五等。亦每一十下爲一等加減。
徒者，謂人犯罪稍重，拘收在官，煎鹽炒鐵，一應用力辛苦之事。自一年至三年爲五等。每杖一十及半年爲一等加減。
流者，謂人犯重罪，不忍刑殺，流去遠方，終身不得回鄉。自二千里至三千里爲三等。每五百里爲一等加減。
絞、斬二刑，刑之極者。

遷徙，謂遷離鄉土一千里之外。

獄具之圖

<table>
<tr><td rowspan="2">笞</td><td colspan="2">大頭徑：二分七厘</td><td colspan="2">小頭徑：一分七厘</td><td colspan="2">長：三尺五寸</td></tr>
<tr><td colspan="6">以小荊條爲之。須削去節目，用官降較板如法較勘。毋令筋膠諸物裝釘。應決者，用小頭臀受。</td></tr>
<tr><td rowspan="2">杖</td><td colspan="2">大頭徑：三分二厘</td><td colspan="2">小頭徑：二分二厘</td><td colspan="2">長：三尺五寸</td></tr>
<tr><td colspan="6">以大荊條爲之。亦須削去節目，用官降較板如法較勘。毋令筋膠諸物裝釘。應決者，用小頭臀受。</td></tr>
<tr><td rowspan="2">訊杖</td><td colspan="2">大頭徑：四分五厘</td><td colspan="2">小頭徑：三分五厘</td><td colspan="2">長：三尺五寸</td></tr>
<tr><td colspan="6">以荊杖爲之。其犯重罪，贓證明白不服招承，明立文案，依法拷訊。臀、腿分受。</td></tr>
<tr><td rowspan="2">枷</td><td colspan="3">長：五尺五寸</td><td colspan="3">頭闊：一尺五寸</td></tr>
<tr><td colspan="6">以乾木爲之。死罪重二十五斤，徒、流重二十斤，杖罪重一十五斤。長短輕重刻誌其上。</td></tr>
<tr><td rowspan="2">杻</td><td colspan="3">厚：一寸</td><td colspan="3">長：一尺六寸</td></tr>
<tr><td colspan="6">以乾木爲之。男子犯死罪者，用杻。犯流罪以下及婦人犯死罪者，不用。</td></tr>
<tr><td rowspan="2">鐵索</td><td colspan="6">長：一丈</td></tr>
<tr><td colspan="6">以鐵爲之。犯輕罪人用。</td></tr>
<tr><td rowspan="2">鐐</td><td colspan="3">連環</td><td colspan="3">共重：三斤</td></tr>
<tr><td colspan="6">以鐵爲之。犯徒罪者，帶鐐工作。</td></tr>
</table>

總論喪服之圖

<table>
<tr><td>斬衰</td><td>三年</td><td>用至麤麻布爲之。不縫下邊焉。</td></tr>
<tr><td rowspan="5">齊衰</td><td>三年</td><td rowspan="5">用稍麤麻布爲之。縫下邊。</td></tr>
<tr><td>杖期【卽一年】</td></tr>
<tr><td>不杖期【亦一年】</td></tr>
<tr><td>五月</td></tr>
<tr><td>三月</td></tr>
<tr><td>大功</td><td>九月</td><td>用麤熟布爲之。</td></tr>
<tr><td>小功</td><td>五月</td><td>用稍麤熟布爲之。</td></tr>
<tr><td>緦麻</td><td>三月</td><td>用稍細熟布爲之。</td></tr>
</table>

例分八字之義

以	以者，與眞犯同。謂如監守貿易官物，無異眞盜，故以枉法論，以盜論，竝除名、刺字，罪至斬、絞，竝全科。
准	准者，與眞犯有間矣。謂如准枉法、准盜論，但准其罪，不在除名、刺字之例，罪止杖一百流三千里。
皆	皆者，不分首從，一等科罪。謂如監臨、主守職役同情，盜所監守官物，并贓滿貫，皆斬之類。
各	各者，彼此同科此罪。謂如諸色人匠撥赴內府工作，若不親自應役，雇人冒名，私自代替及替之人，各杖一百之類。
其	其者，變於先意。謂如論八議罪犯，先奏請議，其犯十惡不用此律之類。
及	及者，事情連後。謂如彼此俱罪之贓及應禁之物，則沒官之類。
卽	卽者，意盡而復明。謂如犯罪事發在逃者，衆證明白，卽同獄成之類。
若	若者，文雖殊而會上意。謂如犯罪未老疾，事發時老疾論，若在徒年限內老疾者，亦如之之類。

大明律直解

卷1 名例律

1 五刑

笞刑五:

一十。【贖, 銅錢六百文。】

直 准折五升布三疋

二十。【贖, 銅錢一貫二百文。】

直 准折五升布六疋

三十。【贖, 銅錢一貫八百文。】

直 准折五升布九疋

四十。【贖, 銅錢二貫四百文。】

直 准折五升布[1]十二疋

五十。【贖, 銅錢三貫。】

直 准折五升布十五疋

杖刑五:

六十。【贖, 銅錢三貫六百文。】

直 准折五升布十八疋

七十。【贖, 銅錢四貫二百文。】

直 准折五升布二十一疋

八十。【贖, 銅錢四貫八百文。】

直 准折五升布二十四疋

九十。【贖, 銅錢五貫四百文。】

直 准折五升布二十七疋

1 布 : 底本에는 없다. 世宗板, 樂安板, 平壤板에 근거하여 보충하였다.

一百。【贖，銅錢六貫。】

直 准折五升布三十疋

徒刑五：

一年杖六十。【贖，銅錢十二貫。】

直 准折五升布六十疋

一年半杖七十。【贖，銅錢一十五貫。】

直 准折五升布七十五疋

二年杖八十。【贖，銅錢一十八貫。】

直 准折五升布九十匹

二年半杖九十。【贖，銅錢二十一貫。】

直 准折五升布一百五匹

三年杖一百。【贖，銅錢二十四貫。】

直 准折五升布一百二十匹

流刑三：

二千里杖一百。【贖，銅錢三十貫。】

直 准折五升布一百五十匹

二千五百里杖一百。【贖，銅錢三十三貫。】

直 准折五升布一百六十五匹

三千里杖一百。【贖，銅錢三十六貫。】

直 准折五升布一百八十匹

死刑二：

絞、斬。【贖，銅錢四十二貫。】

直 准折五升布二百十匹

2 十惡

一曰謀反。【謂謀危社稷。】

直 社稷乙 危亡爲只爲 作謀爲行臥乎事

二曰謀大逆。【謂謀毁宗廟、山陵及宮闕。】

直 宗廟山陵宮闕等乙 毁亡爲只爲 作謀爲行臥乎事

三曰謀叛。【謂謀背本國，潛從他國。】

直 本國乙 背叛爲遣 彼國乙 潛通謀叛爲行臥乎事

四曰惡逆。【謂毆及謀殺祖父母、父母、夫之祖父母·父母，殺伯叔父母、姑、兄、姊、外祖父母及夫者。】

直 祖父母及父母果 夫矣 祖父母及父母等乙 打傷爲旀 謀殺爲旀 父矣 兄弟在 伯叔父果 伯叔妻在 母果 父矣 同生妹在 姑果 吾矣 兄果 長妹果 母矣 父母果 夫果等乙 謀殺爲行臥乎事

五曰不道。【謂殺一家非死罪三人，及支解人，若採生，造畜蠱毒，魘魅。】

直 一家內 死罪不喩在 三人乙 殺害爲旀 他人矣 四支乙 截割爲旀 他人矣 生氣乙 採取爲旀 害人毒蟲等物乙 畜養爲旀 魘魅咀呪爲行臥乎事

六曰大不敬。【謂盜大祀神御之物、乘輿服御物；盜及僞造御寶；合和[2]御藥，誤不依本方，及封題錯誤；若造御膳，誤犯食禁；御幸舟船，誤不堅固。】

2 合和 : 底本에는 "和合"으로 되어 있다. 182條 合和御藥 및 《大明律》, 《大明律講解》, 《大明律附例》, 《律條疏議》, 《大明律釋義》, 《大明律集解附例》, 《大明律附例箋釋》에 근거하여 수정하였다.

直 太廟及陵墓良中 神御之物果 進上車輿服用物等乙 偸取爲旀 御印乙 偸取及僞造爲旀 進上藥乙 不依[3]本方誤錯合調爲齊 藥封名乙 錯書爲齊 進上飮飡乙 誤犯食禁爲齊 親幸船楫乙 誤錯亦 堅實造作不冬爲行臥乎事

七曰不孝。【謂告言呪罵祖父母、父母、夫之祖父母·父母；及祖父母、父母在，別籍異財，若奉養有闕；居父母喪，身自嫁娶，若作樂，釋服從吉；聞祖父母、父母喪，匿不擧哀；詐稱祖父母、父母死。】

直 祖父母果 父母果 夫矣 祖父母果 父母果乙 訴告爲旀 惡談罵詈爲旀 祖父母果 父母果 現在爲去乙 戶別各居 家財分執爲旀 奉養欠闕齊 父母蒙喪良中 嫁娶爲齊 或宴飮作樂 或脫喪服爲遣 着吉服爲齊 祖父母及父母喪乙 聞遣 隱匿不發爲齊 生存爲在 祖父母及父母乙 身故爲乎樣以 妄稱爲行臥乎事

八曰不睦。【謂謀殺及賣緦麻已上親，毆告夫及大功已上尊長、小功尊屬。】

直 緦麻同姓八寸已上親屬乙 殺害爲乎爲 作謀爲旀 放賣爲旀 其矣 夫及大功同姓四寸已上族長 及小功同姓五六寸族長等乙 打傷爲旀 訴告爲行臥乎事

九曰不義。【謂部民殺本屬知府、知州、知縣；軍士殺本管指揮、千戶、百戶；吏卒殺本部五品已上長官；若殺見受業師；及聞夫喪，匿不擧哀，若作樂，釋服從吉，及改嫁。】

直 掌內人民亦 仰屬官員乙 殺害爲旀 軍士亦 主掌兵馬使副使千戶百戶等乙 殺害爲齊 人吏及軍卒等亦 本屬五品已上官員乙 殺害爲齊 受訓師傅乙 殺害爲齊 其矣 夫喪乙 聞遣 隱匿不發爲齊 宴飮作樂爲齊 脫喪服爲遣 着吉服爲齊 他夫乙 改嫁爲行臥乎事

十曰內亂。【謂姦小功已上親、父祖妾，及與和者。】

直 小功已上親果 父祖妾等乙 犯姦爲旀 和姦爲行臥乎事

3 依：底本에는 "作"으로 되어 있다. 世宗板, 光州板, 晉州板, 樂安板, 平壤板에 근거하여 수정하였다.

3 八議

一曰議親。【謂皇家袒免已上親，及大皇大后、皇大后緦麻已上親，皇后小功已上親，皇大子妃大功已上親。】

直 王親亦 同高祖爲在 同姓八九寸親果 王祖母及王親母緦麻已上親果 王妃小功已上親果 世子妃大功已上親

二曰議故。【謂皇家故舊之人，素得侍見，特蒙恩待日久者。】

直 王室良中 已前親厚 累年別蒙恩德爲有在 人

三曰議功。【謂能斬將奪旗，摧鋒萬里；或率衆來歸，寧濟一時；或開拓疆宇有大勳勞，銘功大常者。】

直 彼將乙 能斬爲旀 彼軍矣 旌旗乙 能奪爲旀 萬里軍鋒乙 摧折爲旀 他國軍衆乙 率領來降 一國人民乙 安寧令是旀 邊塞疆境乙 開闢有大功勞爲去等 右功勞乙 大常旗良中 書上爲有臥乎 人

四曰議賢。【謂有大德行之賢人君子，其言行可以爲法則者。】

直 有大德行爲在 賢人君子矣 所言所行亦 可以爲一國法則者

五曰議能。【謂有大才業，能整軍旅、治政事，爲帝王之輔佐、人倫之師範者。】

直 有大才爲在 人亦 軍衆乙 能整爲旀 政事乙 修明爲帝王輔佐 人倫良中 規範者

六曰議勤。【謂有大將吏謹守官職，早夜奉公；或出使遠方，經涉艱難，有大勤勞者。】

直 大小軍官員吏等亦 能守官職 晝夜奉公爲旀 或出使遠方 經涉艱難 有大功勞者

七曰議貴。【謂爵一品及文武職事官三品以上、散官二品以上者。】

直 官爵亦 一品 及文武職事官三品以上官果 郎階二品以上者

八曰議賓。【謂承先代之後爲國賓者。】

直 前代君王子孫 承奉先祀 爲賓於國者

4 應議者犯罪

凡八議犯罪，實封奏聞取旨，不許擅自句問。若奉旨推問者，開具所犯及應議之狀，先奏請議，議定奏聞，取自上裁。

直 凡 入八議爲在 人亦 犯罪爲在乙良 實封以 申聞爲白 伏候王旨爲白遣 趣便以 進來問當不冬爲旀 奉王旨推問爲在 人乙良 所犯罪狀果 應議之狀乙 開座爲 都當一處良中 議擬爲 議定後良中沙 申聞爲 上決乙 望白齊

【議者，謂原其本情，議其犯罪，於奏本之內，開寫或親或故或功或賢或能或勤或貴或賓應議之人、所犯之事，實封奏聞取旨。若奉旨推問者，才方推問。取責明白招服，開具應得之罪，先奏請，令五軍都督府、四輔、諫院、刑部、監察御史、斷事官集議，議定奏聞。至死者，唯云"准犯依律合死"，不敢正言絞、斬，取自上裁。】

直 議者 謂所犯情狀乙 議論爲 奏本內良中 親族果 故舊果 有功果 賢良果 才能果 尊貴果 國賓果爲等如 八議良中 應當爲在 人矣 所犯之事乙 實封申聞爲 伏候王旨爲白乎矣 奉王旨推問爲在 人乙良 初亦 推問 明白招服 捧上爲 所犯之罪乙 開座 都評議使臺省刑曹等官乙 一同議定後良中沙 申聞爲白乎旀 死罪乙良 唯只 照律爲乎矣 當死如 申聞爲白遣 絞罪斬罪乙良 一定正言不冬 伏候上決爲白乎事

其犯十惡者，不用此律。

直 十惡乙 犯爲在隱 不用此律

5 職官有犯

5-1 凡京官及在外五品以上官有犯，奏聞請旨，不許擅問。六品以下，聽分巡御史、按察司幷分司取問明白，議擬聞奏區處。

5-2 若府、州、縣官犯罪，所轄上司不得擅自句問，止許開具所犯事由，實封奏聞。若許准推問，依律議擬回奏，候委官審實，方許判決。

5-3 其犯應該笞決、罰俸、收贖、紀錄者，不在奏請之限。

5-4 若所屬官被本管上司非理陵虐，亦聽開具實迹，實封徑直奏陳。

直 凡 京官及在外五品以上官亦 犯罪爲去等 申聞爲 伏候王旨爲白遣 趣便以 推問安徐齊 六品以下乙良 檢察使按廉使體察使弋只 罪狀明白推問爲 議罪申聞爲 伏候上決齊

○ 州府郡縣官亦 犯罪爲去等 仰官亦 趣便以 推問安徐遣 所犯事狀乙 開坐 實封申聞爲白乎矣 上決行下敎是去等 照律議擬爲 更良 申聞 委官矣 字細推明乙 待候爲良沙 一定決斷齊

○ 其餘所犯笞罪果 徵祿果 贖罪果 遲錯過名等罪乙良 申聞除良 直決齊

○ 仰官亦 所屬官乙 非理以 侵逼爲去等 侵逼事狀乙 開坐爲 直亦 申聞爲乎事

6 軍官有犯

6-1 凡軍官犯罪，從本管衙門開具事由，申呈五軍都督府，奏聞請旨取問。

6-2 若六部[4]、察院、按察司并分司及有司見問公事，但有干連軍官及承告軍官不公、不法等事，須要密切實封奏聞，不許擅自句問。

4 部：底本에는 "陪"로 되어 있다. 《大明律》, 《大明律講解》, 《大明律附例》, 《律條疏議》, 《大明律釋義》, 《大明律集解附例》, 《大明律附例箋釋》에 근거하여 수정하였다.

6-3 若奉旨推問，除笞罪收贖，明白回奏，杖罪以上須要論功定議，請旨區處。

6-4 其管軍衙門首領官有犯，不在此限。

直 凡 軍官亦 犯罪爲去等 按廉使節制使弋只 事狀開坐 報都評議使爲 申聞 伏候王旨爲白良沙 推問齊

○ 門下府司憲府刑曹 在外按廉使節制使 州府郡縣官員及所任官矣當時推考爲臥乎 公事亦 凡矣 軍官員良中 干連事果 接狀推考爲臥乎 軍官矣 不公不法等事[5]乙 須只 精密亦 實封以 申聞遣 趣便以 執捉進來推問安徐齊

○ 奉王旨推考爲乎矣 笞罪贖罪等事乙良 推考決斷後 事意申聞爲齊杖罪以上乙良 須只 論功定議爲 伏候上決 決斷爲遣

(○) 領軍衙門首領官犯罪乙良 不在此限

7 文武官犯公罪

凡內外大小軍民衙門官、吏犯公罪，該笞者，官收贖，吏每季類決，不必附過；杖罪以上，明白立文案，每年一考，紀錄罪名，九年一次通考所犯次數、輕重，以憑黜陟。

直 凡 內外大小軍民官司官吏等亦 公事以 犯罪爲去等 當笞爲在 官員乙良 贖罪爲遣 人吏乙良 每季朔乙 當爲 已前罪狀 幷以 論決爲遣過名乙良 紀錄安徐爲旀 杖罪以上是去等 明白亦 立案爲 每年 一度乙 考課 罪名乙 紀錄齊 九年第良中 一度乙 所犯輕重數爻乙 通考爲

5 事 : 底本에는 없다. 世宗板에 근거하여 보충하였다.

良沙 黜陟爲乎事

8 文武官犯私罪

8-1 凡文官犯私罪，笞四十以下附過還職，五十解見任別敍，杖六十降一等，七十降二等，八十降三等，九十降四等，俱解見任。流官，於雜職內敍用；雜職，於邊遠敍用。杖一百者，罷職不敍。

8-2 若軍官有犯私罪，該笞者，附過收贖；杖罪，解見任，降等敍用；該罷職不敍者，降充總旗；該徒、流者，照依地理遠近，發各衛充軍。若建立事功，不次擢用。

8-3 若未入流品官及吏典有犯私罪，笞四十者，附過，各還職役；五十，罷見役別敍；杖罪，竝罷職役不敍。

直 凡 文官亦 私罪乙 犯爲去等 笞四十以下乙良 過名乙 施行遣 還本職齊 五十是去等 罷見任爲 他官良中 移差爲齊 杖六十是去等 降職一等 七十是去等 降職二等 八十是去等 降職三等 九十是去等 降職四等 竝只 罷見任爲乎矣 正官乙良 雜職內敍用齊 雜職乙良 遠方良中 敍用齊 杖一百者是去等 停職不用齊

○ 軍官亦 私罪乙 犯爲去等 當笞爲在乙良 過名施行爲旀 贖罪爲遣 杖罪乙良 罷見職降等敍用齊 罷職不敍良中 當爲在乙良 降充百戶遣 徒流良中 當爲在乙良 程途遠近乙 計爲 各防護所良中 發送充軍爲遣 在貶所爲 擢拔成功爲在乙良 不次超等錄用齊

(○) 正官良中 未入爲在 官員及令史色員亦 私罪乙 犯爲在乙良 笞四十是去等 過名施行遣 本職本役良中 還充齊 五十是去等 罷見役爲遣 他役良中 移定齊 杖罪是去等 竝罷職役不敍

9 應議者之父祖有犯

9-1 凡應八議者之祖父母、父母、妻及子孫犯罪，實封奏聞取旨，不許擅自句問。若奉旨推問者，開具所犯及應議之狀，先奏請議，議定奏聞，取自上裁。

9-2 若皇親、國戚及功臣之外祖父母、伯叔父母、姑、兄弟、姉妹、女壻、兄弟之子，若四品、五品官之父母、妻及應合襲蔭子孫犯罪，從有司依律追問，議擬奏聞，取自上裁。

9-3 其犯十惡，反、逆緣坐，及姦，盜，殺人，受財枉法者，不用此律。

9-4 其餘親屬、奴僕、管莊、佃甲依勢，虐害良民，陵犯官府者，加常人罪一等，止坐犯人，不在上請之律。

直 凡 入八議爲在 人矣 祖父母父母妻及子孫亦 犯罪爲去等 實封以 申聞 伏候王旨遣 趣便以 進來問當安徐齊 奉王旨推問爲在 人乙良 所犯罪果 及議擬事狀乙 開坐 先亦 申聞請議 議定後 伏候上決齊

○ 宗親及功臣矣 外祖父母果 父矣 兄弟果 妻果 父矣 同生妹果 吾矣 兄弟果 姉妹果 女壻果 兄弟之子果 及四品五品官矣 父母果 妻果 子孫果 門蔭承襲良中 進叱有在 子孫果亦 犯罪爲去等 所任官員亦 依律推問爲遣 議擬申聞 伏候上決齊

(○) 十惡反逆罪良中 干犯人果 姦淫盜賊殺人枉法受財爲在 人乙良 不用此律齊

○ 其餘親族奴僕果 各舍主果 田作等亦 依勢爲 良人乙 侵害爲旀 官司乙 陵犯爲在乙良 常人罪良中 加一等爲乎矣 犯人乙 依律坐罪遣 申聞安徐齊

【其餘親屬，謂皇親、國戚及功臣之房族兄弟·伯叔、母舅、母姨夫、姑夫、妻兄弟、兩姨子[6]、外甥、妻姪之類。及家人、伴侶、管莊、佃甲倚仗威勢，虐害良民，陵犯官府

者, 事發不須奏聞, 比常人加罪一等科斷, 止坐犯人本身。】

直 王親國戚及功臣矣 同姓四寸六寸兄弟 及同姓五寸叔父果 母矣 同生娚果 母之同生兄弟[7]矣 夫果 父之同生姊妹矣 夫果 其矣 妻娚果 母邊四寸兄弟矣 子果 女子矣 子果 妻矣 同姓三寸 少爲子等果 及家人伴黨舍主 爲頭處干[8]等亦 威勢乙 憑仗 良民乙 侵害爲旀 官司乙 陵犯爲去等 常人罪良中 加一等決罪爲乎矣 犯人矣 己身分 坐罪爲乎事

若各衙門追問之際, 占吝不發者, 竝聽當該官司實封奏聞區處。

直 各司亦 進來推問次良中 隱藏 發送不冬爲在乙良 竝只 次知官司亦 實封以 申聞決斷

【謂有人於本管衙門告發, 差人句問, 其皇親、國戚及功臣占吝不發出官者, 竝聽當該官司實封奏聞區處。】

直 凡[9] 有人亦 本管官司良中 現告爲乎等用良 差使捉來推問爲去乙 宗親及功臣等亦 犯人乙 容隱爲 官司良中 發送不冬爲在乙良 竝只 次知官司亦 實封以 申聞決斷

10 軍官軍人犯罪免徒流

10-1 凡軍官、軍人犯罪, 律該徒、流者, 各決杖一百。徒五等, 皆發二千里內衛分充軍; 流三等, 照依地里遠近, 發各衛充軍; 該發邊遠充軍者, 依律發遣。竝免刺字。

6 子 : 《大明律》, 《大明律講解》, 《大明律附例》, 《律條疏議》, 《大明律釋義》, 《大明律集解附例》, 《大明律附例箋釋》에는 "夫"로 되어 있다.

7 兄弟 : 문맥상 "姊妹"의 誤字인 듯하다.

8 干 : 底本에는 "于"로 되어 있다. 일반적인 용례에 근거하여 수정하였다.

9 凡 : 문맥상 衍字인 듯하다.

10-2　若軍丁、軍吏及校尉犯罪，俱准軍人擬斷，亦免徒、流、刺字。

直 凡矣 軍官軍人亦 犯罪爲去等 律當徒流爲在乙良 各決杖一百 徒五等乙良 竝只 二千里內防禦所良中 充軍齊 流三等乙良 程途遠近乙[10] 計爲 各防禦所良中 發送充軍齊 邊遠處發送充軍合當爲在乙良 依律發送齊

(○) 其軍丁及軍吏 犯罪爲在乙良 竝只 軍人例良中 准爲 決斷遣 徒流及鈒刺乙良 皆免

【軍丁，謂軍官、軍人餘丁。軍吏，謂入伍請糧軍人能識字，選充軍吏者。犯罪，與軍人同。若係各處吏員，發充請俸司吏者，與府、州、縣司吏一體科斷。】

直 軍丁段 軍官及軍人矣 數外餘丁是齊 軍吏段 牌內入屬受料軍人亦 識字以 軍吏良中 選充爲在 人是去有亦 右人等 犯罪爲去等 罪同軍人齊 他衙門吏員以 使內如可 受糧司吏良中 發充人亦 犯罪爲在乙良 州縣司吏 一例以 科斷

11　犯罪得累減

凡一人犯罪應減者，若爲從減、

直 凡 一人亦 犯罪爲有去乙 理合減等爲乎事段 爲從者是去等 減爲乎事

【謂共犯罪，以造意者爲首，隨從者減一等。】

直 共犯罪爲乎矣 初亦 出意者 爲頭爲遣 隨從者乙良 減一等

自首減、【謂犯法，知人欲告而自[11]首者，聽減二等。】

10 乙 : 底本에는 없다. 世宗板에 근거하여 보충하였다.

11 自 : 底本에는 앞에 "受"가 더 있다. 《大明律》, 《大明律講解》, 《大明律附例》, 《律條疏

直 犯法人亦 他人亦 現告爲去 知想只遣 先告爲在乙良 聽減二[12]等

故失減、【謂吏典故出人罪，放而還獲，止減一等。首領官不知情，以失論。失出減五等，比吏典又減一等，通減七等。】

直 令史色員亦 犯罪人矣 罪狀乙 故只 輕論放送爲有如可 還執爲在乙良 減一等齊 郎廳官亦 知情不冬爲在乙良 過失以 論遣 罪狀輕重乙 詳審不冬 輕罪以 放出爲只爲使內在乙良 減五等齊 令史[13]色員例良中 又減一等 通計七等乙 減爲乎事

公罪遞減之類，【謂同僚犯公罪，失於入者，吏典減三等。若未決放，又減一等，通減四等。首領官減五等，佐貳官減六等，長官減七等之類。】

直 同僚官亦 公罪乙 犯爲有去乙 所犯詳審不冬 重亦 得罪爲只爲 遲錯亦 使內在乙良 令史色員乙良 減三等遣 未決放爲有去等 又減一等爲 通計減四等齊 房掌乙良 減五等 之次官乙良 減六等 長官乙良 減七等爲乎事

竝得累減。【如此之類，俱得累減科罪。】

直 右如爲在 罪犯乙良 竝只 累次以 減等科罪爲乎事

12 以理去官

凡任滿、得代、改除、致仕等官，與見任同。

直 凡 政滿遞還爲旀 他職良中 遷轉爲旀 年老致仕爲在 等官隱 現任以 同

【謂不因犯罪而解任者，若沙汰冗員、裁革衙門之類，雖爲事解任、降等，不追誥命者，

議》,《大明律釋義》,《大明律集解附例》,《大明律附例箋釋》에 근거하여 삭제하였다.

12 二 : 底本에는 "一"로 되어 있다. 律註에 근거하여 수정하였다.

13 史 : 底本에는 "吏"로 되어 있다. 일반적인 용례에 근거하여 수정하였다.

竝與現任同。】

直 犯罪不冬 罷職果 亢官乙 削除果 濫設衙門乙 革罷果 右如 因事罷任降等爲良置 謝貼收取不冬爲在隱 現任以 同

封、贈官與正官同。其婦人犯夫及義絶者，得與其子之官品同。

直 其婦人亦 夫家良中 得罪爲旀 義絶爲去等 被黜爲良置 其矣 子矣 官職品次以 同論

【謂婦人雖與夫家義絶及夫在被出，其子有官者，得與子之官品同。爲母子無絶道故也。】

直 婦人亦 必于 夫家得罪 被黜爲良置 其矣 子亦 有官職爲去等 子矣 官職以 同論爲臥乎事段 母子亦 相絶爲乎 道理無乎事

犯罪者，竝依職官犯罪律擬斷。

直 右人等亦 犯罪爲去等 竝只 職官矣 犯罪例乙 依准決斷

13 無官犯罪

13-1 凡無官犯罪，有官事發，公罪亦得收贖、紀錄。

13-2 卑官犯罪，遷官事發；在任犯罪，去任事發，犯公罪，笞以下勿論，杖已上紀錄通考。爲事黜革，笞、杖已上皆勿論。若事干埋沒錢糧、遺失官物，罪雖紀錄勿論，事須追究明白。但犯一應私罪，竝論如律。

直 凡 無官職時犯罪人亦 有官職爲良沙 事發爲在乙良 公罪是去等 贖罪爲遣 罪狀施行齊

○ 小職時犯罪人亦 官職乙 遷轉爲良沙 事發爲旀 在任時犯罪爲遣 遞任後良中沙 事發爲在乙良 犯公罪 笞以下是去等 勿論齊 杖已上

是去等 罪狀紀錄 一時通考齊 公事乙用良 黜革爲在乙良 笞杖已上乙 竝只 勿論遣 若其事亦 錢糧乙 埋沒令是㫆 官物乙 闕失爲在乙良 罪狀乙 必于 施行爲遣 勿論爲去乃 其事乙 須只 明白推考爲齊 大抵犯私罪爲在乙良 竝只 依律論罪

【遷官者，謂改除及差委權攝隣近官司、得代。去任者，謂考滿、丁憂、致仕之類。】

直 遷官段 他官良中 移差是去乃 出使是去乃 隣官良中 權知是齊 去任段 政滿遞還是去乃 在喪是去乃 致仕等類是乎事

其吏典有犯公、私罪名，亦依上擬斷。

直 人吏等 公私罪乙 有犯爲在乙良置 幷以 依上一例以 擬議決斷爲乎事

14 除名當差

凡職官犯罪，罷職不敍，追奪除名者，官、爵皆除。僧、道犯罪，曾經決罰者，竝令還俗。軍、民、匠、竈，各從本色，發還原籍當差。

直 凡 職官亦 犯罪爲 停職不用 謝貼收取 名字爻周爲在乙良 已前官爵 竝只 削除齊 僧人亦 犯罪爲 已決罪爲在乙良 竝只 還俗爲 軍民役及工匠鹽干[14]等本役良中 定送爲乎事

14 干 : 底本에는 "于"로 되어 있다. 일반적인 용례에 근거하여 수정하였다.

15 流囚家屬

凡犯流者，妻妾從之。父、祖、子、孫欲隨者，聽。遷徙、安置人家口亦准此。若流、徙人身死，家口雖經付籍，願還鄉者，放還。其謀反、逆、叛，造畜蠱毒，若採生拆割人，殺一家三人，會赦猶流者家口，不在聽還之律。

直 凡 流罪良中 犯爲在乙良 妻妾乙 幷以 發送爲乎矣 父果 祖果 子孫果亦 隨去向入在乙良 聽許齊 外方遷徙付處及從便人等矣 家口置此樣以 使內齊 流徙人亦 身死爲去等 家口亦 必于 其村戶籍良中 名字施行爲良置 自願還鄉爲在乙良 放還遣 他矣 肝腸乙 割出爲 生氣乙 採取人果 謀反逆叛及造畜蠱毒人果 一家內三人乙 殺害爲在 人等亦 逢音 有[15]旨在白敎是良置 放赦不得爲乎 流罪人矣 家口乙良不許聽還爲乎事

16 常赦所不原

凡犯十惡·殺人、盜係官財物及强盜、竊盜、放火、發塚、受枉法·不枉法贓、詐僞、犯姦、略人略賣、和誘人口若姦黨及讒言左使殺人、故出入人罪若知情故縱·聽行·藏匿·引送、說事過錢之類一應眞犯，雖會赦，並不原宥。

直 凡 十惡殺人果 官物乙 偸取爲旀 强盜爲旀 竊盜爲旀 放火爲旀 發塚爲旀 枉法及不枉法良中 贓物乙 受贈爲旀 虛事造飾爲旀 犯姦

15 有 : 直解의 다수 용례에 근거할 때 "宥"의 誤字인 듯하다.

爲旀 良人乙 謀略以 教誘爲旀 良人乙 謀略以 教誘放賣爲旀 和誘人口爲旀 姦惡乙 結黨爲旀 讒言以 死地良中 陷害爲只爲 非法殺人爲旀 故只 人罪乙 輕重爲旀 知情爲 故只 放送爲旀 許令隱藏爲旀 引接指送爲旀 罪人乙 向入 官員處所 請贈物傳上爲旀爲等如 眞亦 犯罪爲在乙良 逢音 宥旨在白敎是良置 竝只 不赦

【謂故意犯事得罪者，雖會赦皆不免罪。】

直 故犯得罪爲在乙良 逢音 赦是良置 免罪不得爲乎事

其過誤犯罪，【謂過失殺傷人、失火及誤毁遺失官物之類。】

直 知不得爲 誤殺傷人爲旀 失火爲旀 官物乙 誤錯亦 損毁闕失爲乎事

及因人連累致罪，【謂因別人致罪連累以得罪者，如人犯罪，失覺察、關防、鈐束及干連、聽使之類。】

直 他人矣 犯罪乙因于 干連得罪爲乎 緣故段 犯罪人乙 遲晩覺察爲 禁約不冬爲旀 干連爲去乃 聽從使令爲去乃事

若官吏有犯公罪，【謂官吏人等因公事得罪，及失出入人罪，若文書遲錯之類。】

直 官吏亦 因公事得罪爲旀 及知不得 出入人罪爲旀 文書遲錯爲乎事

竝從赦原。【謂會赦皆得免罪。】

直 逢音 赦是去等 竝只 放赦爲乎事

其赦書臨時，定罪名特免，【謂赦書不言"常赦所不原"，臨時定立罪名寬宥者，特從赦原。】

直 宥旨內良中 常赦所不原是如 稱下不冬敎是遣 所犯罪名乙 臨時酌量 寬赦敎 罪人乙良 特別放赦爲乎事

及減降從輕者，【謂降死從流、流從徒、徒從杖之類。】

直 死罪乙 流罪良中 降等爲旀 流罪乙 徒罪良中 降等爲旀 徒罪乙 杖罪良中 降等爲在乙良 免降爲乎事

不在此限。【謂皆不在常赦所不原之限。】

直 已上罪狀段 竝只 常赦不赦例良中 不在爲乎事

17 徒流人在道會赦

17-1 凡徒、流人在道會赦，計行程過限者，不得以赦放。

直 凡 徒流人亦 路次良中 逢音 宥旨在白敎是去等 行路日數亦 限日已過巳只 未到爲在乙良 不許放赦齊

【謂如流三千里，日行五十里，合該六十日程，若未滿六十日會赦，不問已行遠近，竝從赦放。若從起程日總計行過路程，有違限者，不在赦限。】

直 三千里良中 流配爲乎第亦中 依例一日五十里以 合計爲乎 六十日程途是去乙 六十日未滿爲 宥旨在白敎是去等 已行爲乎 遠近不問爲 竝只 放赦爲乎矣 發行日始計數行路 日數已過爲巳只 未到爲在乙良 不在赦限

有故者，不用此律。【有故，謂如沿路患病，或阻風，被盜。有所在官司保勘文憑者，皆聽除去事故日數，不入程限。故云"不用此律"。】

直 道路良中 有病爲於 船路良中 遭風爲於 逢賊如爲在 事狀等乙用良 所在官司 明文捧上爲在隱 不在此律爲乎事

若曾在逃，雖在程限內，亦不放免。其逃者身死，所隨家口願還者，聽。遷徙、安置人准此。

17-2 其徒、流、遷徙、安置人已至配所；及犯謀反、逆、叛緣坐應流；若造畜蠱毒、採生拆割人、殺一家三人，會赦猶流者，竝不在赦放之限。

直 曾只 在逃爲有如 人乙良 必于 行路限日亦 未滿爲良置 不許放免齊 在逃人亦 身故爲去等 隨去爲行如 家口亦 自願還鄕爲在乙良 許聽放還爲於 遷徙付處人等矣 家口置 如前放還齊

○ 徒流遷徙安置人等亦 已至配所爲在 人果 及謀反逆叛爲 流罪良中 應當爲在 人果 造畜蠱毒爲於 採生拆割爲於 殺一家三人爲在 人等隱 必于 宥旨在白敎是良置 流配合當爲在乙 竝只 不赦爲乎事

18 犯罪存留養親

凡犯死罪，非常赦所不原者，而祖父母、父母老疾應侍，家無以次成丁者，開具所犯罪名奏聞，取自上裁。若犯徒、流者，止杖一百，餘罪收贖，存留養親。

直 凡 死罪乙 犯爲 常赦良中 不赦爲乎所不喩在 人亦 祖父母父母弋只 年老有病是遣 犯斤 侍病男丁無在乙良 其矣 所犯罪名乙 開坐申聞 伏候上決齊 徒流罪良 犯爲在乙良 唯只 決杖一百遣 其餘罪乙良 贖罪爲遣 存留養親爲乎事

19 工樂戶及婦人犯罪

凡工匠、樂戶犯流罪者，三流竝[16]決杖一百，留住拘役四年。若欽天監天文生習業已成能專其事，犯流及徒者，各決杖一百，餘罪收贖。

直 凡 工匠樂戶 流罪乙 犯爲在乙良 三等流罪乙 竝只 決杖一百遣還留爲 當役四年齊 書雲觀所任人亦 天文習業已成爲於 能專其事爲

16 竝：底本에서는 글자를 판독할 수 없다. 世宗板，光州板，晉州板，樂安板，平壤板에 근거하여 확정하였다.

在乙良 流罪及徒罪乙 犯爲良置 各杖一百遣 其餘徒流罪乙良 收贖齊

【犯[17]謀反、逆、叛緣坐應流；及造畜蠱毒，採生折割人，殺一家三人家口，會赦猶流；及犯竊盜者，不在留住之限。餘罪收贖，謂犯杖一百流三千里者，決杖一百，贖銅錢三十貫；杖一百徒三年者，決杖一百，贖銅錢一十八貫之類。餘條准此。】

其婦人犯罪應決杖者，姦罪去衣受刑，餘罪單衣決罰，皆免刺字。若犯徒、流者，決杖一百，餘罪收贖。

直 婦人犯罪爲 決杖良中 當爲在乙良 犯姦罪是去等 去衣受刑爲旀 他罪乙良 單衣以 決罰爲遣 鈒字安徐齊 徒流罪乙 犯爲在乙良 決杖一百遣 其餘罪乙良 贖徵爲乎事

20 徒流人又犯罪

凡犯罪已發，又犯罪者，從重科斷。已徒已流而又犯罪者，依律再科後犯之罪。其重犯流者，依留住法，三流竝決杖一百，於配所拘役四年。若犯徒者，依所犯杖數，該徒年限決訖應役，亦總不得過四年。

直 凡 前犯罪狀 已發爲去乙 又犯罪爲在乙良 從重科斷齊 已徒已流罪人亦 又犯罪爲在乙良 依律爲 後犯之罪乙 依律科斷齊 流罪良中重犯爲在乙良 留住法例乙依良 三流乙 竝只 決杖一百爲遣 配所良中 當役四年令是齊 徒罪乙 犯爲在乙良 所犯杖數乙 依爲旀 徒年已過年數乙 并計爲 更良 當役令是乎矣 不得過四年齊

【謂先徒三年，已役一年，又犯徒三年者，止加杖一百徒一年之類，則總徒不得過四

17 犯：底本에는 "凡"으로 되어 있다.《大明律》,《大明律講解》,《大明律附例》,《律條疏議》,《大明律釋義》,《大明律集解附例》,《大明律附例箋釋》에 근거하여 수정하였다.

年。三流雖竝杖一百，俱役四年[18]，若先犯徒年未滿者，亦止總役四年。】

直 先亦 徒三年罪乙 犯爲 立役一年已過後良中 更良 徒三年罪乙 再犯爲在 人乙良 唯只 杖一百徒一年分 加罪爲 總計徒罪乙 四年不過使內齊 三等流罪乙良置 竝只 杖一百 四年乙 徒役使內齊 先犯徒罪年限未滿爲在 人乙 幷以 四年分 徒役使內乎事

其杖罪已下，亦各依數決之。其應加杖者，亦如之。

直 杖罪已下乙良 依數決斷爲遣 理合加決杖者 亦如之

【謂工、樂戶及婦人犯者，亦依律科之。】

21 老小癈疾收贖

凡年七十以上、十五以下及廢疾，犯流罪以下，收贖。

直 凡 年七十以上十五以下及廢疾之人亦 犯罪爲良在等 流罪以下乙良 竝只 收贖齊

【其犯死罪；及謀反、逆、叛緣坐應流；若造畜蠱毒，採生拆割人，殺一家三人家口，會赦猶流者，不用此律。其餘侵損於人一應罪名，竝聽收贖。】

八十以上、十歲以下及篤疾，犯反、逆、殺人應死者，議擬奏聞，取自上裁。盜及傷人者，亦收贖。

直 八十以上果 十歲以下 及篤[19]疾爲在 人亦 反逆殺人罪乙 犯爲 當死爲在乙良 申聞爲 伏候上決爲白遣 作賊及傷人事乙良 贖罪齊

【謂旣侵損於人，故不許全免，亦令其收贖。】

18 年：底本에는 뒤에 "者"가 더 있다.《大明律》,《大明律講解》,《大明律附例》,《律條疏議》,《大明律釋義》,《大明律集解附例》,《大明律附例箋釋》에 근거하여 삭제하였다.

19 篤：底本에는 "廢"로 되어 있다. 律文에 근거하여 수정하였다.

直 他人乙 侵害爲乎等用良 全免不冬 贖罪令是臥乎事

餘皆勿論。

【謂除反、逆、殺人應死者上請，盜及傷人者收贖之外，其餘有犯，皆不坐罪。】

九十以上、七歲以下，雖有死罪，不加刑。【犯反、逆緣坐應配、役者[20]，不用此律。】

直 九十以上七歲以下亦 必于 死罪乙 犯爲良置 加刑不冬爲乎矣 犯反逆良中 緣坐 屬公合當爲在乙良 不用此律

其有人教令，坐其教令者。若有贓應償，受贓者償之。【謂九十以上、七歲以下之人皆少智力，若有教令之者，罪坐教令之人。或盜財物，傍人受而將用，受用者償之。若老小自用，還着老小之人追徵。】

直 九十以上七歲以下人乙 教誘犯罪令是在乙良 教誘之人乙 當爲 推罪齊 財物乙 偸取爲 傍人亦 受用爲良在等 用者乙 當爲 生徵齊 老小亦 自用爲去等 老小乙 當爲 生徵爲乎事

22 犯罪時未老疾

凡犯罪時雖未老疾，而事發時老疾者，依老疾論。【謂如六十九以下犯罪，年七十事發，或無廢疾時犯罪，有廢疾後事發，得依老疾收贖；或七十九以下犯死罪，八十事發，或廢疾時犯罪，篤疾時事發，得入上請；八十九犯死罪，九十事發，得入勿論之類。】

直 六十九歲以下時 犯罪爲遣 七十歲後良沙 事發爲㫆 無廢疾時 犯罪爲遣 有廢疾

20 犯……者 : 《大明律附例》, 《大明律釋義》, 《大明律集解附例》, 《大明律附例箋釋》에는 "九十以上犯反逆者"로 되어 있다.

後 事發爲去等 老疾收贖例以 贖罪齊 七十九歲以下時 犯死罪爲遣 八十歲時 事發爲旀 廢疾時 犯罪爲遣 篤疾時 事發爲去乙良 申聞待決齊 八十九歲時 犯死罪爲遣 九十歲時 事發爲在乙良 勿論罪爲乎事

若在徒年限內老疾，亦如之。

直 徒役年限內良中 老疾是去等 如前論之爲乎事

【謂如六十九以下，徒役三年，役限未滿，年入七十；或入徒時無病，徒役年限內成廢疾，竝聽准老疾收贖。以徒一年三百六十日爲率，驗該贖錢數，折役收贖。假如有人犯杖六十徒一年，已行斷罪，拘役五箇月之後犯人老疾，合將杖六十徒一年，總該贖錢十二貫，除已受杖六十准錢三貫六百文，該剩徒一年贖錢八貫四百文，計算，每徒一月該錢七百文，已役五箇月准錢三貫五百文外，有未役七箇月該收贖錢四貫九百文之類。其餘徒役年限，贖錢不等，各行照數折算收贖。】

直 六十九歲以下人亦 徒役年限內良中 七十到來齊 初亦 徒役時無病爲有如可 限內良中 廢疾有在乙良 竝只 老疾例以 贖罪爲乎矣 大抵一年亦 三百六十日爲限是乎等用良 徒一年役錢以 准折贖罪齊 萬一 杖六十徒[21]一年罪乙 犯人亦 已決杖六十爲遣 一年徒役以 五朔乙 已役後 同犯罪人亦 老疾爲去有亦 大抵杖六十徒一年罪乙 贖罪爲乎第亦中 總計錢削 十二貫是去有乙 已受杖六十贖錢三貫六百文除遣 徒一年贖錢亦 八貫四百文是去有良尒 每一朔徒役贖錢亦 七百文是去有等以 已徒役五朔贖錢三貫五百文外良中 未役七朔贖錢乙良 四貫九百文乙 生徵爲乎矣 其餘二年三年徒役年限 贖錢亦 不等爲置有良尒 各年月乙 算計贖罪爲乎事

犯罪時幼小，事發時長大，依幼小論。

【謂如七歲犯死罪，八歲事發，勿論。十歲殺人，十一歲事發，仍得上請。十五歲時作賊，十六歲事發，仍以贖論。】

21 徒：底本에서는 글자를 판독할 수 없다. 世宗板，光州板，晉州板，樂安板，平壤板에 근거하여 확정하였다.

23 給沒贓物

23-1 凡彼此俱罪之贓【謂犯受財枉法、不枉法，計贓爲罪者。】

直 彼此 財物乙 受爲在乙良 枉法不枉法良中 照實爲 計贓多小以 與罪爲乎事

及犯禁之物【謂如應禁兵器及禁書之類。】則入官。若取、與不和，用强生事逼取、求索之贓，竝還主。

直 及犯禁之物乙良 入官齊 取者與者 不和爲 强亦 生事侵逼乞請爲在 贓物乙良 竝只 給還本主齊

【謂恐嚇、詐欺、强買賣有餘利，科斂及求索之類。】

直 脅劫爲旀 欺罔爲旀 强亦 買賣爲 利錢剩餘爲旀 取斂求請之類

其犯罪應合籍沒財産，赦書到後，罪雖決訖，未曾抄箚入官者，竝從赦免。其已抄箚入官守掌，及犯謀反、逆、叛者，竝不放免。若罪未處決，物雖送官，未經分配者，猶爲未入。其緣坐人家口雖已入官，罪人得免者，亦從免放。

23-2 若以贓入罪，正贓見在者，還官、主。

直 犯罪爲 沒官合當爲在 財産乙 宥旨行下後 必于 已決罪爲在乃 財産數爻乙 件記以 入官不冬爲在乙良 竝只 免赦爲遣 數爻件記乙 已入官准受爲是果 及謀反逆叛乙 犯爲在 財産乙良 竝只 不許免赦齊 所犯罪乙 決斷不冬爲有遣 財産 必于 沒官爲在乃 犯罪人亦 配流不冬爲在乙良 猶亦 未入官是齊 坐罪人矣 家口乙良 必于 入官爲在乃 犯人亦 免罪爲昆 幷以 免放齊

○ 受贓以 犯罪爲在乙良 贓物亦 現在爲去等 官物乙良 還官爲旀 私物乙良 給主

【謂官物還官，私物還主。又若本贓是驢，轉易得馬，及馬生駒，羊生羔，畜産蕃息，皆爲見在。】

直 官物乙良 還官 私物乙良 還主齊 又本贓亦 驢是去乙 馬乙 交易爲旀 馬亦 生駒爲旀 羊亦 生兒爲在是 皆爲現在

已費用者，若犯人身死，勿徵。

直 已費用爲在乙良 所犯人亦 身故爲去等 生徵安徐齊

【另犯身死者，亦同。】

直 他罪乙 犯爲遣 身死爲良置 亦同

餘皆徵之。若計雇工、賃錢爲贓者，亦勿徵。

23-3 其估贓者，皆據犯處、當時中等物價，估計定罪。若計雇工錢者，一人一日爲銅錢六十文。其牛、馬、駝、騾、驢、車、船、碾磨、店、舍之類，照依犯時雇工、賃直。賃錢雖多，各不得過其本價。

直 身役功錢乙良置 犯人亦 身死爲去等 勿徵爲乎矣

○ 其贓物乙 時價以 計折爲 其矣 所犯處良中 其時物價以 計折定罪齊 身役功錢乙 計折爲乎矣 一人是去等 一日銅錢六十文式以 生徵齊 牛馬駝騾驢車船碾磨店舍等乙良 犯罪時時價以 計折爲 賃錢亦必于 數多爲在乃 本價良中 過數不冬爲只爲 生徵齊

【謂船價直銅錢十貫，却[22]不得追賃錢一十一貫之類。】

其贓罰金銀竝照犯人元供成色，從實追徵，入官給主。若已費用不存者，追徵足色。

直 徵銅以 生徵爲臥乎 金銀乙良 竝只 所犯人矣 初亦 納段本色乙用良 生徵入官爲旀 本主還給爲齊 已費用不存爲良置 本色以 還徵爲乎事

【謂人原盜或取受正贓金銀，使用不存者，竝追足色。】

22 却：底本에는 "各"으로 되어 있다. 《大明律》, 《大明律講解》, 《大明律附例》, 《律條疏議》, 《大明律釋義》, 《大明律集解附例》, 《大明律附例箋釋》에 근거하여 수정하였다.

直 初亦 偸取爲旀 或取或受爲乎 正贓金銀乙 已用爲在乙良 竝只 本色還徵

24 犯罪自首

凡犯罪未發而自首者，免其罪，猶徵正贓。

直 凡 犯罪人亦 未發前自告爲在乙良 免其罪爲遣 正贓物色乙良 生徵

【謂如枉法、不枉法贓，徵入官。用强生事逼取、詐欺、科斂、求索之類及强、竊盜贓，徵給主。】

直 枉法及不枉法以 受贈爲乎 贓物乙良 沒官齊 脅取及收斂物色果 强盜竊盜贓物等乙良 生徵給主

其輕罪雖發，因首重罪者，免其重罪。

直 輕罪亦 發露後良中 重罪乙 自告爲在乙良 重罪乙 免赦

【謂如竊盜事發自首，又曾私鑄銅錢，得免鑄錢之罪，止科竊盜罪。】

直 竊盜事發後 私鑄銅錢爲如乎所乙 自告爲良在等 私鑄罪乙良 免爲遣 竊盜罪耳亦科斷

若因問被告之事，而別言餘罪者，亦如之。

直 被告之事乙 推問次良中 他罪乙 現告爲在乙良 亦如之

【謂因犯私鹽事發，被問不加拷訊，又自別言曾竊盜牛又曾詐欺人財物，止科私鹽之罪，餘罪俱得免之類。】

直 犯私鹽罪乙 推考次良中 推問無亦 在前盜牛事 及他人乙 欺罔 財物奪取事等乙 現告爲在乙良 私鹽罪乙 論遣 其餘罪乙良 竝只 免宥

其遣人代首，若於法得相容隱者爲首及相告言者，各聽如罪人身自首法。

直 他人乙用良 代告令是旀 於法良中 互相隱匿爲良音可 人亦 自告

爲於 互相自告爲在 人乙良 犯罪人亦 自告例以 論爲 免罪齊

【其遣人代首者，謂如甲犯罪，遣乙代首，不限親疏，亦同自首免罪。若於法得相容隱者爲首，謂同居及大功以上親。若奴婢、雇工人爲家長首及相告言者，皆與罪人自首同，得免罪。其小功、緦麻親首告，得減凡人三等。無服之親亦得減一等。如謀反、逆、叛未行，若親屬首告或捕送到官者，其正犯人俱同自首律免罪。若已行者，正犯人不免，其餘應緣坐人亦同自首律免罪。】

直 甲亦 犯罪爲 乙以 代告爲去等 親疏勿論 自告以 同齊 同居及大功以上親矣 事果 奴婢亦 家長矣 事乙 現告爲於 互相自告爲在隱 犯罪人矣 首告以 同爲 並只 免罪齊 小功緦麻親矣 犯罪事乙 自告爲在乙良 凡人罪良中 減三等齊 無服之親乙良 減一等齊 謀反逆叛人亦 生謀未成次 其矣[23] 親屬亦 執捉付官爲良在等 正犯人矣 自告律以[24] 免罪爲遣 已行是去等 正犯人乙良 不免 其餘干連與罪合當人乙良 自告例以 免罪爲乎事

若自首不實及不盡者，以不實不盡之罪罪之。至死者，聽減一等。

直 自告爲乎矣 直陳不冬齊 漏落 盡告不冬爲在乙良 不實不盡之罪以 與罪爲遣 現告人亦 當死罪爲在乙良 減一等以 論齊

【自首贓數不盡者，止計不盡之數科之。】

直 贓數乙 盡數亦 現告不冬爲去等 不盡贓數乙 計爲 科斷

其知人欲告及逃叛而自首者，減罪二等坐之。其逃叛者雖不自首，能還歸本所者，減罪二等。

直 他人亦 現告爲乙去 知想只遣 現告爲於 罪人亦 逃亡爲於 叛逆爲有如可 現告爲在乙良 減二等與罪齊 逃亡背叛罪人亦 必于 現告不

23 矣 : 底本에서는 글자를 판독할 수 없다. 世宗板, 光州板, 晉州板, 樂安板, 平壤板에 근거하여 확정하였다.

24 以 : 底本에서는 글자를 판독할 수 없다. 世宗板, 光州板, 晉州板, 樂安板, 平壤板에 근거하여 확정하였다.

冬爲良置 本處良中 還歸爲在乙良 減罪二等齊

其損傷於人,【因犯殺傷於人而自首者, 得免所因之罪, 仍從故殺傷法。 本應過失者, 聽從本法。】

直 因爲 人命殺害爲遣 自告者乙良 所因之罪乙 免令是遣 殺傷罪乙良 故殺傷法以科斷爲旀 過誤殺傷乙良 本法從爲 聽許

於物不可陪償,

直 本色還徵不得爲乎 物色乙 偸取爲是果

【謂如印信、官文書、應禁兵器及禁書之類, 私家旣不合有, 是不可償之物, 不准首。若本物見在首者, 聽同首法免罪。】

直 印信官文書 及應禁兵器果 文書等亦 私家良中 本無之物是良尒 生徵難便爲乎等用良 不准自告爲旀 本物亦 現在爲去等 自告者乙良 自首法乙 同爲 免罪

事發在逃,【雖不得首所犯之罪, 得減逃走之罪二等。】若私、越渡關, 及姦, 幷私習天文者, 竝不在自首之律。若强·竊盜、詐欺取人財物, 而於事主處首服, 及受人枉法、不枉法贓, 悔過迴付還主者, 與經官司自首同, 皆得免罪。若知人欲告而於財主處首還者, 亦得減罪二等。其强、竊盜若能捕獲同伴解官者, 亦得免罪, 又依常人一體給賞。

直 犯人亦 事發爲去沙 逃亡爲旀 私渡關津爲旀 及犯姦爲旀 天文乙私習爲在乙良 自首律良中 不在齊 强盜竊盜等亦 他矣 財物乙 偸取爲遣 本主處現告爲旀 他人矣 枉法良中 贓物果 不枉法良中 贓物等乙 受贈爲有如可 悔過爲 本主亦中 還給爲在乙良 官司良中 自告例以 同爲 竝只 免罪齊 他人亦 現告爲乙去 知想只遣 物主處還給爲在乙良 減罪二等齊 强盜竊盜等亦 其矣 同黨乙 執捉付官爲在乙良 亦得免罪遣 他人矣 執捉例以 給賞爲乎事

25 二罪俱發以重論

凡二罪以上俱發，以重者論。罪各等者，從一科斷。若一罪先發，已經論決，餘罪後發，其輕若等勿論，重者更論之，通計前罪以充後數。

直 凡 二件罪亦 一時俱發爲去等 從重罪論齊 二罪亦 相等爲去等 從一科斷齊 一罪先發爲 論罪已決後良中 餘罪亦 後發爲 後發罪亦 其輕弋只 先發罪以 相等爲去等 勿論遣 重爲去等 更良 論罪爲 前罪乙導良 後罪良中 幷計論齊

【謂如二次犯竊盜，一次先發，計贓一十貫，已杖七十，一次後發，計贓四十貫該杖一百，合貼杖三十。如有祿人節次受人枉法贓八十貫，內四十貫先發，已杖一百徒三年，四十貫後發，雖同止累見發之贓，合幷取前贓，通計八十貫，更科全罪，斷從處絞之類。】

直 二度乙 犯竊盜後 一度亦 先發爲去乙 偸取贓物乙 計一十貫是乎等用良 決杖七十爲有去乙 一度後發爲去乙 贓物乙 計爲乎矣 四十貫 合決杖一百是去乙 已決七十杖導良 餘三十杖乙 充數爲 決斷爲乎 合計一百杖是齊 有祿人亦 再番 他矣 枉法良中 贓物八十貫乙 受贈後 四十貫亦 先發爲去乙 已杖一百後 四十貫亦 後發爲在乙 前後贓乙 通計爲乎矣 八十貫是乎等用良 全科以 決罪

其應入官、陪償、刺字、罷職、罪止者，各盡本法。【謂一人犯數罪，如枉法、不枉法贓，合入官；毁傷器物，合陪償；竊盜，合刺字；職官私罪杖一百已上，合罷職；不枉法贓一百二十貫以上，罪止杖一百流三千里之類，各盡本法擬斷。】

直 一人亦 犯數罪爲乎矣 枉法不枉法贓如爲在 理合沒官爲是果 器物破毁爲 理合生徵爲是果 竊盜爲 理合刺字爲是果 職官矣 所犯 杖一百私罪亦 理合罷職爲是果 不枉法贓一百二十貫以上乙 罪止杖一百流三千里爲是果乙 各盡本法擬斷

26 犯罪共逃

凡犯罪共逃亡，其輕罪囚能捕獲重罪囚而首告，及輕重罪相等，但獲一半以上首告者，皆免其罪。【謂同犯罪事發，或各犯罪事發而共逃者，若流罪囚能捕死罪囚，徒罪囚能捕流罪囚首告；又如五人共犯罪在逃內，一人能捕二人而首告之類，皆得免罪。若損傷人及姦者，不免，仍依常法。】

直 凡矣 同倘犯罪爲遣 事發爲去乃 或各犯罪爲遣 事發爲去乙 竝只 逃亡爲有如可 當流罪人亦 當死罪人乙 能捉爲旀 當徒罪人亦 當流罪人乙 能捉 因于 現告爲旀 五人亦 同倘犯罪爲遣 在逃人內良中 一人亦 二人乙 能捉爲 現告爲在乙良 皆得免罪齊 人乙 傷害爲旀 犯姦爲在乙良 免罪不得爲 常法以 論

其因人連累致罪，而罪人自死者，聽減本罪二等。

直 正犯罪人乙 干連爲在乙良 正犯人亦 自死爲去等 干連人乙良 本犯罪良中 減二等論齊

【謂因別人犯罪連累以得罪者，如藏匿、引送、資給罪人，及保勘、供證不實，或失覺察、關防、鈐束，聽使之類，其罪人非被刑殺而自死者，又聽減罪二等。】

直 他人矣 犯罪良中 干連得罪爲乎 緣故段 罪人乙 隱藏爲旀 引誘出送爲旀 糧米乙 供給爲旀 虛事以 證保爲旀 遲晩覺察爲旀 禁約不冬爲旀 所從使令爲旀 爲等如 干連人乙良 正犯人亦 刑殺不冬 自死爲去等 其矣 本罪良中 減二等決罪爲乎事

若罪人自首告，及遇赦原免，或蒙特恩減罪、收贖者，亦准罪人原免、減等、贖罪法。

直 犯罪人亦 自告爲旀 宥旨蒙赦爲旀 別蒙上恩爲白 減罪贖罪爲在人等乙良 罪人矣 蒙赦減等例及贖罪例以 依准施行

【謂因罪人連累以得罪，若罪人在後自首告，或遇赦恩全免，或蒙特恩減一等、二等，或罰贖之類，皆依罪人全免、減等、收贖之法。】

27 共犯罪分首從

27-1 凡共犯罪者, 以造意爲首, 隨從者減一等。

27-2 若家人共犯, 止坐尊長。若尊長年八十以上及篤疾, 歸罪於共犯罪以次尊長。【謂如尊長與卑幼共犯罪, 獨坐尊長, 卑幼無罪。如尊長年八十以上及篤疾, 於律[25]不坐罪, 卽以共犯罪次長者當罪。又如婦人尊長與男夫卑幼同犯, 雖婦人爲首, 仍獨坐男夫。】

直 凡 同倘犯罪爲在乙良 初亦 起揭爲在乙 爲首遣 隨從者乙良 減一等齊

(○) 同居人亦 同謀犯罪爲良在等 唯只 家長乙 坐罪爲乎矣 家長亦 年八十以上果 及篤疾成病人是去等 同犯罪人內良中 犯斤 家長乙 坐罪齊 婦人尊長亦 必于 爲首爲良置 同犯男人乙 坐罪爲乎事

侵損於人者, 以凡人首從論。【侵, 謂竊盜財物; 損, 謂鬪毆殺傷之類。如父子合家同犯, 竝依凡人首從之法。爲其侵損於人, 是以不獨坐尊長。】

直 他人乙 侵害爲 財物偸取爲旀 身體損傷爲在乙良 凡人首從例以 同犯家內人乙 竝只 論罪爲 家長分 坐罪不冬爲臥乎事段 他人乙 侵損爲乎等用良 家長分 論罪爲乎所不喩是乎條

若共犯罪, 而首從本罪各別者, 各依本律首從論。

直 同謀犯罪爲乎矣 首從本罪各別爲在乙良 本律首從例以 依准論齊【謂如甲引他人, 共毆親兄, 甲依弟毆兄, 杖九十徒二年半, 他人依凡人鬪毆論, 笞二十。又如卑幼引外人, 盜己家財物二十貫, 卑幼依私擅用財, 加二等笞四十, 外人依凡盜從論, 杖七十之類。】

直 某甲亦 他人乙 招引一同爲 親兄乙 毆打爲在乙良 某甲矣身乙 弟毆兄律乙 依准

25 律 :《大明律附例》, 《大明律集解附例》, 《大明律附例箋釋》에는 "例"로 되어 있다.

爲 杖九十徒二年半齊 招引爲有如 他人乙良 凡人鬪傷例乙 論爲 笞二十齊 幼小人亦 外人乙 招引爲 自家良中 二十貫乙 偸取令是在乙良 幼小人乙 私擅用財例乙 依准 加二等笞四十齊 招引爲有如 外人乙良 凡盜爲從例乙用良 杖七十爲乎事

若本條言“皆”者，罪無首從；不言“皆”者，依首從法。

27-3 其犯擅入皇城、宮殿等門，及私、越渡關，若避役在逃，及犯姦者，亦無首從。【謂各自身犯，是以亦無首從，皆以正犯科罪。】

直 本條內良中 皆字有去等 首從勿論爲 科罪齊 皆字無去等 依首從爲 論齊

(○) 趣便以 宮城內及宮殿門內良中 直入爲旀 公狀無亦 關津良中 過越爲旀 避役在逃爲旀 犯姦爲在乙良 無首從爲 各各 其矣 所犯以 正犯良中 論爲乎事

28 同僚犯公罪

凡同僚犯公罪者，【謂同僚官吏連署文案、判斷公事，差錯而無私曲者。】

直 凡 同僚官吏亦 文案良中 同着署 公事乙 決斷爲乎矣 差錯分是遣 私情無在乙良

竝以吏典爲首，首領官減吏典一等，佐貳官減首領官一等，長官減佐貳官一等。

直 竝只 令史色員乙 爲頭論遣 房掌官乙良 令史色員良中 減一等齊 之次官乙良 郎廳官良中 減一等遣 長官乙良 之次官良中 減一等論齊

【四等官內如有缺員，亦依四等官遞減科罪。本衙門所設無四等官者，止准見設員數遞減。】

直 四等官內良中 員數亦 不齊爲良置 四等官數乙依良 傳傳減數齊 本司官員亦 四等官無去等 時在員數以 傳傳減數齊

若同僚官一人有私，自依故出入人罪論。其餘不知情者，止依失出入人罪例[26]論。

直 同僚官內良中 一人亦 有私情爲在乙良 故出入人罪例良中 依准論遣 他餘知情不冬爲在乙良 唯只 失出入人罪例乙 依准論齊

【謂如同僚連署文案官吏五人，若一人有私，自依故出入人罪論，其餘四人雖連署文案，不知有私者，止依失出入人罪論，仍依四等遞減科罪。】

直 同僚官亦 文案良 同着署爲在 五人內良中 一人亦 有私情爲在乙良 故出入人[27]例以 論遣 其餘不知情爲在 四人乙良 唯只 失出入人罪例乙依良 四等官遞減以 科斷爲乎事

若申上司，不覺失錯准行者，各遞減下司官吏罪二等。【謂如縣申州、州申府、府申布政司之類。】

直 在下官亦 上司官良中 申報爲良在等 上司官亦 差錯事乙 詳審不冬 依准行下爲在乙良 下司官吏罪良中 遞減二等齊

若上司行下所屬，依錯施行者，各遞減上司官吏罪三等。【謂如布政司行下府、府行下州、州行下縣之類。】亦各以吏典爲首。

直 上司官亦 所屬官良中 行下爲良在等 所屬官亦 差錯事乙 遵依施行爲在乙良 上司官吏罪良中 遞減三等爲乎矣 並只 令史色員乙 爲頭以 論爲乎事

26 例：《大明律》，《大明律講解》，《大明律附例》，《律條疏議》，《大明律釋義》，《大明律集解附例》，《大明律附例箋釋》에는 없다. 衍字인 듯하다.

27 人：律文과 直解의 다수 용례에 근거할 때 뒤에 “罪”가 빠진 듯하다.

29 公事失錯

凡公事失錯自覺擧者，免罪。其同僚官吏應連坐者，一人自覺擧，餘人皆免罪。

直 凡 公事乙 失錯亦 使內遣 自以 省覺現告爲在乙良 免罪齊 同僚官亦 竝只 坐罪爲乎 罪犯乙 其中一人亦 自以 省覺現告爲在乙良 他餘人乙 竝只 免罪齊

【謂緣公事致罪而無私曲者，事若未發露，但同僚判署文案官吏一人能檢擧改正者，彼此俱無罪責。】

直 公事乙因于 犯罪爲乎矣 私情不喩齊 其事亦 未發前良中 文案內同着署爲臥乎 同官中一人亦 詳審改正爲良在如中 竝只 無罪爲乎事

其斷罪失錯已行論決者，不用此律。

直 斷罪爲乎矣 失錯亦 論決已畢爲在乙良 不用此律

【謂死罪及笞、杖已決訖，流罪已致配所，徒罪已役訖，此等竝爲已行論決。官司雖自檢擧，皆不免罪，各依失入人罪律減三等，及官吏節級遞減科之，故云"不用此律"。其失出人罪，雖已決放，若未發露能自檢擧貼斷者，皆[28]得免其失錯之罪。】

直 死罪及笞杖乙 已決爲旀 流罪乙 已送配所爲旀 徒罪乙 已付役所爲等如 已決斷爲在乙良 官員亦 其後 必于 省覺現告爲良置 竝只 免罪不冬爲遣 各各失入人罪例乙 依准 減三等論罪爲齊 官果 吏果乙 差等以 遞減科斷爲臥乎等用良 此律乙 不用爲乎事是齊 犯罪人乙 差錯亦 輕論爲 已決後 其事未發前良中 省覺爲 罪人乙 更良進來充數決斷爲在乙良 竝只 失錯之罪乙 免爲乎事

其官文書稽程應連坐者，一人自覺擧，餘人亦免罪，主典不免。【主典，

28 皆 : 底本에는 "亦"으로 되어 있다. 《大明律》, 《大明律講解》, 《大明律附例》, 《律條疏議》, 《大明律釋義》, 《大明律集解附例》, 《大明律附例箋釋》에 근거하여 수정하였다.

謂主行文案之人。謂文案小事五日程，中事十日程，大事二十日程，此外不了，是名稽程。官人自檢擧者，竝得全免，唯當該吏典不免。】

直 官文書乙 延留遲晩 幷以 坐罪合當人內良中 一人亦 自以 省覺現告爲在乙良 他餘人乙 竝只 免罪遣 次知令史色員乙良 免罪不冬爲乎事段 凡文案乙 小事是去等 五日 中事是去等 十日 大事是去等 二十日內良中 已畢爲乎矣 此外未畢爲在乙 是爲稽程是如爲臥乎事是去有乙 一人亦 自以 省察現告爲良在等 竝只 免罪爲遣 唯只 掌務令史佳叱 免罪不得爲乎事

若主典自擧者，竝減二等。【謂當該吏典自檢擧者，皆得減罪二等。】

直 掌務令史亦 自覺現告爲在乙良 竝只 減二等爲乎事

30 犯罪事發在逃

30-1 凡二人共犯罪，而有一人在逃，見獲者稱逃者爲首，更無證佐，則決其從罪。後獲逃者，稱前人爲首，鞫問是實，還依首論，通計前罪以充後數。

30-2 若犯罪事發而在逃者，衆證明白，卽同獄成，不須對[29]問。

直 凡 二人亦 同犯罪爲 一人亦 在逃爲有去乙 一人亦 被捉爲 在逃人是沙 爲首如 白侤是遣 更良 證見無去等 現捉人乙 之次罪以 論決後良中 在逃人乙 現捉推問次 前人是沙 爲首是如 白侤是臥乎事是良尒 推問爲乎矣 的是去等 前人乙 更良 爲首以 論罪爲 前矣 已決罪數乙 通計 後罪良中導良 充數決罪齊

29 對 : 底本에는 "待"로 되어 있다. 律文과 直解의 다수 용례 및 《大明律》, 《大明律講解》, 《大明律附例》, 《律條疏議》, 《大明律釋義》, 《大明律集解附例》, 《大明律附例箋釋》에 근거하여 수정하였다.

(○) 此亦中 犯罪事發後良中 在逃爲在乙良 衆證明白爲去等 在獄成罪例以 論罪遣 須只 親問爲乎所不喩是乎條

31 親屬相爲容隱

凡同居【同居，謂同財共居親屬。不限籍之同異，雖無服者，亦是。】若大功以上親【謂另居大功以上親屬。】及外祖父母、外孫、妻之父母、女壻若孫之婦、夫之兄弟及兄弟妻，有罪相爲容隱；奴婢、雇工人爲家長隱者，皆勿論。若漏泄其事及通報消息，致令罪人隱匿逃避者，亦不坐。【謂有得相容隱之親屬犯罪，官司追捕，因而漏泄其事，及暗地通報消息與罪人，使令隱避逃走，故亦不坐。】其小功以下相容隱及漏泄其事者，減凡人三等。無服之親減一等。【謂另居小功以下親屬。】若犯謀叛以上者，不用此律。【謂雖有服親屬犯謀反、謀大逆、謀叛，但容隱不首者，依律科罪。故云"不用此律"。】

直 凡 同居人果 及各居大功以上親果 及外祖父母果 外孫果 妻之父母果 女壻果 孫子矣 妻果 夫矣 兄弟果 兄弟矣 妻果 有罪爲去等 互相容隱齊 奴婢身役人等亦 家長乙 容隱爲在乙良 竝[30]只 勿論罪齊其矣 犯罪親屬乙 官司亦 推捉爲有去等 其事乙 通消息漏泄爲 得罪親屬乙 隱匿逃避令是在乙良 竝只 不坐罪齊 小功以下親乙 互相容隱爲旀 其事乙 漏通爲在乙良 凡人例良中 減三等爲遣 無服制親屬是去等 減一等 論爲乎矣 必于 親屬是良置 謀叛以上罪去等 不用此律爲乎事

30 竝 : 底本에서는 글자를 판독할 수 없다. 世宗板, 光州板, 晉州板, 樂安板, 平壤板에 근거하여 확정하였다.

32 吏卒犯死罪

凡在外各衙門吏典、祇候、禁子有犯死罪，從各衙門長官鞫問明白，不須申稟，依律處決。然後具由申報本管上司，轉達刑部，奏聞知會。

直 凡 外方各州府郡縣 令史色員螺匠獄卒等亦 死罪乙 犯爲在乙良 各官員亦 推問明白爲去等 須只 啓課除良 依律處斷後良中沙 辭緣具錄 報都評議使大內申聞爲白乎事

33 在京犯罪軍民

凡在京軍民若犯杖八十以上者，軍發外衛充軍，民發別郡爲民。

直 凡 在京城內軍民亦 杖八十以上罪乙 犯爲在乙良 軍是去等 外方防禦所良中 發送充軍遣 民是去等 外方發送爲民

34 本條別有罪名

凡本條自有罪名，與名例罪不同者，依本條科斷。若本條雖有罪名，其有所規避罪重者，自從重論。其本應罪重而犯時不知者，依凡人論。【謂如叔姪別處生長，素不相識，姪打叔傷，官司推問，始知是叔，止依凡人鬪法。又如別處竊盜，偸得大祀神御之物。如此之類，竝是犯時不知，止依凡論，同常盜之例[31]。】

直 凡 本條良中 罪名亦 有去乃 名[32]例以 不同爲在乙良 本條乙 依准科斷齊 本條良

31 例：《大明律附例》，《大明律集解附例》，《大明律附例箋釋》에는 "律"로 되어 있다.

中 必于 罪名亦 明白爲去乃 免罪爲要 回避爲在乙良 從重論齊 本來理合重罪是在而亦 犯時良中 知不得爲在乙良 凡人例乙 依准論爲乎矣 叔果 姪果亦 各處生長爲相知不得爲如乎等用良 姪亦 叔乙 打傷爲良在乙 官司亦 推問次良中沙 叔是乎所知想只在乙良 唯只 常人鬪法例乙 依准論齊 又他處大祀神御之物乙 偸取爲良在乙犯時良中 大祀神御之物是乎所乙 知不得爲乎等用良 唯只 常盜例以 同論齊

本應輕者，聽從本法。【謂如父不識子，毆打之後方始得知，止依打子之法，不可以凡毆論。】

直 父亦 從前良中 子乙 知不得爲有如可 毆打後良中沙 始知其子爲在乙良 唯只 打子法乙 依准爲遣 不可以凡毆常例以 論

35 殺害軍人

凡殺死軍人者，依律處死，仍將正犯人餘丁，抵數充軍。

直 凡 軍人乙 殺死爲在乙良 依律處死爲遣 正犯人矣 同家人乙用良 致死軍數良中 充立爲乎事

36 化外人有犯

凡化外人犯罪者，竝依律擬斷。

直 凡 彼國人亦 犯罪爲在乙良 竝只 依律斷罪

32 名：底本에는 "斷"으로 되어 있다. 律文에 근거하여 수정하였다.

37 斷罪無正條

凡律令該載不盡事理, 若斷罪而無正條者, 引律比附, 應加應減, 定擬罪名, 轉達刑部, 議定奏聞。若輒斷決, 致罪有出入者, 以故失論。

直 凡 律令良中 竝只 載錄不得爲在 事果 正當爲在 條理無在乙良 律文內乙 比准爲 理合於加爲旀 理合於減爲在 事狀乙用良 罪名乙 擬定 呈報刑曹申聞爲白乎矣 此亦中 啓課不冬 趣便以 決斷爲 他矣 罪乙 或輕或重令是在乙良 故失例論

38 處決叛軍

凡邊境城池, 若有軍人謀叛, 守禦官捕獲到官。顯迹證佐明白, 鞫問招承, 行移都指揮使司。委官審問無冤, 隨卽依律處治, 具由申達五軍都督府, 奏聞知會。若有布政司、按察司去處, 公同審問處治。如在軍前臨陣擒殺者, 不在此限。

直 凡 防禦所軍人等亦 謀叛爲在乙 防禦軍官員亦 執捉付官窮問爲乎矣 顯迹證保明白爲去等 招伏捧上爲遣 申報按廉及都節制使爲 差官乙 委定審問爲乎矣 一一招伏爲去等 卽便依律處罪爲旀 緣由具錄報都評議使爲齊 按廉使節制使所屬處乙良 同議窮問 依律處決爲遣 軍上良中 臨陣爲 生擒殺害爲在隱 不在此限

39 加減罪例

凡稱加者，就本罪上加重。【謂如人犯笞四十，加一等卽坐笞五十，或犯杖一百，加一等則加徒減杖，卽坐杖六十徒一年，或犯杖六十徒一年，加一等卽坐杖七十徒一年半，或犯杖一百徒三年，加一等卽坐杖一百流二千里，或犯杖一百流二千里，加一等卽坐杖一百流[33]二千五百里之類。】

直 人亦 笞四十罪乙 犯爲在乙 加一等爲乎第亦中 卽加五十齊 杖一百罪乙 犯爲在乙 加一等爲乎第亦中 減杖六十爲遣 加徒一年齊 杖六十徒一年乙 犯爲在乙 加一等爲乎第亦中 卽杖七十爲遣 徒一年半爲齊 杖一百徒三年乙 犯爲在乙 加一等爲乎第亦中 卽杖一百爲遣 流二千里爲齊 杖一百流二千里罪乙 犯爲在乙 加一等爲乎第亦中 卽杖一百遣 流二千五百里爲齊

稱減者，就本罪上減輕。【謂如人犯笞五十，減一等卽坐笞四十，或犯杖六十徒一年，減一等卽坐杖一百，或犯杖一百徒三年，減一等卽坐杖九十徒二年半之類。】

直 人亦 笞五十乙 犯爲在乙 減一等爲乎第亦中 卽笞四十齊 杖六十徒一年乙 犯爲在乙 減一等爲乎第亦中 卽杖一百齊 杖一百徒三年乙 犯爲在乙 減一等爲乎第亦中 卽杖九十遣 徒二年半齊

唯二死、三流，各同爲一減。

直 唯只 二死三流罪段 各同一減

【二死，謂絞、斬；三流，謂二千里、二千五百里、三千里。各同爲一減，如犯死罪，減一等卽坐流三千里，減二等卽坐徒三年；犯流三千里者，減一等亦坐徒三年。】

直 二死 謂絞斬是齊 三流 謂二千里二千五百里三千里是齊 各同爲一減段 絞斬二死罪乙 犯爲在乙 減一等爲乎第亦中 竝只 卽流三千里是齊 二等乙 減爲乎第亦中 竝

33 流：底本에는 없다. 世宗板,《大明律》,《大明律講解》,《大明律附例》,《律條疏議》,《大明律釋義》,《大明律集解附例》,《大明律附例箋釋》에 근거하여 보충하였다.

只 卽徒役三年齊 流三千里犯罪爲在乙 減一等爲乎第亦中 徒役三年之類

加者，數滿乃坐。

直 加者隱 原數良中 已滿爲去沙 坐罪

【謂如贓加至四十貫，縱至三十九貫九百九十文，雖少一十文亦不得科四十貫罪之類。】

直 贓亦 加至四十貫是沙 滿數是去等 必于 三十九貫九百九十文 數良中 准至爲良置 一十文亦 不足爲良在等 四十貫加罪良中 同論決斷爲乎所不喩是乎事

又加罪，止於杖一百流三千里，不得加至於死。本條加入死者，依本條。【加入絞者，不加至斬。】

直 凡加等罪段 杖一百流三千里爲限是乎等用良 至死罪良中 加至爲乎所不喩是齊 本條加入死者乙良 依本條齊 加入絞罪爲在乙良 不加至斬爲乎事

40 稱乘輿車駕

凡稱乘輿、車駕及御者，太皇太后、皇太后、皇后竝同。稱制者，太皇太后、皇太后、皇太子令竝同。

直 上位乘坐敎是臥乎 德應及屬上位尊號隱 國大妃殿妃子殿 竝只 同稱爲白齊 國大妃殿妃子殿隱 懿旨是如 尊稱爲白遣 世子殿乙良 鈞[34]旨令旨是如 尊稱爲乎事

34 鈞 : 底本에는 "鈞"로 되어 있다. 문맥을 살펴 수정하였다.

41 稱期親祖父母

凡稱期親及稱祖父母者，曾高同。稱孫者，曾玄同。嫡孫承祖，與父母同。【緣坐者，各從祖孫本法。】其嫡母、繼母、慈母、養母與親母同。稱子者，男女同。【緣坐者，女不同。】

直 凡 期親及祖父母是如 稱云爲乎矣 高祖曾祖至亦 一般稱云爲齊 稱孫乙良 曾孫玄孫至亦 竝只 孫是如 稱云齊 嫡孫亦 父母歿後良中 祖父母乙 承重爲在如中 父母是如 稱云齊 嫡母繼母養母慈母乙 竝只 母是如 稱云齊 男女子息乙 竝只 子是如 稱云爲乎矣 犯罪同坐良中 男女各別爲乎事

42 稱與同罪

42-1 凡稱與同罪者，止坐其罪。至死者，減一等，罪止杖一百流三千里，不在刺字、絞、斬之律。若受財故縱，與同罪者，全科。

直 凡 與同罪是如 稱云段 干連人乙 唯只 正犯人矣 本罪分以 與罪爲乎矣 正犯人亦 至死罪是去等 干連人乙 減一等 杖一百爲限 流三千里遣 不在鈒面絞斬之律是齊 財物捧上遣 縱放爲在 人亦 與同罪爲在隱 全科齊

【至死者，絞。】

直 凡 與同罪人是 當死爲在乙良 絞死良中 施行爲乎事

其故縱謀反、逆、叛者，自[35]依本律。

35 自：《大明律集解附例》，《大明律附例箋釋》에는 "皆"로 되어 있다.

42-2 稱准枉法論、准盜論之類，但准其罪，亦罪止杖一百流三千里，竝免刺字。

42-3 稱以枉法論及以盜論之類，皆與眞犯同，刺字、絞、斬皆依本律科斷。

直 謀危社稷爲旀 謀毁宗廟山陵宮闕爲旀 謀背本國潛從他國人乙 故只 放縱爲在乙良 本罪律乙依良 施行爲齊

○ 准枉法是如 論爲旀 准盜是如 論爲臥乎事段 枉法及盜罪良中 依憑准論爲 罪止杖一百流三千里遣 鈒面乙良 竝免爲齊

○ 枉法例以 論是如爲旀 盜例以 論是如爲臥乎事段 竝只 枉法及盜眞犯人矣 罪以 同論遣 鈒面爲旀 絞斬罪乙 竝只 本律乙依良 科斷

43 稱監臨主守

凡稱監臨者，內外諸司統攝所屬，有文案相關涉。及雖非所管百姓，但有事在手者，卽爲監臨。稱主守者，該管文案吏典專主掌其事。及守掌倉庫、獄囚、雜物之類官吏、庫子、斗級、攢、攔、禁子，竝爲主守。其職雖非統屬，但臨時差遣管領、提調者，亦是監臨、主守。

直 凡 監臨亦 稱者隱 內外官司亦 文字行移爲臥乎 所轄處所果 必于百姓乙 親管處不喩良置 其凡事 皆在手端爲在如中 亦是監臨是齊 主守亦 稱者隱 大抵 文券乙 令史色員是沙 主掌齊 其倉庫獄囚雜物等乙 色員令史果 庫直城上果 斗尺果 使令果 螺匠等是沙 竝只 主掌看直爲臥乎等用良 竝是監臨主守是齊 必于 爲頭主掌不冬爲良置 臨時差定爲 次知管領提調置 亦是監臨主守

44 稱日者以百刻

凡稱一日者，以百刻。計工者，從朝至暮。稱一年者，以三百六十日。稱人年者，以籍爲定。

直 凡 一日亦 稱云者 百刻以 通計齊 工役乙 計爲乎第亦中 從朝至暮以 通計齊 一年亦 稱云者 三百六十日乙 通計齊 人矣 年歲乙 計數爲乎第亦中 原籍付年月始 通計齊

【謂稱人[36]年紀，以付籍年甲爲准。】

直 凡[37] 人矣 年歲 原籍付爲在 年月以 始計

稱衆者，三人以上。稱謀者，二人以上。

直 衆亦 稱云者 三人以上是齊 謀亦 稱云者 二人以上

【謀狀顯迹明白者，雖一人，同二人之法。】

直 凡[38] 生謀事狀 明白爲在如中 必于 一人是良置 同二人之類

45 稱道士女冠

凡稱道士、女冠者，僧、尼同。若於其受業師，與伯叔父母同。【受業[39]師，謂於寺、觀之內，親承經教，合爲師主者。】其於弟子，與兄弟之子同。

36 稱人：底本에는 "人稱"으로 되어 있다.《大明律講解》,《大明律附例》,《律條疏議》,《大明律釋義》,《大明律集解附例》,《大明律附例箋釋》에 근거하여 수정하였다.

37 凡：문맥상 衍字인 듯하다.

38 凡：문맥상 衍字인 듯하다.

39 業：底本에는 "訓"으로 되어 있다. 律文 및《大明律》,《大明律講解》,《大明律附例》,《律條疏議》,《大明律釋義》,《大明律集解附例》,《大明律附例箋釋》에 근거하여 수정하였다.

直 凡 道士女冠亦 稱云者 僧人果 尼僧以 同齊 受訓爲乎 師傅乙良 伯叔父母以 同齊 弟子等隱 兄弟之子以 同

46 斷罪依新頒律

凡律自頒降日爲始。若犯在已前者，竝依新律擬斷。

直 凡 律文乙 頒降日始 遵行爲乎矣 已前犯罪人是良置 新律乙依良 擬斷

47-1 徒流遷徙地方

徒役，各照所徒年限，竝以到配所之日爲始。發鹽場者，每日煎鹽三斤；鐵冶者，每日炒鐵三斤。另項結課[40]。

直隷府、州：

江南，發山東鹽場；江北，發河間鹽場。

福建布政司府分發兩淮鹽場。

浙江布政司府分發山東[41]鹽場。

江西布政司府分發泰安、萊蕪等處鐵冶。

40 課：底本에는 "裹"로 되어 있다.《大明律》,《大明律講解》,《大明律附例》,《大明律釋義》,《大明律集解附例》,《大明律附例箋釋》에 근거하여 수정하였다.

41 東：底本에는 "束"으로 되어 있다. 世宗板, 光州板, 晉州板, 樂安板, 平壤板,《大明律》,《大明律講解》,《大明律附例》,《律條疏議》,《大明律釋義》,《大明律集解附例》,《大明律附例箋釋》에 근거하여 수정하였다.

湖廣布政司府分發廣東、海北鹽場。

河南布政司府分發浙東鹽場。

山東布政司府分發浙東鹽場。

山西布政司府分發鞏昌鐵冶。

北平布政司府分發平陽鐵冶。

陝西布政司府分發大寧、綿州鹽井。

廣西布政司府分發兩淮鹽場。

廣東布政司府分發浙西鹽場。

海北、海南府分發進賢、新喩鐵冶。

四川布政司府分發黃梅、興國鐵冶。

流三等，照依地里遠近，定發各處荒蕪及瀕海州、縣，安置。

直隸府、州，流陝西。

福建布政司府分流山東、北平。

浙江布政司府分流山東、北平。

江西布政司府分流廣西。

湖廣布政司府分流山東。

河南布政司府分流福建。

山東布政司府分流福建。

山西布政司府分流福建。

北平布政司府分流福建。

陝西布政司府分流福建。

廣西布政司府分流廣東。

廣東布政司府分流福建。

四川布政司府分流廣西。

邊遠充軍。

直隷府、州。

江南發：

定遼都指揮使司。

北平都指揮使司所轄永平衛。

山西都指揮使司。

陝西都指揮使司所轄蘭州衛、河州衛。

江北發：

廣東都指揮使司所轄海南衛。

四川[42]都指揮使司所轄貴州衛雅州千戶所。

福建布政司府分發北平都指揮使司所轄永平衛。

浙江布政司府分發定遼都指揮使司。

江西布政司府分發山西都指揮使司。

湖廣布政司府分發山西都指揮使司。

河南布政司府分發廣西都指揮使司所轄南寧衛大平千戶所。

山東布政司府分發廣東都指揮使司所轄海南衛。

山西布政司府分發廣東都指揮使司所轄海南衛。

北平布政司府分發廣西都指揮使司所轄南寧衛大平千戶所。

陝西布政司府分發廣西都指揮使司所轄南寧衛大平千戶所。

廣西布政司府分發陝西都指揮使司所轄蘭州衛、河州衛。

廣東布政司府分發山西行都指揮司。

四川布政司府分發廣西都指揮使司所轄南寧衛大平千戶所。

42 川：底本에는 "州"로 되어 있다. 晉州板, 《大明律》, 《大明律講解》, 《大明律附例》, 《律條疏議》, 《大明律釋義》, 《大明律集解附例》, 《大明律附例箋釋》에 근거하여 수정하였다.

47-2 徒流遷徙地方

凡徒役，各照所徒年限，竝以到配所之日爲始。發鹽場者，每日煎鹽三斤；鐵冶者，炒鐵三斤。另項結衺。

直 凡 徒役乙良 各各徒年限乙 計數爲 竝只 配所到日始叱 計數爲乎矣 付鹽所者乙良 每日煮鹽三斤齊 付吹鍊者乙良 每日吹鐵 三斤式以捧上 各別封衺上納

直隸府、州

直屬京城、左右道。

直 京城乙良 遠處是去等 慶尙道 中間是去等 全羅楊廣道 近處是去等 西海交州道 鹽所吹鍊所 西海道是去等 付處慶尙道 鹽所吹鍊所 交州江陵道是去等 付處全羅道 鹽所吹鍊所 楊廣道是去等 付處平壤朔方道 鹽所吹鍊所

流三等，照依地理遠近，定發各處荒蕪及瀕海州縣，安置。

直隸府、州

直屬京城、左右道。

直 京城乙良 慶尙道安置 中間是去等 全羅道安置 西海道是去等 慶尙道安置 交州江陵道是去等 全羅道安置 楊廣道是去等 平壤朔方道安置

邊遠充軍。

直 京城軍是去等 慶尙道充軍 中間是去等 全羅道充軍 西海道軍是去等 慶尙道充軍 交州江陵道軍是去等 全羅道充軍 楊廣道軍是去等 平壤朔方道充軍

大明律直解

卷2~3 吏律

職制

48 選用軍職

凡守禦去處千戶、百戶、鎭撫有闕，一具闕本，實封御前開拆；一行都指揮使司，轉達五軍都督府，奏聞，取自上裁，選用。若先行委人權管，希望實授者，當該官吏各杖一百，罷職役充軍。若選用總旗，須於戳過鐵鎗人內委用。其小旗從便選充，不拘此律。

直 凡 防禦處千戶百戶鎭撫等亦 有闕爲去等 一本乙良 實封以 御前開拆爲白齊 一本乙良 都節制使弋只 轉達都評議使 申聞上鑒選用敎矣 時或軍官乙 先亦 差定爲 權攝後良中沙 望受實職者有去等 次知員吏等乙 各杖一百遣 停職役充軍爲齊 百戶是如爲在乙 選用爲乎第亦中 用鎗擊刺入格爲在 人乙用良 選用遣 統主如爲在乙良 隨意選擇充立爲遣 不在此律爲乎事

49 大臣專擅選官

凡除授官員，須從朝廷選用。若大臣專擅選用者，斬。若大臣親戚，非奉特旨，不許除授官職。違者，罪亦如之。其見任在朝官員，面諭差遣及改除，不問遠近，托故不行者，竝杖一百，罷職不敍。

直 凡 官員乙 授職爲乎第亦中 須只 公當議論以 啓聞選用爲乎矣 大臣弋只 私意以 任用爲在乙良 論罪齊 ○ 大臣矣 子弟一族乙良置 各

以其才 啓聞授職爲乎矣 違者罪同 ○ 其見任京官乙 上敎以 諸處差送敎是旀 又外任良中 移差敎是去等 緣故推遣 不赴任者乙良 程途遠近勿論 竝杖一百停職爲乎[1]事

50 文官不許封公侯

凡文官非有大功勳於國家，而所司朦朧奏請，輒封公、侯爵者，當該官吏及受封之人皆斬。其生前出將入相，能除大患，盡忠輔國者，同開國功勳，一體封侯諡公，不拘此律。

直 凡 文官亦 國家良中 大功勞無在乙 所任官亦 朦朧申聞爲 公侯官爵乙 差備爲在乙良 次知官員吏典及受職人等乙 竝只 處死爲齊 生前出將入相 國家災患乙 有能掃除 盡忠輔佐爲在乙良 開國功臣一例以 賞職爲乎矣 諡號 不拘此律

51 官員襲蔭

凡文武官員應合襲蔭職事，竝令嫡長子孫襲蔭。如嫡長子孫有故，嫡次子孫襲蔭。若無嫡次子孫，方許庶長子孫襲蔭。如無庶出子孫，許令弟姪應合承繼者，襲蔭。若庶出子孫及弟姪不依次序，攙越襲蔭者，杖一百徒三年。其軍官子孫年幼，未能承襲者，申聞朝廷，紀錄

1 乎 : 底本에서는 글자를 판독할 수 없다. 世宗板, 光州板, 晉州板, 樂安板, 平壤板에 근거하여 확정하였다.

姓名，關請俸給，優贍其家，候年一十六歲，方令襲職管軍辦事。如委絶嗣，無可承襲者，亦令本人妻小依例關請俸給，養贍終身。若將異姓外人乞養爲子，瞞昧官府，詐冒承襲者，乞養子杖一百，發邊遠充軍，本家所關俸給，截日住罷。他人教令者，竝與犯人同罪。若當該官司知而聽行，與同罪；不知者，不坐。

直 凡 文武官員亦 父祖職承繼合當爲在乙良 嫡長子孫乙用良 傳襲令是齊 嫡長子孫有緣故爲去等 嫡次子孫乙 傳襲令是齊 嫡次子孫無去等 妾妻長子孫乙用良 遞襲令是齊 妾妻子孫無去等 親弟及親姪乙用良 傳繼爲乎矣 妾妻子孫弟姪等亦 亂雜越次 傳繼爲在乙良 決杖一百徒三年齊 軍官子孫亦 年少傳襲不得爲在乙良 申聞爲 姓名傳報口糧乙 題給資生爲如可 年十六是去沙 父祖職乙 傳襲管軍令是矣子孫亦 實無爲去等 右人矣 妻眷乙 依例口糧題給 資生終身令是矣異姓收養人乙用良 冒受傳襲令是在乙良 收養乙 決杖一百遠方充軍爲遣 其矣 受喫爲臥乎 口糧 卽日爻周爲齊 敎誘人乙良置 犯人同罪齊 次知官司亦 知非依行爲在乙良 同罪遣 不知者不坐罪爲乎事

52 濫設官吏

凡內外各衙門官有額定員數，而多餘添設者，當該官吏一人杖一百，每三人加一等，罪止杖一百徒三年。

直 凡 內外各衙門良中 官吏亦 原定有數爲去乙 數外添設爲在乙良 一人乙 添爲去等 掌務官吏乙 決杖一百齊 三人乙 加爲去等 每三人加一等 罪止杖一百徒三年爲乎事

若吏典、知印、承差、祇候、禁子、弓兵人等額外濫充者，杖一百，遷徒。容留一人，正官笞二十，首領官笞三十，吏笞四十，每三人各加一等。竝罪止杖一百，罪坐所由。

直 典吏書吏知印令史螺匠獄正使令人等乙 原定數外濫充爲在乙良 杖一百外方移處爲乎矣 一人乙 容留 發送不冬爲去等 正官乙良 笞二十 之次官員乙良 笞三十 典吏書吏令史乙良 笞四十 每三人各加一等 罪止杖一百爲乎矣 初亦 起揭爲在 人乙 論罪爲乎事

其罷閑官吏在外，干預官事，結攬寫發文案，把持官府，蠹政害民者，竝杖八十。於犯人名下，追銀二十兩，付告人充賞。仍於門首書寫過名，三年不犯，官爲除去；再犯加二等，遷徙。有所規避者，從重論。若官府稅糧由帖、戶口籍冊，雇募攢寫者，勿論。

直 罷職屬散官吏等亦 官事乙 干攝 專權書寫公牒爲旀 官府凡事乙 執持爲旀 亂政[2]害民爲在乙良 竝杖八十爲遣 所犯人乙 當爲 銀二十兩生徵 進告人乙 充賞[3]爲齊 所犯人矣 家良中 罪條乙 書寫排門諭衆爲乎矣 三年乙 造心不犯爲去沙 官司以 排門浮取爲齊 再犯爲去等 加二等坐罪 移處爲乎矣 所犯罪乙 回避作謀爲去等 從重論 此亦中 官司納貢稅軍糧 尺文帖字果 家戶成籍文字等乙 請來書寫人乙良 勿論罪爲乎事

53 貢擧非其人

53-1 凡貢擧非其人，及才堪時用應貢擧而不貢擧者，一人杖八十，

2 政：底本에는 "正"으로 되어 있다. 문맥을 살펴 수정하였다.

3 賞：底本에는 "實"로 되어 있다. 世宗板에 근거하여 수정하였다.

每三人加一等，罪止杖一百。所擧之人知情，與同罪；不知者，不坐。

53-2 若主司考試藝業、技能而不以實者，減二等。失者，各減三等。

直 凡 無用之人乙 貢擧爲旀 其才器合當可貢人乙 貢擧不冬爲在乙良 一人是去等 杖八十 每三人加一等爲乎矣 一百杖爲限爲齊 被薦人置 知情者 罪同爲旀 不知者乙良 勿論

(○) 凡[4]才藝技能乙 試取次 從實試取不冬爲在乙良 減二等爲遣 知不得 失錯亦 試取爲在乙良 減三等爲乎事

54 擧用有過官吏

凡官吏曾經斷罪罷職役不敍者，諸衙門不許朦朧保擧。違者，擧官及匿過之人各杖一百，罷職役不敍。

直 凡 官吏等亦 已經決罪停職不用爲在乙良 各司亦[5] 不許朦朧薦擧爲乎矣 違者乙良 薦擧官員及 其矣 所犯隱諱爲在 人等乙 各杖一百 停職不用爲乎事

55 擅離職役

凡官吏無故擅離職役者，笞四十。若避難，因而在逃者，杖一百，罷職役不敍。所避事重者，各從重論。其在官應直不直，應宿不宿，各

4 凡 : 문맥상 衍字인 듯하다.

5 亦 : 底本에는 없다. 世宗板에 근거하여 보충하였다.

笞二十。若主守倉庫、務場、獄囚、雜物之類應直不直，應宿不宿者，各笞四十。

直 凡 官吏亦 擅自離職役爲在乙良 笞四十爲乎矣 難苦爲去向入 回避爲要 因而在逃爲在乙良 杖一百停職不用爲旀 所避事重爲在乙良 各從重論罪齊 次第當直當宿爲去乙 直宿闕爲在乙良 笞二十齊 主掌倉庫內雜物果 獄囚等乙 主掌員亦 直宿當次爲去等 闕爲在乙良 各笞四十爲乎事

56 官員赴任過限

凡已除官員，在京者以除授日爲始，在外者以領照會日爲始，各依已定程限赴任。若無故過限者，一日笞一十，每十日加一等，罪止杖八十，竝附過還職。若代官已到，舊官各照已定限期，交割戶口、錢糧、刑名等項及應有卷宗、籍冊完備。無故十日之外不離任所者，依赴任過限論，減二等。其中途阻風、被盜、患病、喪事，不能前進者，聽於所在官司給憑以備照勘。若有規避，詐冒不實者，從重論。當該官司符同保勘者，罪同。

直 凡 下批官員弋只 在京者乙良 下批日以 爲始遣 在外者乙良 下批敎牒字到付日以 爲始爲 各各已定限日內及赴任爲乎矣 無緣故過限赴任不冬爲在乙良 一日是去等 笞一十 十日是去等 加一等 杖八十爲限 過名施行遣 赴任令是齊 新差官亦 到任爲去等 舊官亦 各限期乙用良 官中錢糧刑名事 及文卷重記等乙 差錯無亦 交相授受爲乎矣 無緣故十日已過己只 任所仍坐者乙良 過限日不赴任罪以 減二等論齊 此亦中 中路風險爲旀 逢賊爲旀 疾病喪事乙仍于 速行不得爲去

等 所在官司弋只 告狀捧上 閱實明文成給爲乎矣 回避爲要 虛事憑據爲在乙良 從重論罪齊 所任官司置 同情修飾作保爲在乙良 同罪論爲乎事

57 無故不朝參公座

凡大小官員無故在內不朝參，在外不公座署事，及官吏給暇限滿，無故不還職役者，一日笞一十，每三日加一等，各罪止杖八十，竝附過還職。

[直] 凡 京中大小官員亦 無緣故出官不冬齊 外官員亦 坐官公事不冬齊 官吏等置 受由限盡爲去乙 無緣故闕仕官爲在乙良 一日是去等笞一十 每三日加一等決罪爲乎矣 杖八十爲限遣 過名乙 冊字施行還本職役爲乎事

58 擅句屬官

凡上司催會公事，立案定限，或遣牌，或差人，行移所屬衙門督幷。如有遲錯，依律論罪。若擅句屬官，拘[6]喚吏典聽事，及差占推官、司獄、各州·縣首領官，因而妨廢公務者，笞四十。若屬官承順逢迎，及差撥吏典赴上司聽事者，罪亦如之。其有必合追對刑名、查勘錢糧、

6 拘 : 底本에는 "句"로 되어 있다. 《大明律》, 《大明律講解》, 《大明律附例》, 《律條疏議》, 《大明律釋義》, 《大明律集解附例》, 《大明律附例箋釋》에 근거하여 수정하였다.

監督造作重事，方許句問。事畢，隨卽發落。無故稽留三日者笞二十，每三日加一等，罪止笞五十。

直 凡 仰官亦 所屬各官良中 公事催促爲乎第亦中 立許文定限日爲差送發送催促爲乎矣 萬一遲錯爲去等 依律論罪齊 仰官亦 所屬官及書吏令史等乙 進來 公事乙 聽受令是旀 所屬各州縣員乙 諸處差定爲 因此防廢公事爲在乙良 笞四十齊 所屬官置 承順仰官之意爲旀人吏乙 仰官良中 差送聽命爲在乙良 同罪論齊 此亦中 須只 刑獄及錢糧打算 親臨監督造作事有去等沙 進來親問爲遣 卽時還送爲乎矣無緣故留滯爲在乙良 三日是去等 笞二十 每三日加一等決罪爲遣 笞五十爲限爲乎事

59 官吏給由

凡各衙門官吏給由到吏部，限五日付勘完備，以憑類選銓注。若不卽付勘完備者，遲一日，吏典笞一十，每一日加一等，罪止笞四十；首領官減一等。若公私過名隱漏，不報者，以所隱之罪坐之。若罰贖、記過者，亦各以所罰、所記之罪坐之。若報重罪爲輕罪者，坐以所剩罪。當該官司符同隱漏者，與同罪。承報而差漏，及上司失於查照者，竝以失錯、漏報卷宗科斷。其漏附行止者，一人至三人，吏典笞一十，每三人加一等，罪止笞四十。若有增減日月，更易地方，改換出身，蔽匿過名者，竝杖一百，罷職役不敍。有所規避及受贓者，各從重論。

直 凡 各司官吏矣 解由文字乙 吏兵曹良中 到付爲良在等 限五日內已前經歷事乙 磨鍊錄用令是乎矣 卽時付色磨鍊不冬 遲晩爲在乙良一日是去等 書吏乙 笞一十 每一日加一等爲乎矣 笞四十爲限遣 郎

廳乙良 減一等決罪齊 公私良中 所錯過名乙 隱漏不報爲在乙良 所隱之罪以 論罪齊 贖罪事果 記過事乙 隱報爲在乙良 各各 初亦 所犯所記之罪以 論罪齊 重罪乙 輕罪是乎樣以 申報爲在乙良 其矣 減數內剩餘罪數以 決罪齊 房掌員亦 同情隱漏者 罪同齊 報狀乙捧上 差錯隱漏爲旀 上司官亦 差錯相考爲在乙良置 竝只 失錯漏報罪以 論罪齊 已前經歷行事乙 落報爲在乙良 一人以 三人至 落報爲去等 次知書吏令史乙 笞一十 每三人加一等爲乎矣 笞四十爲限齊 日月乙加減爲旀 經任處乙 改易爲旀 出身處乙 回換爲旀 過名乙 隱諱爲在乙良 竝只 決杖一百停職役不用齊 自身上事乙 回避爲旀 受贓物爲在乙良 各各 重罪以 論決爲乎事

60 姦黨

凡姦邪進讒言，左使殺人者，斬。若犯罪律該處死，其大臣、小官巧言諫免，暗邀人心者，亦斬。若在朝官員交結朋黨，紊亂朝政者皆斬，妻子爲奴，財產入官。若刑部及大小各衙門官吏不執法律，聽從上司官主使，出入人罪者，罪[7]亦如之。若有不避權勢，明具實迹，親赴御前執法陳訴者，罪坐姦臣。言告之人，與免本罪，仍將犯人財產均給充賞。有官者，陞二等；無官者，量與一官，或賞銀二千[8]兩。

直 凡 姦邪之徒亦 無罪人乙 死地良中 陷落爲只爲 上前讒訴爲在乙

7 罪：底本에는 없다. 《大明律》, 《大明律講解》, 《大明律附例》, 《律條疏議》, 《大明律釋義》, 《大明律集解附例》, 《大明律附例箋釋》에 근거하여 보충하였다.

8 千：底本에는 "十"으로 되어 있다. 《大明律》, 《大明律附例》, 《律條疏議》, 《大明律釋義》, 《大明律集解附例》, 《大明律附例箋釋》에 근거하여 수정하였다.

良 斬齊 犯罪律當處死人乙 大臣小官等亦 巧言以 冒弄諫奏免死爲陰謀脫人爲在乙良 斬齊 在朝官員亦 朋黨交結 朝政乙 紊亂爲在乙良 竝只 斬爲遣 妻子乙良 屬賤 家産乙良 沒官齊 刑官及大小各司官吏亦 不執法律爲遣 上司官員敎令乙 聽從爲 罪人矣 所犯輕重乙 加減爲在乙良 同罪齊 權勢乙 疑畏不冬 所行不法之事乙 明白亦 上前良中 執法陳訴爲在乙良 姦臣乙 坐罪爲遣 向前 陳訴人乙良 免本罪爲㫆 犯人矣 財産乙用良 均給充賞爲乎矣 有職者乙良 超二等賞職齊 無官者乙良 斟酌錄用爲㫆 或賞銀二十兩爲乎事

61 交結近侍官員

凡諸衙門官吏若與內官及近侍人員互相交結，漏泄事情，夤緣作弊，而符同奏啓者，皆斬。妻子流二千里，安置。

直 凡 各司官吏亦 內官及近侍人員乙 交結爲 事情漏通爲㫆 依托作弊爲遣 同意申聞爲在乙良 竝只 斬齊 妻子息乙良 流二千里安置爲乎事

62 上言大臣德政

凡諸衙門官吏及士庶人等，若有上言宰執大臣美政、才德者，卽是姦黨。務要鞫問，窮究來歷明白，犯人處斬，妻子爲奴，財産入官。若宰執大臣知情，與同罪；不知者，不坐。

直 凡 各司官吏及士庶人等亦 執政大臣德政乙 上前良中 申聞人員

有去等 卽是姦黨是去有良尒 從來乙 窮問明白爲去等 處斬遣 妻子乙良 屬賤 家産乙良 沒官齊 執政大臣亦 知情爲在隱 同罪 不知者不坐罪爲乎事

公式

63 講讀律令

63-1 凡國家律令，參酌事情輕重，定立罪名，頒行天下，永爲遵守。百司官吏務要熟讀，講明律意，剖決事務。每遇年終，在內從察院，在外從分巡御史、提刑按察司官，按治去處考校。若有不能講解，不曉律意者，初犯罰俸錢一月；再犯笞四十，附過；三犯，於本衙門遞降敍用。

63-2 其百工、技藝、諸色人等有能熟讀講解，通曉律意者，若犯過失及因人連累致罪，不問輕重，竝免一次。其事干謀反、逆、叛者，不用此律。

63-3 若官吏人等挾詐欺公，妄生異議，擅爲更改變亂成法者，斬。

直 凡 國家律令叱段 參酌事情輕重爲良 定立罪名 頒行天下 永爲遵守爲良爲敎事是去有良尒 百司員吏等亦 須只 熟讀爲 律意乙 精通事務乙 辨決爲乎矣 年終是去等 京中乙良 司憲府 外方乙良 按廉使弋只 各村良中 監行糾察爲乎矣 不能解明爲旀 不通律意爲在乙良 初犯是去等 一朔祿俸乙 還生徵爲遣 再犯是去等 笞四十過名施行爲齊 三犯是去等 本司良中 降等敍用齊

(○) 百工諸色各人等乙良置 有能熟讀 通達律意爲在 人等弋只 干犯過失爲旀 他矣 所犯乙 干連致罪爲在乙良 不問輕重爲 初犯乙良 釋免爲乎矣 其謀反逆叛良中 干連事乙良 不用此律

○ 官吏人等亦 挾詐 冒弄官司 法外議論乙用良 趣便以 更改爲 法律

乙 變亂爲在乙良 處斬

64 制書有違

64-1 凡奉制書有所施行而違者，杖一百。違皇太子令旨者，同罪。違親王令旨者，杖九十。失錯旨意者，各減三等。

64-2 其稽緩制書及皇太子令旨者，一日笞五十，每一日加一等，罪止杖一百。稽緩親王令旨者，各減一等。

直 凡 王旨乙 奉行爲白乎矣 違者乙良 決杖一百齊 世子令旨乙 奉行爲白乎矣 違者 罪同 諸王令旨乙 違者 杖九十齊 ○ 王旨意向乙 失錯亦 使內在乙良 各減三等齊

○ 王旨及世子令旨乙 遲緩爲在乙良 一日是去等 笞五十 每一日加一等 杖一百爲限齊 諸王令旨乙 遲緩爲在乙良 各減一等爲乎事

65~66 棄毁制書印信

65 凡棄毁制書及起馬御寶聖旨、起船符驗若各衙門印信及夜巡銅牌者，斬。若棄毁官文書者，杖一百。有所窺避者，從重論。事干軍機、錢糧者，絞。當該官吏知而不擧，與犯人同罪；不知者，不坐。誤毁者，各減三等。其因水火、盜賊毁失，有顯迹者，不坐。

66-1 凡遺失制書、聖旨、符驗、印信、巡牌者，杖九十徒二年半。若官文書，杖七十。事干軍機、錢糧者，杖九十徒二年半。俱停俸，責尋，三十日得見者，免罪。

66-2 若主守官物遺失簿書，以致錢糧數目[9]錯亂者，杖八十。限內得見者，亦免罪。其各衙門吏典考滿替代者，明立案[10]驗，將原管文券交付接管之人。違者，杖八十。首領官、吏不候[11]交割，符同給由者，罪亦如之。

直 凡 王旨及鋪馬文字夜巡牌面及各司印信等乙 故只 棄置損毁者 斬齊 都評議使及各司行下文字等乙 棄毁者 杖一百齊 自己事乙 回避爲要 故只 棄毁者 從重論罪齊 事干軍精錢糧爲在乙良 絞齊 色掌官吏等亦 知而不告爲在乙良 犯人同罪 不知者 不論齊 誤毁者 各減三等齊 水火盜賊乙仍于 毁失爲在乙良 顯迹分明爲去等 不論罪齊
○ 王旨及印信巡牌等乙 闖失爲在乙良 杖九十徒二年半齊 官文書乙 闖失爲在乙良 杖七十齊 事干軍精錢糧爲在乙良 杖九十徒二年半 竝只 停祿爲遣 定日覔得令是乎矣 三十日內尋得者 免罪齊
○ 官物乙 主掌爲有如可 文劵闖失爲 錢糧數目乙 錯亂爲在乙良 杖八十爲乎矣 限內覔得者 亦免罪齊 其各司色員令史等弋只 箇滿相遞次 一一立箚爲旀 原掌爲乎 文劵 幷以 新等亦中 授受爲乎矣 違者 杖八十齊 郎廳員亦 文劵物色授受前良中 面情以 解由文字乙 先給爲在乙良 罪同

9 目：底本에는 "月"로 되어 있다. 世宗板, 晉州板, 平壤板, 《大明律》, 《大明律講解》, 《大明律附例》, 《大明律釋義》, 《大明律集解附例》, 《大明律附例箋釋》에 근거하여 수정하였다.

10 案：底本에는 "安"으로 되어 있다. 世宗板, 《大明律》, 《大明律講解》, 《大明律附例》, 《律條疏議》, 《大明律釋義》, 《大明律集解附例》, 《大明律附例箋釋》에 근거하여 수정하였다.

11 候：底本에는 "侯"로 되어 있다. 《大明律講解》, 《大明律附例》, 《律條疏議》, 《大明律釋義》, 《大明律集解附例》, 《大明律附例箋釋》에 근거하여 수정하였다.

67 上書奏事犯諱

凡上書若奏事誤犯御名及廟諱者，杖八十。餘文書誤犯者，笞四十。若爲名、字觸犯者，杖一百。其所犯御名及廟諱，聲音相似，字樣各別，及有二字止犯一字者，皆不坐罪。若上書及奏事錯誤當言原免而言不免，當言千石而言十石之類，有害於事者，杖六十。申六部錯誤，有害於事者，笞四十。其餘衙門文書錯誤者，笞二十。若所申雖有錯誤，而文案可行，不害於事者，勿論。

直 凡 上書及申聞事良中 誤犯御名廟諱爲在乙良 杖八十 他餘文書良中 誤犯爲在乙良 笞四十 名字良中 觸犯爲在乙良 杖一百 其所犯御名廟諱弋只 聲音相似爲遣 字樣各別爲是果 及二字良中 一字叱分觸犯爲在乙良 皆不論罪齊 ○ 上書及申聞事良中 免赦是如 當言爲乎庫良中 不言免赦爲旀 千石是如 當言爲乎庫良中 言十石亦爲 有害於事爲在乙良 杖六十 六曹官良中 報狀乙 誤錯爲乎等用良 有害於事爲在乙良 笞四十 他餘各司良中 出納文字 錯誤爲在乙良 笞二十齊 報狀內 必于 差錯爲去乃 不害於事爲在乙良 勿論罪爲乎事

68 事應奏不奏

68-1 凡軍官犯罪，應請旨而不請旨，及應論功上議而不上議，當該官吏處絞。

68-2 若文職有犯，應奏請而不奏請者，杖一百。有所規避，從重論。若軍務、錢糧、選法、制度、刑名、死罪、災異及事應奏而不奏者，杖八十。應申上而不申上者，笞四十。若已奏已申，不待回報而輒施行者，竝同不奏、不申之罪。

68-3 其合奏公事須要依律定擬，具寫奏本，其奏事及當該官吏僉書姓名，明白奏聞。若有規避，增減緊關情節，朦朧奏准施行，已後因事發露，雖經年遠，鞫問明白，斬。

68-4 若於親臨上司官處稟議公事，必先隨事詳陳可否，定擬[12]稟說。若准擬者，上司置立印信文簿，附寫略節緣由，令首領官、吏書名畫字以憑稽考。若將不合行事，務妄作稟准，及窺伺公務冗幷，乘時朦朧稟說施行者，依詐傳各衙門官員言語律科罪。有所規避者，從重論。

直 凡 軍官員亦 犯罪爲去等 申聞合當爲在乙良[13] 申聞不冬爲旀 功勞乙 申聞合當爲在乙良[14] 申聞不冬爲在乙良 次知官吏等乙 絞齊
○ 文官亦 犯罪爲 申聞合當爲在乙 申聞不冬爲在乙良 杖一百 其中自己事乙 不便亦向入 回避爲在乙良 從重論爲乎矣 其軍事錢糧選法制度刑名死罪災異等事果 凡事弋只 申聞合當爲去乙 申聞不冬爲在乙良 杖八十齊 都評議使司良中 申報理合爲在 事乙 申達不冬爲在乙良 笞四十 已啓已報爲遣 不待行下爲 卽便施行爲在隱 不啓不報以 同罪齊

(○) 申聞合當公事乙 須只 依法定議爲 啓目良中 備細書寫爲白乎旀 進呈人及掌務官吏等矣 姓名乙 幷以 明白書寫申聞爲白乎矣 不便事乙 回避爲要 緊急情狀乙 加減書寫爲 朦朧申聞爲白良在乙 已行下後良中 因事發露爲去等 必于 年月弋只 久遠爲良置 追問明白

12 擬 : 底本에는 "議"로 되어 있다. 《大明律》, 《大明律講解》, 《律條疏議》, 《大明律釋義》, 《大明律集解附例》, 《大明律附例箋釋》에 근거하여 수정하였다.

13 良 : 문맥상 衍字로 보인다.

14 良 : 문맥상 衍字로 보인다.

爲去等 斬齊

(○) 仰屬官良中 凡矣 公事乙 啓課爲乎第亦中 須只 先亦 事體可否乙 備細商量爲良沙 啓課爲乎矣 已定議公事乙良 上司置有印信文券良中 略節緣由乙 書寫施行爲遣 掌務官吏亦 名署親着爲 後決相考齊 於理行移合當不得爲在事乙 妄稱啓課行移爲齊 事務繁多時乙 規見爲 朦朧啓課施行爲在乙良 各衙門官員矣 言語乙 詐傳律例以 論罪爲乎矣 其中自己事乙 不便亦向入 回避爲在乙良 重罪論爲乎事[15]

69 出使不復命

69-1 凡奉制、勅出使，不復命，干預他事者，杖一百。各衙門出使，不復命，干預他事者，常事杖七十，軍情重事杖一百。

69-2 若越理犯分，侵人職掌行事者，笞五十。

69-3 若迴還後，三日不繳納聖旨者，杖六十，每二日加一等，罪止杖一百。不繳納符驗者，笞四十，每三日加一等，罪止杖八十。

69-4 若有所規避者，各從重論。

直 凡 奉命出使員亦 迴還復命不冬 他事良中 干預爲在乙良 杖一百齊 各司以 定送差使人等置 迴還事意進告不冬爲遣 他事乙 干預爲在乙良 常事是去等 杖七十 軍事是去等 杖一百齊

(○) 違理越分爲 他人矣 所掌事乙 侵犯作弊爲在乙良 笞五十齊

(○) 迴還三日後良中 王旨乙 還納不冬爲在乙良 杖六十 每二日加一等爲乎矣 一百杖爲限齊 鋪馬符驗等乙 還納不冬爲在乙良 笞四十

15 事 : 底本에는 없다. 直解의 다수 용례에 근거하여 보충하였다.

每三日加一等 罪止杖八十齊
(○) 自己事 回避爲要爲在乙良 各從重爲乎事

70 漏泄軍情大事

70-1 凡聞知朝廷及總兵將軍調兵討襲外蕃及收捕反逆賊徒機密大事，而輒漏泄於敵人者，斬。若邊將報到軍情重事，而漏泄者，杖一百徒三年。仍以先傳說者爲首，傳至者爲從，減一等。

70-2 若私開官司文書印封看視者，杖六十。事干軍情重事者，以漏泄論。

70-3 若近侍官員漏泄機密重事於人者，斬。常事杖一百，罷職不敍。

直 凡 國家及諸節制使以 軍馬乙 點檢爲 草賊及反逆賊徒乙 追捉爲臥乎 機密大事乙 聞知遣 彼敵良中 漏通爲在乙良 斬齊 外方諸節制使按廉使等傳報爲乎 軍情重事乙 漏通爲在乙良 杖一百徒三年爲乎矣 先亦 傳說爲在乙良 爲首以 論遣 傳說者乙良 爲從以 減一等齊
(○) 官司文書印封乙 私丁 開封看審爲在乙良 杖六十爲乎矣 軍情重事是去等 漏通罪以 論齊
○ 近侍官員亦 機密重事乙 漏通於人爲在乙良 斬齊 常事是去等 杖一百罷職不用爲乎事

71 官文書稽程

凡官文書稽程者，一日吏典笞一十，三日加一等，罪止笞四十；首領官各減一等。若各衙門遇有所屬申稟公事，隨卽詳議可否，明白定奪回報。若當該官吏不與果決，含糊行移，互相推調以致耽誤公事者，杖八十。其所屬將可行事件，不行區處，作疑申稟者，罪亦如之。其所行公事已果決行移，或有未絶，或不完者，自依官文書稽程論罪。

直 凡 官文書乙 程限良中 遲晩爲在乙良 一日是去等 令史書吏 笞一十 三日是去等 加一等 四十爲限遣 郞廳乙良 各減一等齊 ○ 各司亦 所屬官員啓課公事到付爲去等 卽便詳議可否爲 明白決定 准回貼爲乎矣 掌務官員書吏令史等亦 留滯決斷不冬 相推爲 公事遲錯爲在乙良 杖八十遣 其所屬官弋只 可行公事乙 一定不冬爲遣 疑慮爲 便亦啓課爲在乙良 罪同齊 其已決下公事乙 留滯未行爲旀 完備不得爲在乙良 官文書稽程罪以 論爲乎事

72 照刷文卷

凡照刷有司、有印信衙門文卷，遲一宗、二宗，吏典笞一十，三宗至五宗笞二十，每五宗加一等，罪止笞四十；府、州、縣首領官及倉、庫、務、場、局、所、河泊等官，各減一等。失錯及漏報一宗，吏典笞二十，二宗、三宗笞三十，每三宗加一等，罪止笞五十；府、州、縣首領官及倉、庫、務、場、局、所、河泊等官，各減一等；其府、州、縣正官、巡檢，一宗至五宗罰俸錢一十日，每五宗加一等，罰止一月。若錢糧埋沒，刑名違枉等事，有所規避者，各從重論。

直 凡 有印信爲在 各司文卷乙 刷卷爲乎矣 一道二道是乃 遲晩爲在乙良 令史書吏笞一十 三道至五道 笞二十 每五道加一等 四十爲限齊 各州府郡縣之次員 及諸倉庫官司諸都監各色官員乙良 各減一等

齊 差錯及落報爲在乙良 一道是去等 令史書吏笞二十齊 二道三道是去等 笞三十 每三道加一等爲乎矣 五十爲限齊 州府郡縣之次員諸倉庫官司都監各色官員乙良 各減一等齊 其州府正官及巡檢差使員乙良 一道至五道是去等 十日俸祿乙 計數還生徵 每五道加一等 罰止二月俸祿爲限齊 錢糧乙 埋沒爲於 刑名乙 違枉爲遣 物物 生謀回避爲在乙良 各各重罪以 論爲乎事

73 磨勘卷宗

73-1 凡磨勘出各衙門未完文卷，曾經監察御史、提刑按察司照刷駁問遲錯，經隔一季之後，錢糧不行追徵足備者，提調官吏以未足之數十分爲率，一分笞五十，每一分加一等，罪止杖一百。刑名、造作等事，可完而不完，應改正而不改正者，笞四十，每一月加一等，罪止杖八十。受財者，計贓，以枉法，從重論。若有隱漏不報磨勘者，一宗笞四十，每一宗加一等，罪止杖八十。事干錢糧者，一宗杖八十，每一宗加一等，罪止杖一百。有所規避者，從重論。

73-2 若官吏聞知事發，旋補文案以避遲錯者，錢糧計所增數，以虛出通關論；刑名等事，以增減官文書論。同僚若本管上司知而不擧，及符同作弊者，同罪；不知情及不同署文案者，不坐。

直 凡 已刷券爲乎 各司未畢文卷乙 曾只 司憲監察按廉使弋只 遲錯事乙 備細推考後良中 三朔已過已只 錢糧乙 足數生徵不冬爲在乙良 主掌官吏乙 未生徵之數以 十分爲率 一分是去等 笞五十 每一分加一等 一百杖爲限齊 刑名事及造作等事 圓備爲音可事乙 圓備不得爲於 改正爲音可事乙 改正不冬爲在乙良 笞四十 每一月加一等 杖八

十爲限齊 受財物者乙良 贓物數乙用良 枉法例以 從重論齊 ○ 其刷券次 文券落報爲在乙良 一道笞四十 每一道加一等 杖八十爲限爲乎矣 錢糧良中 干連事乙良 一道是去等 杖八十 每一道加一等 杖一百爲限 其矣 有錯事以 生謀回避者乙良 從重論齊

(○) 官員書吏令史等亦 其矣 所犯事發露爲去 聞知爲遣 遲錯事乙回避爲要 文案改補爲良在等 錢糧乙良 所增數以 計數爲良 虛尺文成給爲乎 例以 論齊 刑名事乙良 官文加減例以 論齊 同官及仰官弋只 知想只遣 不告爲旀 同意作弊者乙良 罪同齊 知情不冬爲在是果文案良中 同着署不冬爲在乙良 不論罪爲乎事

74 同僚代判署文案

凡應行官文書而同僚代判署者，杖八十。若因遺失文案而代者，加一等。若有增減出入罪重者，從重論。

直 凡 行移合當爲在 文書良中 同僚官亦 代着署爲在乙良 杖八十齊 文案闕失乙仍于 代着署爲在乙良 加一等齊 其中 或加或減或出或入罪重爲在乙良 從重論罪爲乎事

75 增減官文書

75-1 凡增減官文書者，杖六十。若有所窺避，杖罪以上各加本罪二等，罪止杖一百流三千里。未施行者，各減一等。窺避死罪者，依常律。其當該官吏自有所避，增減文案者，罪同。若增減以避遲錯者，笞四十。

75-2 若行移文書，誤將軍馬、錢糧、刑名重事緊關字樣傳寫失錯，而洗補改正者，吏典笞三十。首領官失於對同，減一等。干礙調撥軍馬及供給邊方軍需、錢糧數目者，首領官、吏典皆杖八十。若有規避，故改補者，以增減官文書論。未施行者，各減一等。因而失誤軍機者，無問故失，竝斬。若無規避，及常行字樣偶然誤寫者，皆勿論。

直 凡 官文書乙 加減爲在乙良 杖六十齊 自矣 身上杖罪乙 謀避爲要爲在乙良 各加本罪二等爲乎矣 杖一百爲限遠流遣 未施行者各減一等齊 死罪乙 回避爲要 加減爲在乙良 依常律論齊 掌務官員書吏令史等弋只 其矣 所犯乙 回避爲要 加減者 罪同齊 遲錯事乙 回避爲要加減爲在乙良 笞四十齊

(○) 軍馬錢糧刑名重事良中 緊急文字字樣乙 差錯傳書爲遣 洗補改正爲在乙良 書吏令史 笞三十遣 官員弋只 唱准差減爲在乙良 減一等齊 事干軍情事及供給邊方軍需錢糧爲在乙良 官員書吏令史乙 竝只 杖八十遣 回避爲要 改補者乙良 加減官文書例以 論齊 未施行者乙良 各減一等爲乎矣 因此軍事遲晩爲只爲使內在乙良 故犯失錯勿論 竝斬齊 規避爲臥乎所無亦 常行字樣乙 偶然誤書爲在乙良 竝只勿論爲乎事

76 封掌印信

凡內外各衙門印信長官收掌，同僚佐貳官用紙於印面上封記，俱各畫字。若同僚佐貳官差故，許令首領官封印信。違者，杖一百。

直 凡 京外各官印信乙良 長官弋只 收掌爲去等 之次官等弋只 印面

上良中 用紙爲 封着爲遣 並只 着署爲乎矣 之次官弋只 有故不坐爲去等 時在郎廳員弋只 封印爲乎矣 違者 杖一百爲乎事

77 漏使印信

77-1 凡各衙門行移出外文書，漏使印信，當該吏典、對同首領官幷承發，各杖六十。

77-2 全不用印者，各杖八十。

77-3 干礙調撥軍馬、供給邊方軍需·錢糧者，各杖一百。因而失誤軍機者，斬。

直 凡 各司行移出外文書乙 踏印爲乎庫良中 漏落使印爲在乙良 掌務書吏令史果 唱准郎廳果 承發令史等乙 各杖六十齊

(○) 全不踏印者杖八十齊

(○) 事干抄軍及供給邊方爲乎 軍需錢糧文字是去等 各杖一百遣 因此軍事違錯者乙良 斬爲乎事

78 漏用鈔印

凡印鈔不行仔細，致有漏印及倒用印者，一張笞一十，每三張加一等，罪止杖八十。若寶鈔庫不行用心檢閘，朦朧交收在內者，罪亦如之。

直 鈔乙 印出爲乎矣 詳審不冬 漏落使印爲旀 倒着爲在乙良 一張是去等 笞一十 每三張加一等 罪止杖八十 寶鈔庫亦 用心檢察不冬爲遣 朦朧捧上在置爲在乙良 罪同齊 凡矣 外員及官庫雜物良中 踏印

不冬爲去等 亦用此律爲乎事

79 擅用調兵印信

凡總兵將軍及各處都指揮使司印信，除調度軍馬、辦集軍務行移公文用使外，若擅出批帖，假公營私，照送物貨者，首領官、吏各杖一百，罷職役不敍。正官，奏聞區處。

直 凡 各道都節制使兵馬使等 軍官印信乙良 全委軍馬抄鍊爲於 軍事准備爲乎 文字行移良中 用使內遣 軍事外叱 他餘出納牌字良中 擅用印信爲 憑公營私爲在乙良 郎廳及書吏令史 各杖一百遣 罷職役不用爲乎矣 正官乙良 申聞決斷爲乎事

80 信牌

凡府、州[16]、縣置立信牌，量地遠近，定立程限，隨事銷繳。違者，一日笞一十，每一日加一等，罪止笞四十。若府、州、縣官遇有催辦事務，不行依律發遣信牌，輒下所屬守幷者，杖一百。【謂如府官不許入州衙，州官不許入縣衙，縣官不許下鄕村。】其點視橋梁·圩岸·驛傳·遞鋪、踏勘災傷、檢屍、捕賊、抄箚之類，不在此限。

16 府州：底本에는 "州府"로 되어 있다. 律文의 다수 용례 및《大明律》,《大明律講解》,《大明律附例》,《律條疏議》,《大明律釋義》,《大明律集解附例》,《大明律附例箋釋》에 근거하여 수정하였다.

直 凡 州府郡縣良中 信牌乙 造作在置爲有如可 公事催促時是去等 地里遠近乙用良 程限定立[17]給送 事畢爲乎追于 前件信牌乙 還納爻周爲乎矣 違限者 一日笞一十 每一日加一等 罪止笞四十齊 各村大小官員亦 公事催辦次 右如 信牌發送不冬遣 所屬官良中 身乎 下去留連者 杖一百爲乎矣 橋梁點檢 水岸修理 監役 各驛院館審檢 損分審檢 檢屍 捕盜 財物收沒 如爲在 因公下歸者 不在此限

17 程限定立 : 底本에는 "定體"로 되어 있고 世宗板에는 "程限定體"로 되어 있다. 문맥을 살펴 수정하였다.

大明律直解

卷4~10 戶律

戶役

81 脫漏戶口

81-1 凡一戶全不附籍，有賦役者，家長杖一百；無賦役者，杖八十。附籍當差。

81-2 若將他人隱蔽在戶不報，及相冒合戶附籍，有賦役者，杖[1]一百；無賦役者，亦杖八十。若將另居親屬隱蔽在戶不報，及相冒合戶附籍者，各減二等。所隱之人竝與同罪，改正立戶，別籍當差。

81-3 其同宗伯叔、弟姪及壻，自來不曾分居者，不在此限。其見在官役使辦事者，雖脫戶，止依漏口法。

81-4 若隱漏自己成丁人口不附籍，及增減年狀，妄作老幼、廢疾以免差役者，一口至三口，家長杖六十，每三口加一等，罪止杖一百。不成丁，三口至五口，笞四十，每五口加一等，罪止杖七十。入籍當差。

81-5 若隱蔽他人丁口，不附籍者，罪亦如之。所隱之人與同罪，發還本戶，附籍當差。

81-6 若里長失於取勘，致有脫戶者，一戶至五戶，笞五十，每五戶加一等，罪止杖一百；漏口者，一口至十口，笞三十，每十口加一等，罪止笞五十。本縣提調正官、首領官、吏脫戶者，十戶笞四十，每十戶加一等，罪止杖八十；漏口者，十口笞二十，每三十口加一等，罪

1 杖 :《大明律》,《大明律講解》,《大明律附例》,《大明律釋義》,《大明律集解附例》,《大明律附例箋釋》에는 앞에 "亦"이 더 있다.

止笞四十。知情者，竝與犯人同罪。受財者，計贓，以枉法，從重論。若官吏曾經三次立案取勘，已責里長文狀，叮嚀省諭者，事發，罪坐里長。

直 凡 有賦役一戶乙 戶籍全不付爲在乙良 家長乙 杖一百遣 無賦役一戶乙 戶籍不付爲在乙良 家長乙 杖八十遣 戶籍施行定役齊

(○) 他人乙 家內隱藏不告爲齊 他戶有賦役爲在乙 冒弄合戶爲在乙良 家長乙 杖一百 無賦役爲在乙 冒弄合戶爲在乙良 亦杖八十齊 各居爲如 親屬乙 戶內隱藏不報爲旀 一戶是乎樣以 冒弄合戶付籍爲在乙良 各減二等齊 所隱之人置 竝只 同罪以 論爲遣 更良 戶籍施行定役齊

(○) 同宗爲在 伯叔果 弟姪果 壻果 本來同居者 不在此限齊 當時官司良中 現身立役爲在乙良 必于 戶籍良中 不付爲良置 唯只 漏口例以 論齊

(○) 壯丁人口乙 付籍不冬爲旀 年歲身材加減爲旀 虛稱老弱疾病爲賦役回避令是在乙良 一口以 至三口是去等 家長乙 杖六十 每三口加一等 杖一百爲限齊 年少不成丁爲在乙良 三口至五口 笞四十 每五口加一等 杖七十爲限 付籍定役齊

(○) 他人口乙 隱藏 戶籍施行不冬爲在 人乙 罪同爲遣 右人乙良 本處還定役齊

(○) 里長亦 遲晩推考 戶口乙 漏落爲在乙良 一戶至五戶是去等 笞五十 每五戶加一等 杖一百爲限遣 一名至十名 脫漏者乙良 笞三十 每十名加一等 笞五十爲限齊 本州縣長官幕下官及人吏等亦 十戶乙 脫漏爲在乙良 笞四十 每十戶加一等 杖八十爲限遣 十名乙 脫漏爲在乙良 笞一十 每三十名加一等 笞四十爲限 知情者 與犯人同罪 受財爲在乙良 贓物數乙用良 枉法以 從重論爲乎矣 里長 當爲 再度教

授爲旀 納叚 報狀乙 再度捧上爲乎 形迹 明白爲去等 官吏 與罪除良 里長分 與罪爲乎事

82 人戶以籍爲定

82-1 凡軍民、驛竈、醫卜、工樂諸色人戶，竝以籍爲定。若詐冒脫免，避重就輕者，杖八十。其官司妄准脫免及變亂版籍者，罪同。

82-2 若詐稱各衛軍人，不當軍民差役者，杖一百，發邊遠充軍。

直 凡 軍民驛子鹽干醫藥占卜工匠樂工等 諸色人戶乙良 竝只 戶籍以 定體爲乎矣 冒弄免役爲要 避重役就輕役者乙良 杖八十齊 其主掌官弋只 知非免役令是旀 戶籍乙 變亂爲在乙良 罪同齊

(○) 各衛軍人是乎樣以 妄稱爲旀 軍民役乙 使內不冬爲在乙良 杖一百 遠方良中 充軍爲乎事

83 私刱庵院及私度僧道

凡寺、觀、庵、院除見在處所外，不許私自刱建增置。違者，杖一百，還俗，僧、道發邊遠充軍，尼僧、女冠入官爲奴。若僧、道不給度牒，私自簪剃者，杖八十。若由家長，家長當罪。寺、觀住持及受業師私度者，與同罪。竝還俗。

直 凡 寺觀庵院乙良 裨補寺社外良中 私亦 違令增置爲在乙良 杖一百還俗爲乎矣 僧道乙良 遠處充軍遣 尼僧女冠乙良 入官爲賤齊 僧道亦 度牒無亦 着簪剃髮爲在乙良 杖八十齊 家長弋只 指揮爲去等

家長弋只 當罪齊 其寺社住持果 師僧弋只 私與度牒者 與同罪 並只 還俗爲乎事

84 立嫡子違法

84-1 凡立嫡子違法者，杖八十。

84-2 其嫡妻年五十以上無子者，得立庶長子。不立長子者，罪亦同。

84-3 若養同宗之人爲子，所養父母無子而捨去者，杖一百，發付所養父母收管。若有親生子及本生父母無子欲還者，聽。

84-4 其乞養異姓義子以亂宗族者，杖六十。

84-5 若以子與異姓人爲嗣者，罪同，其子歸宗。

84-6 其遺棄小兒年三歲以下，雖異姓仍聽收養，卽從其姓。

84-7 若立嗣，雖係同宗而尊卑失序者，罪亦如之。其子亦歸宗，改立應係之人。若庶民之家存養奴婢者，杖一百，卽放從良。

直 凡 立嫡子爲乎矣 違法者杖八十齊

○ 其嫡妻亦 年五十已上弋只 無後爲去等 妾長子乙用良 爲嫡子爲乎矣 右如使內不冬爲在乙良 罪同齊

○ 同宗之人乙用良 收養作子長養爲乎亦中 收養父母亦 他子息無去乙 背恩捨去者乙良 杖一百遣 還付收養父母爲乎矣 收養父母亦 已有親生子爲旀 本生父母亦 他子息無去等 親子亦 欲還者乙良 聽許還付齊

○ 他異姓人子乙 收養作子爲 敗亂宗族者乙良 杖六十齊

○ 親子乙 異姓人亦中 收養以 給付爲在乙良 罪同遣 其子乙良 還父母齊

(○) 其遺棄小兒乙良 三歲以下是去等 必于 異姓是良置 聽許收養 卽從其姓爲乎矣 遺棄小兒叱段 親生父母亦 難便棄置小兒是去有乙 時亦中 父母俱存 民財富足爲在 人等亦 貪利爲要 自矣 子息乙 他戶良中 强置 冒稱遺棄小兒爲臥乎所 毁亂風俗爲臥乎事是良尒 不在此限齊

(○) 必于 同宗人乙 作子傳繼令是良置 族長族下次序不當爲去等 罪同齊 其子乙良 還父母遣 次序適當爲在乙用良 改立令是乎事

85 收留迷失子女

85-1 凡收留人家迷失子女，不送官司而放賣爲奴婢者，杖一百徒三年；爲妻妾、子孫者，杖九十徒二年半。若得迷失奴婢而賣者，各減良人罪一等。被賣之人不坐，給親完聚。

85-2 若收留在逃子女而賣爲奴婢者，杖九十徒二年半；爲妻妾、子孫者，杖八十徒二年。若得在逃奴婢而賣者，各減良人罪一等。其被賣在逃之人又各減一等。若在逃之罪重者，從重論。

85-3 其自收留爲奴婢、妻妾、子孫者，罪亦如之。隱藏在家者，竝杖八十。

85-4 若買者及牙保知情，減犯人罪一等，追價入官；不知者，俱不坐，追價還主。

85-5 若冒認良人爲奴婢者，杖一百徒三年；爲妻妾、子孫者，杖九十徒二年半。

85-6 冒認他人奴婢者，杖一百。

直 凡 他人等矣 遺失爲乎 子女等乙 不告官司爲遣 奴婢是如 放賣者

乙良 杖一百徒三年齊 爲妻妾子孫爲在乙良 杖九十徒二年半齊 他矣遺失奴婢乙 放賣爲在乙良 賣良人罪良中 減一等爲旀 被賣之人乙良勿論罪遣 卽還父母齊

(○) 在逃爲在 他人子女等乙 許接爲 奴婢是如[2]爲 放賣爲在乙良 杖九十徒二年半 爲妻妾子孫者乙良 杖八十徒二年齊 在逃爲在 他矣奴婢乙 放賣爲在乙良 賣良人罪良中 減一等遣 被賣爲在 逃亡人乙良 各減一等爲乎矣 在逃時罪重者乙良 重罪以 論遣

(○) 家內許接 奴婢以 使用爲去乃 作妻妾子孫爲在 人等乙良 罪同齊 主人以 家內隱置爲在乙良 杖八十齊

(○) 買者及證保 知情爲在乙良 減犯人罪二等遣 價本生徵沒官齊知不得 交易爲在乙良 勿論罪爲旀 價本生徵 買主亦中 還給齊

(○) 良人乙 妄稱奴婢是如 使用爲在乙良 杖一百徒三年齊 爲妻妾子孫爲在乙良 杖九十徒二年半齊

(○) 他矣 奴婢乙 自矣 奴婢是乎樣以 妄稱爲在乙良 杖一百爲乎事

86 賦役不均

86-1 凡有司科徵稅糧及雜汎差役，各驗籍內戶口、田糧，定立等第科差。

86-2 若放富差貧，那移作弊者，許被害貧民赴拘該上司，自下而上陳告。當該官吏各杖一百。

86-3 若上司不爲受理者，杖八十。受財者，計贓，以枉法，從重論。

2 如：底本에는 없다. 97條와 108條의 律文에 근거하여 보충하였다.

直 凡 各司所在官亦 貢稅軍糧捧上爲旀 多般雜役乙 差定爲乎第亦中 各各戶籍內人口多少 及田糧數爻乙用良 等差以 差定齊

○ 其中私情以 富者乙良 免放遣 貧者乙沙 差定爲 彼此回換作弊爲去等 被害貧民亦 仰屬長官良中 呈狀爲去等 掌務員吏乙 各杖一百齊

(○) 長官亦 所志捧上 推考不冬爲在乙良 杖八十爲乎矣 受財物爲在乙良 贓物數爻乙用良 枉法以 從[3]重論

87 丁夫差遣不平

87-1 凡應差丁夫、雜匠，而差遣不均平者，一人笞二十，每五人加一等，罪止杖六十。

87-2 若丁夫、雜匠承差，而稽留不着役，及在役日滿，而所司不放迴者，一日笞一十，每三日加一等，罪止笞五十。

直 凡 差役合當爲在 民夫及諸工匠人等乙 平均差送不冬爲在乙良 掌務官吏乙 一人是去等 笞二十 每五人加一等 杖六十爲限齊

(○) 民夫及諸工匠人置 遲慢赴役爲旀 又赴役爲 限日已滿爲去乙 放送不冬爲在 官員乙良 竝只 一日是去等 笞一十 每三日加一等 笞五十爲限爲乎事

3 從 : 底本에는 없다. 律文과 直解의 다수 용례에 근거하여 보충하였다.

88 隱蔽差役

88-1 凡豪民令子孫弟姪根隨官員，隱蔽差役者，家長杖一百。官員容隱者，與同罪。受財者，計贓，以枉法，從重論。根隨之人免罪，充軍。
88-2 其功臣容隱者，初犯，免罪，附過；再犯，住支俸給一半；三犯，全不支給；四犯，依律論罪。

直 凡 豪强人等亦 子孫弟姪乙用良 官員伴倘以 隨旀 差役乙 隱避爲使內不冬爲在乙良 家長乙 杖一百齊 ○ 官員置 知而隱置爲在乙良與同罪齊 受財物者乙良 贓物數爻乙用良 枉法以 從重論齊 伴倘以使內在 人等乙良 免罪充軍齊
○ 其功臣等弋只 向前 人等乙 知而隱置爲在乙良 初犯是去等 免罪爲遣 過名施行齊 再犯是去等 祿俸乙 減半題給齊 三犯是去等 全不給齊 四犯是去等 依律論罪爲乎事

89 禁革主保里長

89-1 凡各處人民每一百戶內，議設里長一名、甲首一十名，輪年應役，催辦錢糧，句攝公事。若有妄稱主保、小里長、保長、主首等項名色，生事擾民者，杖一百，遷徙。
89-2 其合設耆老，須於本鄉年高有德，衆所推服人內選充，不許罷閑吏卒及有過之人充應。違者，杖六十。當該官吏笞四十。

直 凡 各道州府郡縣人民等乙 一百戶內良中 里長一名色掌十名乙議定 每年輪番相遞以 貢物雜役等乙 催促爲旀 凡矣 公事乙 次知使內乎矣 其中雜色掌以乎樣以 妄稱爲旀 生事擾民爲在乙良 杖一百遣

黜鄕爲齊
○ 合設老人乙良 在前有痕咎人乙良 休遣 其鄕邑內年高有德衆望合當爲在 人員乙用良 選充爲乎矣 違者杖六十 掌務官吏笞四十

90 逃避差役

90-1 凡民戶逃往隣境州、縣，躱避差役者，杖一百，發還元籍當差。

90-2 其親管里長、提調官吏故縱，及隣境人戶隱蔽在己者，各與同罪。若里長知而不逐遣，及元管官司不移文起取，若移文起取而所在官司占吝不發者，各杖六十。

90-3 其在洪武七年十月已前流移他郡，曾經附籍當差者，勿論。限外逃者，論如律。

90-4 若丁夫、雜匠在役及工、樂、雜戶逃者，一日笞一十，每五日加一等，罪止笞五十。

90-5 提調官吏故縱者，各與同罪。受財者，計贓，以枉法，從重論。不覺逃者，五人笞二十，每五人加一等，罪止笞四十。不及五名者，免罪。

直 凡 各州府郡縣人民等亦 隣境州縣良中 逃亡避役爲在乙良 杖一百還本役齊
○ 掌管爲在 里長及官吏等亦 故只 放送齊 隣境人等置 同人等乙 戶內隱留爲在乙良 罪同齊 ○ 里長置 知而逐送不冬爲旀 本處官員置出納行移進來不冬爲旀 出納行移推考爲去等 隣邑官員亦 隱留還送不冬爲在乙良 各杖六十齊
○ 雜匠人及工樂諸雜人等亦 避役逃亡爲在乙良 一日是去等 笞一十

每五日加一等 笞五十爲限齊
(○) 所掌官吏亦 故只 放送爲在隱 罪同齊 受財物爲在乙良 財物數爻乙用良 枉法以 從重論齊 逃亡時 知不得爲在乙良 五人是去等 笞二十 每五人加一等爲乎矣 罪止笞四十 五名不及爲在乙良 免罪爲乎事

91 點差獄卒

凡各處獄卒，於當[4]應慣熟人內點差應役。令人代替者，笞四十。
直 凡 各處獄卒等乙 慣熟合當人內良中 差定立役爲乎矣 他人乙 代役者 笞四十

92 私役部民夫匠

92-1 凡有司官私役使部民，及監工官私役使夫、匠出百里之外，及久占在家使喚者，一名笞四十，每五名加一等，罪止杖八十。每名計一日，追給雇工錢六十文。
92-2 若有吉凶，及在家借使雜役者，勿論。
92-3 其所使人數不得過五十名，每名不得使過三日。違者，以私役論。

4 當 : 《大明律》, 《大明律講解》, 《大明律附例》, 《律條疏議》, 《大明律釋義》, 《大明律集解附例》, 《大明律附例箋釋》에는 "相"으로 되어 있다.

直 凡 監臨官亦 所掌內民夫乙 私丁 役使爲旀 工匠監役官置 私丁 工匠等乙 役使爲乎矣 百里之外良中 差役爲旀 私家良中 累日使用者 笞四十爲旀 每五名加一等 杖八十爲限齊 身役錢乙 每名良中 一日六十文式以 生徵 使用人亦中 許給齊

(○) 其中 私丁 吉凶事及家中權借役使爲在乙良 勿論罪爲乎矣

(○) 役使人數爻乙良 不過五十名爲旀 每名役使不過三日 違者以私役論

93 別籍異財

凡祖父母、父母在，而子孫別立戶籍，分異財産者，杖一百。【須祖父母、父母親告乃坐。】若居父母喪，而兄弟別立戶籍，分異財産者，杖八十。【須期親以上尊長親告乃坐。】

直 凡 祖父母父母生存爲有去等 子孫等亦 別立家戶財産分執爲在乙良 杖一百爲乎矣 父母親告爲去等沙 坐罪齊 居父母喪爲 兄弟等亦 別立家戶家産分執者 杖八十爲乎矣 須只 期年喪以上族長亦 親告爲去沙 坐罪爲乎事

94 卑幼私擅用財

94-1 凡同居卑幼不由尊長，私擅用本家財物者，二十貫笞二十，每二十貫加一等，罪止杖一百。

94-2 若同居尊長應分家財不均平者，罪亦如之。

直 凡 同居族下人等亦 尊長知乎不冬爲 趣便以 家財等乙 用[5]下爲在乙良 二十貫是去等 笞二十 每二十貫加一等 杖一百爲限齊
○ 同居族長等弋只 公反家産乙 平均分執不冬爲在乙良 罪同

95 收養孤老

95-1 凡鰥、寡、孤、獨及篤、廢[6]之人，貧窮無親屬依倚不能自存，所在官司應收養，而不收養者，杖六十。
95-2 若應給衣糧，而官吏剋減者，以監守自盜論。
直 凡 無親族爲在 鰥寡孤獨及篤疾廢疾之人乙 所在官司亦 養恤合當爲在乙 養恤不冬爲在乙良 杖六十齊
○ 官司以 支給合當爲在 衣糧乙 官吏等亦 趣便以 減給爲在乙良 監守自盜以 論爲乎事

5 用 : 底本에는 앞에 "等"이 더 있다. 문맥을 살펴 삭제하였다.
6 廢 : 《大明律集解附例》, 《大明律附例箋釋》에는 "疾"로 되어 있다.

田宅

96 欺隱田糧

96-1　凡欺隱田糧，脫漏版籍者，一畝至五畝笞四十，每五畝加一等，罪止杖一百。其田入官，所隱稅糧依數徵納。

96-2　若將田土移坵換段，那移[7]等則，以高作下，隱瞞糧額；及詭寄田糧，影射差役，幷受寄者，罪亦如之。其田改正，收科當差。

96-3　里長知而不擧，與犯人同罪。

96-4　其還鄕復業人民，丁力少而舊田多者，聽從儘力耕種，報官入籍，計田納糧當差。若多餘占田而荒蕪者，三畝至十畝笞三十，每十畝加一等，罪止杖八十。其田入官。若丁力多而舊田少者，告官，於附近荒田內，驗力撥付耕種。

直 凡 貢稅軍糧庫乙 冒弄落報爲旀 田地作文乙 漏落爲在乙良 一負至五負 笞四十 每五負加一等 杖一百爲限遣 同田乙良 沒官爲旀 漏落出食乙良 依數生徵齊

○ 田地庫員結負乙 或多或小 互相改易 以高作下爲旀 原定數爻漏落齊 詭謀以 軍糧准受爲乎所 憑據 雜役回避爲齊 同意逢受爲在 人等 幷以 罪同爲乎矣 右田地乙良 更良 審檢 出食科式 捧上爲齊

7 移：底本에는 "易"으로 되어 있다. 律文과 直解의 다수 용례 및 《大明律》, 《大明律講解》, 《大明律附例》, 《律條疏議》, 《大明律釋義》, 《大明律集解附例》, 《大明律附例箋釋》에 근거하여 수정하였다.

○ 里長亦 知而不告者 犯人罪同齊

○ 還鄉復業之人等弋只 力小田多爲在乙良 盡力耕種爲只爲 勸耕令是旀 戶籍施行爲遣 出食依數收齊 定役爲乎矣 田地數多執持 陳荒令是在乙良 三負以 十負至 笞三十 每十負加一等 杖八十爲限遣 其田乙良 沒官齊 人丁隱 數多爲遣 田地少無在乙良 告官爲去等 近巡陳荒田庫乙用良 人丁多少以 折給耕種爲乎事

97 檢踏災傷田糧

97-1 凡部內有水旱、霜雹及蝗蝻爲害一應災傷田糧，有司官吏應准告而不卽受理申報檢踏，及本管上司不與委官覆踏者，各杖八十。若初、覆檢踏官吏不行親詣田所，及雖詣田所，不爲用心從實檢踏，止憑里長、甲首朦朧供報，中間以熟作荒，以荒作熟，增減分數，通同作弊，瞞官害民者，各杖一百，罷職役不敍。若致枉有所徵免糧數，計贓，重者，坐贓論。里長、甲首各與同罪。受財者，竝計贓，以枉法，從重論。

97-2 其檢踏官吏及里長、甲首失於關防，致有不實者，計田，十畝以下免罪，十畝以上至二十畝笞二十，每二十畝加一等，罪止杖八十。

97-3 若人戶將成熟田地移坵換段，冒告災傷者，一畝至五畝笞四十，每五畝加一等，罪止杖一百。合納稅糧依數追徵入官。

直 凡 道掌內良中 水旱霜雹及蝗蟲爲害 一切災傷爲在 貢稅軍糧等乙 所在官員等亦 捧上合當爲在 所志乙 卽時捧上爲 按廉使良中 申報踏審不冬爲旀 差使員發送 更良 踏審不冬爲在乙良 各杖八十齊 初度及二度審檢官吏亦 田所良中 親到踏審不冬爲旀 田所親到爲良

置 用心從實踏審不冬爲遣 里長色掌等矣 朦朧報狀捧上爲 實庫乙陳損是如爲㫆 陳損庫乙 起實庫是如爲 負數加減 同意作弊 冒弄官司 侵害百姓爲在乙良 各杖一百遣 停職役不用齊 因此濫徵濫減爲在乙良 贓物乙 計爲 重爲在乙良 坐贓以 論遣 里長色掌 各罪同齊 受財者 以枉法論罪爲乎矣

(○) 審檢官吏及里長等亦 用心不冬爲 妄報損實爲在乙良 十畝以下免罪 十畝以上至二十畝 笞二十 每二十畝加一等 杖八十爲限齊

○ 各作者等亦 起耕田乙 庫員互相改易 水旱損實爲樣以 妄告爲在乙良 一畝至五畝 笞四十 每五畝加一等 杖一百爲限遣 出食乙良 依式生徵納官爲乎事

98 功臣田土

凡功臣之家，除撥賜公田外，但有田土，從管莊人盡數報官入籍，納糧當差。違者，一畝至三畝杖六十，每三畝加一等，罪止杖一百徒三年。罪坐管莊之人，其田入官，所隱稅糧依數徵納。若里長及有司官吏踏勘不實，及知而不擧者，與同罪；不知者，不坐。

直 凡 功臣賜給田地外 其餘田地乙良 各舍主弋只 次知 遺爲無亦 出食乙 科式 納官爲乎矣 違者 一畝以 至三畝 杖六十齊 每三畝加一等 杖一百徒三年爲乎矣 舍主乙 結罪爲齊 落報田地乙良 沒官爲遣 出食乙 依數還徵納官齊 里長及有司官吏等弋只 踏審不實爲齊 知而不告者罪同 不知情者不坐爲乎事

99 盜賣田宅

99-1　凡盜賣、換易及冒認若虛錢實契典買及侵占他人田宅者，田一畝、屋一間以下笞五十，每田五畝、屋三間加一等，罪止杖八十徒二年。係官者，各加二等。

99-2　若强占官民山場、湖泊、茶園、蘆蕩及金、銀、銅、錫、鐵冶者，杖一百流三千里。

99-3　若將互爭及他人田産妄作己業，朦朧投獻官豪勢要之人，與者、受者，各杖一百徒三年。

99-4　田産及盜賣過田價并遞年所得花利，各還官給主。

99-5　若功臣初犯，免罪，附過；再犯，住支俸給一半；三犯，全不支給；四犯，與庶人同罪。

直 凡 田宅乙 盜賣回換爲旀 自己田宅是如 妄稱爲旀 價本無在 文記乙 如實造作爲 扶上典賣爲旀 他矣 田宅乙 無因侵奪爲在乙良 田一畝屋一間以下 笞五十齊 每田五畝屋三間 加一等 杖八十徒二年爲限爲乎矣 官司田宅是去等 各加二等齊

(○) 公私處所屬 山枝水梁草枝金銀銅錫鐵冶等庫乙 奪占爲在乙良 杖一百流三千里齊

(○) 當時相爭 未決田宅 及他矣 田地家産乙 其矣 田産是乎樣以 勢處良中 許上爲在乙良 與者受者 各杖一百徒三年齊

(○) 許上爲乎 田産果 盜賣爲乎 田地價本果 每年滋長利分等乙良 納官爲旀 本主還給齊

○ 功臣弋只 初犯是去等 免罪爲 過名施行齊 再犯是去等 祿俸乙 一半減給齊 三犯是去等 全不給祿齊 四犯是去等 與庶人罪同爲乎事

100 任所置買田宅

凡有司官吏不得於見任處所置買田宅。違者，笞五十，解任。田宅入官。

直 凡 各官員亦 見任所良中 農場家舍乙 買置不冬爲乎矣 違犯者 笞五十停職遣 田宅乙良 沒官爲乎事

101 典買田宅

101-1 凡典買田宅，不稅契者，笞五十，仍追田宅價錢一半入官。不過割者，一畝至五畝笞四十，每五畝加一等，罪止杖一百。其田入官。

101-2 若將已典賣與人田宅朦朧重復典賣者，以所得價錢計贓，准竊盜論，免刺。追價還主，田宅從原典買主爲業。

101-3 若重復典買之人及牙保知情者，與犯人同罪，追價入官；不知者，不坐。

101-4 其所典田宅、園林、碾磨等物年限已滿，業主備價取贖，若典主托故不敢[8]放贖者，笞四十。限外遞年所得花利追徵給主，依價取贖。其年限雖滿，業主無力取贖者，不拘此律。

直 凡 他人田宅乙 交易爲乎矣 交易文記 稅錢納官 斜是不冬爲在乙良 笞五十遣 同田宅價本 一半生徵沒官齊 買者賣者 親相授受不冬爲在乙良 一畝以 至五畝是去等 笞四十 每五畝加一等 罪止杖一百

8 敢：《大明律》，《大明律講解》，《大明律附例》，《律條疏議》，《大明律釋義》，《大明律集解附例》，《大明律附例箋釋》에는 "肯"으로 되어 있다.

其田沒官
(○) 已放賣爲乎 田土家舍等乙 更良 他處良中 冒弄放賣爲在乙良 捧上爲乎 價本數爻 計數爲 竊盜例以 論罪遣 鈒面安徐爲旀 價本生徵 本主還給齊 田宅乙良 初亦 交易人亦中 還給齊
(○) 其買者 及知情爲在 中人等乙良 犯人罪同 價本生徵沒官爲乎矣 不知者不坐
○ 典當爲乎 田宅果 園林果 碾磨等物乙 年限已滿爲去乙 本主亦 價本准備 還退爲去等 典買人亦 雜頉下推遣 延拖還給不冬爲在乙良 笞四十齊 年限外邊利乙良 生徵給主 價本良中 合計還退齊 年限已滿爲去乃 本主亦 價本全無 還退不得爲在乙良 不拘此律

102 盜耕種官民田

凡盜耕種他人田者，一畝以下笞三十，每五畝加一等，罪止杖八十。荒田減一等。强者，各加一等。係官者，各又加二等。花利歸官、主。
直 凡 他人田地等乙 偸取耕作爲在乙良 一畝以下 笞三十 每五畝加一等 杖八十爲限齊 陳田是去等 減一等齊 强奪耕種者 加一等齊 公田是去等 又加二等爲乎矣 邊利乙良 公田是去等 納官齊 私田是去等 給主爲乎事

103 荒蕪田地

103-1 凡里長部內已入籍納糧當役田地無故荒蕪，及應課種桑、麻之類而不種者，俱以十分爲率，一分笞二十，每一分加一等，罪止杖八十。縣官各減二等。

103-2 長官爲首，佐職爲從。人戶亦計荒蕪田地及不種桑、麻之類，以五分爲率，一分笞二十，每一分加一等。追徵合納稅糧還官。【應課種桑、棗、黃麻、苧麻、棉花、藍靛、紅花之類，各隨鄕土所宜種植。】

直 凡 里長等亦 掌內田籍施行 出食積納爲旀 官役使內臥乎 田地乙無故陳荒令是旀 國貢所出桑麻乙 耕種不冬爲在乙良 十分以 一分陳荒爲去等 笞二十 每一分加一等 杖八十爲限遣 官員是去等 各減二等爲乎矣

(○) 長官乙良 爲首 次官乙良 爲從以 論齊 人戶乙良置 田地陳荒令是旀 桑麻不種爲在乙良 五分以 一分是去等 笞二十 每一分加一等科式 出食乙良 生徵納官爲乎事

104 棄毁器物稼穡等

104-1 凡棄毁人器物，及毁伐樹木、稼穡者，計贓，准竊盜論，免刺。官物加二等。若遺失及誤毁官物者，各減三等。竝驗數追償。私物者，償而不坐罪。

104-2 若毁人墳塋內碑碣、石獸者，杖八十。毁人神主者，杖九十。若毁損人房屋、垣墻之類者，計合用修造雇工錢，坐贓論，各令修立。官屋加二等。誤毁者，但令修立，不坐罪。

直 凡 他矣 器物等乙 棄毁爲旀 樹木稼穡等乙 毁伐爲在乙良 棄毁爲乎 物數爻乙 計爲 准竊盜例論罪爲 免鈒面爲乎矣 官物是去等 加二等齊 官物乙 闊失爲旀 誤毁爲在乙良 各減三等爲乎矣 竝只 價本數

爻乙用良 計生徵齊 私物是去等 價本依例生徵遣 不坐罪齊
○ 他矣 墳墓內碑石石人等乙 破毁爲在乙良 杖八十遣 毁神主爲在乙良 杖九十齊 他矣 房舍垣墻等乙 破毁爲在乙良 修造築成爲乎 價本乙 計爲 坐贓罪例以 論爲旀 修理令是乎矣 官家是去等 加二等齊 誤錯破毁爲在乙良 修理令是遣 不與罪爲乎事

105 擅食田園瓜果

105-1 凡於他人田園擅食瓜果之類，坐贓論。棄毁者，罪亦如之。其擅將去，及食係官田園瓜果若官造酒食者，加二等。主守之人給與及知而不擧者，與同罪。

105-2 若主守私自將去者，竝以監守自盜論。

直 凡 他人矣 田園內瓜果等乙 趣便以 喫破爲旀 破毁爲在乙良 贓數乙 計爲 坐贓論齊 ○ 官司田園內瓜果及官造酒食等乙 趣便以 持去爲旀 喫破爲在乙良 加二等爲乎矣 主掌員吏亦 次知許給爲旀 及知而不告者 罪同齊
(○) 主掌員吏亦 私丁 持去爲在乙良 監守自盜例以 論罪爲乎事

106 私借官車船

凡監臨、主守將係官車船、店舍、碾磨之類私自借用，或轉借與人，及借之者，各笞五十。驗日追雇賃錢入官。若計雇賃錢，重者，各坐贓論，加一等。

直 凡 主掌員吏等亦 公處車船店舍大磨小磨等乙 私丁 借用爲旀 又傳傳以 借人爲在 人果 借用爲在 人乙良 各笞五十爲乎矣 借用日數乙 計爲 借用爲乎 價本乙 計生徵爲 納官爲遣 借用賃錢亦 數多爲去等 坐贓數乙 計爲 加一等論爲乎事

婚姻

107 男女婚姻

107-1 凡男女定婚之初，若有殘疾、老幼、庶出、過房、乞養者，務要兩家明白通知，各從所願寫立婚書，依禮娉嫁。若許嫁女已報婚書及有私約，【謂先已知夫身疾殘、老幼、庶養之類。】而輒悔者，笞五十。雖無婚書，但曾受聘財者，亦是。

107-2 若再許他人，未成婚者，杖七十。

107-3 已成婚者，杖八十。

107-4 後定娶者，知情，與同罪，財禮入官；不知者，不坐，追還財禮，女歸前夫。前夫不願者，倍追財禮給還，其女仍從後夫。男家悔者，罪亦如之，不追財禮。

107-5 其未成婚男女有犯姦盜者，不用此律。

107-6 若爲婚而女家妄冒者，杖八十，追還財禮；【謂如女有殘疾，却令姊妹妄冒相見，後却以殘疾女成婚之類。】男家妄冒者，加一等，不追財禮。【謂如與親男定婚，却與義男成婚，又如男有殘疾，却令兄弟妄冒相見，後却以殘疾男成婚之類。】未成婚者，仍依原定；已成婚者，離異。

107-7 其應爲婚者，雖已納聘財，期約未至而男家强娶，及期約已至而女家故違期者，竝笞五十。

107-8 若卑幼或仕宦或買賣在外，其祖父母、父母及伯叔父母、姑、兄、姊後爲定婚，而卑幼自娶妻，已成婚者，仍舊爲婚；未成婚者，從尊長所定。違者，杖八十。

直 凡 男女定婚之初良中 萬一殘疾老弱[9] 及妾妻子息收養子息等乙 兩邊弋只 仔細相知爲良只 各從所願以 婚書相送 依例結族爲乎矣 女家亦 婚書乙 會只 通報爲旀 私音丁 定約爲遣 臨時爲去沙 卽時應對不冬爲在乙良 笞五十爲乎矣 婚書乙 使內不冬爲良置 聘財乙 受爲在乙良 罪同齊

○ 婚禮乙 已定遣 更良 他人乙 改嫁爲乎爲 生謀爲如可 未成婚者 杖七十

(○) 已成婚爲在乙良 杖八十齊

○ 他人亦中 定婚後 奪婚爲行如 人乙良 知情爲去等 同罪 聘財乙良 沒官 不知者 不坐罪 聘財乙良 生徵還給遣 女乙良 前夫亦中 還付爲乎矣 前夫亦 不願爲去等 聘財乙良 生徵還給遣 同女乙良 後夫亦中 准授齊 男家置 會只 定約後 臨時不從爲在隱 罪同遣 聘財乙良 生徵安徐齊

(○) 必于 言約一定爲良置 成婚前 男犯盜女犯姦爲在隱 不用此律

○ 女亦 有殘疾爲去乙 姉妹乙用良 冒弄相見令是遣 其後殘疾女乙用良 成婚令是在乙良 杖八十爲遣 聘財乙良 生徵還給爲齊 初亦 親男乙用良 定婚爲遣 其後義男乙用良 成婚爲齊 親男亦 有殘疾爲去乙 兄果 弟果乙用良 相見令是遣 其後殘疾男乙用良 成婚爲在乙良 加一等決罪爲遣 聘財乙良 生徵安徐齊 未成婚爲在乙良 初亦 言約時相見令是在 無殘疾姉妹親男等矣 當身乙用良 成雙令是遣 冒弄已成雙者乙良 離異令是齊

(○) 合婚已定爲旀 聘財已納爲良置 合婚日亦 未到爲有去乙 夫亦先到強娶爲旀 合婚日已到爲去乙 女家亦 他緣故推稱 違期爲在乙良

9 弱 : 문맥상 "幼"의 誤字인 듯하다.

竝只 笞五十爲齊

(○) 子孫弟姪等亦 從仕出外爲旀 因買賣出外爲去乙 祖父母父母及伯叔父母姑姨兄等亦 已定婚爲有去乙 子孫弟姪等亦 他處已成婚爲去等 仍舊爲婚令是遣 未成婚爲在乙良 祖父母父母及尊長等矣 定約處乙用良 成婚爲乎矣 違者杖八十爲乎事

108 典雇妻妾

108-1 凡將妻妾受財典雇, 與人爲妻妾者, 杖八十。典雇女者, 杖六十。婦、女不坐。

108-2 若將妻妾妄作姊妹嫁人者, 杖一百。妻妾杖八十。

108-3 知而典、娶者, 各與同罪, 竝離異, 財禮入官; 不知者, 不坐, 追還財禮。

直 凡 妻妾乙 財物捧上遣 他人乙 許給 作妻妾爲在乙良 杖八十爲旀 其矣 女乙 財物受用遣 他人亦中 典賣爲在乙良 杖八十遣 婦女不坐 ○ 其矣 妻妾乙 妄稱姊妹如爲 他人交嫁令是在乙良 杖一百遣 妻妾乙良 杖八十齊

(○) 知情交嫁人亦同罪 竝只 離異爲乎矣 財物沒官遣 不知者不論罪爲乎事

109 妻妾失序

109-1 凡以妻爲妾者, 杖一百。妻在, 以妾爲妻者, 杖九十。竝改正。

109-2　若有妻更娶妻者，亦杖九十，離異。其民年四十以上無子者，方聽娶妾。違者，笞四十。

[直] 凡 嫡妻乙 爲妾爲在乙良 杖一百齊 嫡妻生存爲去乙 以妾爲妻者 杖九十遣 竝只 改正齊

○ 正妻現在爲去乙 他妻更娶爲在乙良 杖九十遣 離異齊 年至四十爲巳只 無子息爲去等沙 聽許娶妾爲乎矣 違者笞四十

110 逐壻嫁女

110-1　凡逐壻嫁女，或再招壻者，杖一百。其女不坐。

110-2　男家知而娶者，同罪；不知者，亦不坐。其女斷付前夫，出居完聚。

[直] 凡 女夫乙 黜送遣 他人交嫁爲旀 女夫有去乙 他人再嫁令是在乙良 杖一百 其女不論罪齊

(○) 後夫知而娶者同罪 不知者不論罪 其女乙 還付前夫 各家居住令是乎事

111 居喪嫁娶

111-1　凡居父母及夫喪，而身自嫁娶者，杖一百。

111-2　若男子居喪娶妾，妻、女嫁人爲妾者，各減二等。

111-3　若命婦夫亡再嫁者，罪亦如之，追奪。竝離異。知而共爲婚姻者，各減五等；不知者，不坐。

111-4　若居祖父母、伯叔父母、姑、兄、姊喪，而嫁娶者，杖八十。妾不坐。若居父母、舅姑及夫喪，而與應嫁娶人主婚者，杖八十。

111-5　其夫喪服滿，願守志，非女之祖父母、父母而强嫁之者，杖八十；期親强嫁者，減二等。婦人不坐，追歸前夫之家，聽從守志。娶者亦不坐，追還財禮。

直 凡 父母喪及夫喪等乙 蒙爲白[10] 嫁娶爲在乙良 杖一百爲於

(○) 男子亦 居父母喪爲 妾妻乙 交嫁爲於 女亦 夫乙 交嫁爲妾爲在乙良 各減二等齊

(○) 見受國大夫人翁主宅主及三品以上官員妻等亦 夫亡再嫁爲在乙良 罪同齊 竝只 謝貼收取離異爲乎矣 知情互相婚姻爲在乙良 各減五等 不知者不坐罪齊

(○) 祖父母果 伯叔父母果 父[11]矣 姊妹果 兄果 長妹果等矣 服制內嫁娶爲在乙良 杖八十 妾不坐齊 父母果 夫矣 父母果 夫喪良中 他矣嫁娶乙 主婚爲在乙良 杖八十齊

○ 其夫喪已滿後良中 自願守信爲在 女乙 祖父母親父母外他人等亦 强亦 更嫁令是在乙良 杖八十齊 期喪內族長亦 指揮强嫁爲在乙良 減二等遣 婦人乙良 不論罪 歸還前夫之家 聽從守信爲乎矣 後夫乙良 與罪不冬遣 財禮還生徵爲乎事

10 爲白 : 底本에는 "白爲"로 되어 있다. 直解의 다수 용례에 근거하여 수정하였다.

11 父 : 底本에는 "夫"로 되어 있다. 문맥을 살펴 수정하였다.

112 父母囚禁嫁娶

凡祖父母、父母犯死罪被囚禁，而子孫嫁娶者，杖八十。爲妾者，減二等。其奉祖父母、父母命而嫁女娶妻者，不坐，亦不得筵宴。

直 凡 祖父母父母亦 犯死罪爲 獄中囚禁爲有去等 子孫等弋只 嫁娶爲在乙良 杖八十爲遣 爲妾者乙良 減二等齊 祖父母父母敎令乙用良嫁娶爲在隱 不坐罪爲乎矣 新婚禮宴等乙 禁斷爲乎事

113 同姓爲婚

凡同姓爲婚者，各杖六十，離異。

直 凡 同姓爲在 人等亦 互相嫁娶爲在乙良 杖六十離異爲乎事

114 尊卑爲婚

114-1 凡外、姻有服尊屬、卑幼共爲婚姻，及娶同母異父姊妹若妻前夫之女者，各以姦論。

114-2 其父母之姑舅、兩姨姊妹及姨若堂姨，母之姑、堂姑，己之堂姨及再從姨、堂外甥女若女壻及子·孫婦之姊妹，竝不得爲婚姻。違者，各杖一百。

114-3 若娶己之姑舅、兩姨姊妹者，杖八十。竝離異。

直 凡 外族良中 有服制爲在 尊長果 族下等弋只 互相婚姻爲旀 同母異父爲在 姊妹果 妻矣 前夫所生女乙 交嫁爲在乙良 各以犯姦以 論

罪齊
(○) 父矣 三寸 少爲母果 母矣 三寸 少爲父果 父母之母矣 同生姊妹等矣 所生 及母之同生姊妹 母矣 四寸姊妹 母矣 三寸 少爲母 及五寸 少爲母 妻矣 四寸姊妹 及六寸姊妹 吾矣 四寸姊妹所生女 若女壻之姊妹 及子孫妻矣 姊妹等乙 竝只 不許爲婚姻 違者各杖一百
(○) 吾矣 同姓三寸 少爲母果 異姓三寸 少爲父果 異姓三寸 少爲母等矣 所生乙 交嫁者 杖八十 竝只 離異

115 娶親屬妻妾

115-1 凡娶同宗無服之親及無服親之妻者，各杖一百。

115-2 若娶緦麻親之妻及舅、甥妻，各杖六十徒一年。小功以上，各以姦論。

115-3 若收父祖妾及伯叔母者，各斬。若兄亡收嫂，弟亡收弟婦者，各絞。妾各減二等。

115-4 若娶同宗緦麻以上姑、姪、姊妹者，亦各以姦論。竝離異。

直 凡 同姓是遣 服制無在 親果 服制無在 親矣 妻乙 交嫁爲在乙良 各杖一百遣
(○) 有緦麻服制爲在 親族妻果 母矣 娚矣 妻果 妹子矣 妻果乙 交嫁爲在乙良 杖六十徒一年 小功以上親是去等 各以犯姦以 論齊
○ 父矣 妾果 祖矣 妾果 及伯叔父矣 妻等乙 收納爲在乙良 各斬齊 兄亡爲去等 兄妻果 弟亡爲去等 弟妻果乙 收納爲在乙良 各絞死遣 妾是去等 各減二等
○ 若同宗爲在 緦麻服制以上叔母果 姪女果 姊妹等乙 交嫁爲在乙

良 各犯姦罪以 論遣 竝只 離異

116 娶部民婦女爲妻妾

116-1 凡府、州、縣親民官任內，娶部民婦女爲妻妾者，杖八十。

116-2 若監臨官娶爲事人妻妾及女爲妻妾者，杖一百。女家竝同罪。妻妾仍兩離之，女給親，財禮入官。强娶者，各加二等。女家不坐，不追財禮。

116-3 若爲子孫、弟姪、家人娶者，罪亦如之，男女不坐。

直 凡 各道州府郡縣 臨民官亦 掌內民人矣 婦女乙 娶爲妻妾者 杖八十齊

(◯) 監臨官亦 有官事爲在 人矣 妻妾果 女果乙 妻妾爲 交嫁爲在乙良 杖一百遣 女家置 竝只 同罪爲旀 妻妾乙良 竝只 兩相離異遣 女乙良 歸還父母齊 强娶者是去等 加二等遣 女家乙良 不坐罪爲齊

(◯) 子孫果 弟姪果 家內人乙用良 交嫁令是在乙良 罪同爲乎矣 男女乙良 不坐罪爲乎事

117 娶逃走婦女

117-1 凡娶犯罪逃走婦女爲妻妾，知情者，與同罪。至死者，減一等。離異。

117-2 不知者，不坐。若無夫，會赦免罪者，不離。

直 凡 犯罪逃走婦女乙 妻妾爲 交嫁爲乎矣 知情爲在隱 罪同齊 當死

罪女是去等 減一等決罪 離異遣
(○) 不知情爲在乙良 不坐罪爲齊 無夫女遣沙 蒙赦免罪爲在乙良 離異不冬爲乎事

118 强占良家妻女

凡豪勢之人强奪良家妻、女，姦占爲妻妾者，絞。婦、女給親。配與子孫、弟姪、家人者，罪亦如之。男女不坐。

直 凡 豪勢之人等亦 良家妻及女乙 强奪 妻妾爲 姦占爲在乙良 絞死遣 婦女乙良 歸還父母齊 子孫弟姪及家人亦中 交嫁令是在乙良置 罪同爲乎矣 男女各不坐罪爲乎事

119 娶樂人爲妻妾

凡官吏娶樂人爲妻妾者，杖六十，竝離異。若官員子孫娶者，罪亦如之，附過，候[12]蔭襲之日，降一等，於邊遠敍用。其在洪武元年已前娶者，勿論。

直 凡 官吏等亦 妓女及樂人乙 娶爲妻妾者 杖六十遣 竝只 離異爲乎矣 官員子孫等弋只 交嫁者乙 罪同遣 過名施行齊 受職日降一等齊 洪武元年已前嫁娶爲在乙良 勿論爲乎事

12 候：底本에는 "侯"로 되어 있다.《大明律附例》,《律條疏議》,《大明律釋義》,《大明律集解附例》,《大明律附例箋釋》에 근거하여 수정하였다.

120 僧道娶妻

120-1　凡僧、道娶妻妾者，杖八十，還俗。女家同罪，離異。寺、觀住持知情，與同罪；不知者，不坐。

120-2　若僧、道假托親屬或僮僕，爲名求娶，而僧、道自占者，以姦論。

直 凡 僧人等亦 娶妻妾爲在乙良 杖八十遣 還俗爲旀 女家罪同遣 離異爲乎矣 寺院住持亦 知情爲在乙良 罪同齊

(○) 僧人亦 妄稱親族及奴子等乙 委爲 求婚爲如可 自娶爲妻妾爲在乙良 犯姦以 論爲乎事

121 良賤爲婚姻

121-1　凡家長與奴娶良人女爲妻者，杖八十。女家減一等。不知者，不坐。其奴自娶者，罪亦如之。家長知情者，減二等。

121-2　因而入籍爲婢者，杖一百。若妄以奴婢爲良人，而與良人爲夫妻者，杖九十。各離異，改正。

直 凡 良家女子乙 奴子亦中 交嫁爲妻妾者 杖八十遣 女家減一等齊 ○ 女家不知者 不坐罪齊 其奴自娶者 罪同爲旀 知情爲在 家長減二等齊

(○) 因此賤籍施行爲婢爲在乙良 杖一百爲乎矣 賤口乙 妄稱良人爲良人乙 交嫁令是在乙良 杖九十遣 竝只 離異改正爲乎事

122 蒙古色目人婚姻

122-1 凡蒙古、色目人聽與中國人爲婚姻，務要兩相情願。不許本類自相嫁娶。違者，杖八十，男女入官爲奴。

122-2 其中國人不願與回回、欽察爲婚姻者，聽從本類自相嫁娶，不在禁限。

直 凡矣 蒙古色目人等弋只 中國人茂火 兩相情願以 交嫁令是遣 一盤蒙古色目本類乙良 不許嫁娶令是乎矣 違者杖八十 男女沒官爲奴齊（○）中國人亦 回回人茂火 不願嫁娶者乙良 許聽爲乎矣 本類亦 自家嫁娶爲在隱 不在此限爲乎事

123 出妻

123-1 凡妻無應出及義絶之狀而出之者，杖八十。雖犯七出，有三不去而出之者，減二等，追還完聚。

123-2 若犯義絶，應離而不離者，亦杖八十。若夫妻不相和諧，而兩願離者，不坐。若妻背夫在逃者，杖一百，從夫嫁賣。因而改嫁者，絞。其因夫逃亡，三年之內，不告官司而逃去者，杖八十。擅改嫁者，杖一百。妾各減二等。

123-3 若婢背家長在逃者，杖八十。奴逃者，罪亦同。因而改嫁者，杖一百，給還家長。

123-4 窩主及知情娶者，各與同罪，至死者，減一等。不知者，俱不坐。

123-5 若由期親以上尊長主婚改嫁者，罪坐主婚，妻妾止得在逃之罪。餘親主婚者,【餘親, 謂期親卑幼及大功已下尊長、卑幼主婚改嫁者。】事由主婚, 主婚爲首, 男女爲從; 事由男女, 男女爲首, 主婚爲從。至死者, 主婚人竝減一等。

直 凡 妻亦 可黜可絶之事無去乙 黜送爲在乙良 杖八十齊 必于 七出乙 犯爲去乃 三不去有去乙 黜送爲在乙良 減二等遣 婦女還本夫齊

○ 若義絶可棄妻乙 休棄不冬爲在乙良 亦杖八十爲乎矣 夫妻不和合兩相願離者 不坐罪齊 妻亦 夫乙 背叛在逃爲在乙良 杖一百遣 還付本夫爲 任意以 放賣爲乎矣 因在逃他人乙 改嫁爲去等 絞死齊 夫亦逃亡爲去等 三年之內良中 不告官司爲 逃去爲在乙良 杖八十爲旀趣便以 他人交嫁者 杖一百遣 妾是去等 各減一等齊

○ 奴婢亦 背主逃亡爲在乙良 杖八十 婢子亦 因此他人改嫁爲在乙良 杖一百遣 還付本主齊

(○) 次知交嫁主人 及知情爲 交嫁爲在隱 罪同齊 至死罪人是去等減一等爲乎矣 不知者 竝只 不坐罪

○ 期喪內族長弋只 次知他人交嫁令是在乙良 主婚爲在乙 坐罪爲乎矣 妻妾乙良 唯只 在逃罪分 論齊 餘親亦 次知交嫁令是在乙良 主婚人亦 次知交嫁爲在如中 主婚爲首 男女爲從 男女自出意交嫁爲在如中 男女爲首 主婚爲從是齊 罪當至死人是去等 主婚人等乙 竝只 減一等爲乎事

124 嫁娶違律主婚媒人罪

124-1 凡嫁娶違律, 若由祖父母、父母、伯叔父母、姑、兄、姊及外祖父母主婚者, 獨坐主婚。餘親主婚者, 事由主婚, 主婚爲首, 男女爲從；事由男女，男女爲首，主婚爲從。至死者，主婚人竝減一等。

124-2 其男女被主婚人威逼，事不由己，若男年二十歲以下，及在室之女，亦獨坐主婚，男女俱不坐。

124-3 未成婚者，各減已成婚罪五等。

124-4 若媒人知情者，各減犯人罪一等；不知者，不坐。

124-5 其違律爲婚，各條稱"離異改正"者，雖會赦，猶離異改正。離異者，婦女竝歸宗。

直 凡 嫁娶爲乎矣 違律爲在乙良 祖父母父母伯叔父母姑兄姉 及外祖父母內 主婚爲去等 唯只 主婚人乙 坐罪齊 餘親亦 主婚爲在乙良內主婚人爲首 男女爲從齊 男女自出意交嫁爲在乙良 男女爲首 主婚爲從是齊 罪當至死人是去等 主婚人乙 竝減一等

(○) 男女亦 主婚人矣 威逼乙仍于 不得已交嫁爲旀 男年二十歲已下果 在室未嫁女等乙良 唯只 主婚人乙 坐罪遣 男女乙良 不坐罪齊

(○) 未成婚爲在乙良 已成罪良中 各減五等齊

(○) 中人弋只 知情爲在乙良 犯人罪良中 減一等遣 不知者不坐罪齊

(○) 違律爲婚爲在乙 各律條良中 稱云 離異改正者隱 必于 逢音 宥旨有良置 猶亦 離異改正令是齊 婦女乙 竝只 歸還父母爲乎事

124-6 財禮，若娶者知情，則追入官；不知者，則追還主[13]。

13 財……主 : 世宗板에는 없다.

倉庫

125 鈔法

125-1　凡印造寶鈔，與洪武、大中通寶及歷代銅錢相兼行使。其民間買賣諸物，及茶、鹽、商稅諸色課程，竝聽收受。違者，杖一百。

125-2　若諸人將寶鈔，赴[14]倉、場、庫、務，折納諸色課程，中買鹽貨；及各衙門起解贓罰，須要於鈔背，用使姓名、私記以憑稽考。若有不行用心辨驗，收受僞鈔及挑剜描輳鈔貫在內者，經手之人杖一百，倍追所納鈔貫。【謂誤收僞鈔幷挑剜描輳鈔一貫，倍追寶鈔二貫。】僞、挑鈔貫燒毁。其民間關市交易，亦許用使私記。若有不行仔細辨驗，誤相行使者，杖一百，倍追鈔貫，止問見使之人。若知情行使者，竝依本律[15]。

直 凡 鈔乙 印出爲 洪武大中通寶果 歷代銅錢良中 幷以 用使爲齊 民間雜買賣及米麵雜稅沙餘良 各色貢物良中 幷計捧上爲乎矣 違者 杖一百齊

○ 諸人亦 鈔乙 持是旀 各色貢物良中 計折爲 納上爲旀 京外各司亦 徵銅良中 生徵上納爲乎矣 須只 鈔背面良中 本主姓名乙 書寫爲 後次相考爲乎矣 詳審不冬 僞鈔及洗補爲旀 卑背改書爲在 鈔乙 捧上

14 赴：底本에는 "付"로 되어 있다. 《大明律》, 《大明律講解》, 《大明律附例》, 《律條疏議》, 《大明律釋義》, 《大明律集解附例》, 《大明律附例箋釋》에 근거하여 수정하였다.

15 僞挑……本律：底本에는 律註로 되어 있다. 《大明律》, 《大明律講解》, 《大明律附例》, 《律條疏議》, 《大明律釋義》, 《大明律集解附例》, 《大明律附例箋釋》에 근거하여 律文으로 수정하였다.

入庫爲在乙良 次知捧上爲在乙 杖一百 計生徵齊 僞造鈔乙良 燒毁爲齊 市裏良中 交易鈔乙良置 各各 私記乙 書寫爲乎矣 其中 詳審不冬 誤錯用使爲在乙良 杖一百 鈔甲折生徵爲乎矣 見使之人乙 與罪齊 僞造乙 知想是遣 知情用使爲在乙良 依本律科罪爲乎事

126 錢法

126-1 凡錢法，設立寶源等局，鼓鑄洪武通寶銅錢，與大中通寶及歷代銅錢相兼行使。折二、當三、當五、當十，依數准算。民間金銀、米麥、布帛諸物價錢，竝依時直，聽從民便。若阻滯不卽行使者，杖六十。

126-2 其軍民之家，除鏡子、軍器；及寺、觀、庵、院，鍾、磬、鐃、鈸外，其餘應有廢銅，竝聽赴官中賣，每斤給價銅錢一百五十文。

126-3 若私相買賣，及收匿在家，不赴官中賣者，各笞四十。

直 凡 錢法叱段 寶原等庫乙 設立爲 洪武通寶錢果 大中通寶及歷代銅錢等乙用良 和會用使爲乎矣 洪武錢及大中通寶果 歷代銅錢等乙或二或三或五或十爲等如 倍折爲 民間良中 金銀米麥布帛諸物良中時價以 計爲 從便用使爲乎矣 留滯 卽時用使不冬爲在乙良 杖六十齊 ○ 軍民各戶良中 鏡及軍器果 寺社庵院內 鍾磬鐃鈸外 他餘破壞銅器等乙良 官司良中 進告放賣爲乎矣 價本乙良 一斤良中 銅錢一百五十文乙 計折捧上遣 放賣爲乎事

127 收糧違限

127-1 凡收夏稅，於五月十五日開倉，七月終齊足；秋糧，十月初一日開倉，十二月終齊足。如早收去處，預先收受者，不拘此律。若夏稅違限，至八月終，秋糧違限，至次年正月終，不足者，其提調部糧官、吏典、分催里長、欠糧人戶，各以十分爲率，一分不足者，杖六十，每一分加一等，罪止杖一百。受財者，計贓，以枉法，從重論。

127-2 若違限，一年之上不足者，人戶、里長杖一百，遷徙，提調部糧官、吏典處絞。

直 凡 貢稅等乙 捧上爲乎第亦中 夏納貢稅乙良 五月十五日開倉 七月晦時畢納齊 秋納貢稅乙良 十月初一日開倉爲 十二月晦時畢納爲乎矣 曾只 秋收爲 預先捧上爲在隱乙良 不在此律齊 夏納貢稅乙 違限爲 八月晦時良中沙 畢捧上爲旀 秋納貢稅乙 違限 次年正月晦時良中沙 畢捧上爲在乙良 次知押領官吏 及分催差使里長[16] 及未收爲在 人戶乙 與罪爲乎矣 十分爲率爲 一分不足者 杖六十 每一分加一等 杖一百爲限齊 贈物捧上遲晩爲在乙良 財物數爻乙用良 枉法以從重論齊

○ 一年巳只 畢納不得爲在乙良 人戶及里長等乙 杖一百

16 長 : 底本에는 "正"으로 되어 있다. 世宗板, 光州板, 晉州板, 樂安板, 平壤板에 근거하여 수정하였다.

128 多收稅糧斛面

128-1 凡各倉收受稅糧，聽令納戶親自行概，平斛交收。作數支消，依令准除折耗。若倉官、斗級不令納戶行概，跌斛淋尖，多收斛面者，杖六十。

128-2 若以附餘糧數計贓，重者，坐贓論，罪止杖一百。提調官吏知而不擧，與同罪；不知者，不坐。

直 凡 各倉庫亦 貢稅乙 捧上爲乎第亦中 各納者乙用良 自量自概 平爲樣以 納上 數准 上下爲乎矣 官式貌如 鼠子無面計除爲齊 倉官及使令等亦 納者以 自量自概不冬爲 斛面乙 不平正亦 斛量爲 剩捧上爲在乙良 杖六十遣

(○) 剩餘米穀乙良 贓物條以 計爲 重爲在乙良 坐贓罪以 論爲 杖一百爲限齊 次知官吏亦 知而不告爲在乙良 罪同齊 不知者不坐罪

129 隱匿費用稅糧課物

凡送本戶應納稅糧、課物及應入官之物，而隱匿費用不納，或詐作損失，欺妄官司者，竝計所虧欠物數，准竊盜論，免刺。其部運官吏知情，與同罪；不知者，不坐。

直 凡 各納者亦 依例納官貢物 及官司良中 納上爲音可 雜物色等乙 隱置斜用爲旀 妄稱損失冒弄官司爲在乙良 足納不得 數爻乙用良 竊盜例以 論罪 免鈒面遣 押領官吏 知情者同罪 不知者不坐

130 攬納稅糧

130-1 凡攬納稅糧者，杖六十，着落赴倉納足。再於犯人名下，追罰一半入官。

130-2 若監臨、主守攬納者， 加罪二等。 其小戶、畸零米麥因便輳數，於納糧人戶處附納者，勿論。

直 凡 他矣 戶叱 所納貢稅乙 攬管納倉爲在乙良 杖六十遣 右人乙 當爲 准數納倉爲乎矣 更良 犯人乙 當爲 罰錢乙 一半乙 生徵沒官齊 ○ 監臨官亦 自以 次知濫納爲在乙良 加罪二等齊 ○ 小戶矣[17] 不多稅糧乙 他人戶矣 數多稅糧良中 因便作數幷納爲在乙良 勿論罪

131 虛出通關硃鈔

131-1 凡倉庫收受一應係官錢糧等物不足，而監臨、主守通同有司、提調官吏，虛出通關者，計所虛出之數，幷贓，皆以監守自盜論。

131-2 若委官盤點錢糧，數本不足，符同申報足備者，罪亦如之。受財者，計贓，以枉法，從重論。

131-3 其監、守不收本色，折受財物，虛出硃鈔者，亦以監守自盜論。納戶知情，減二等，免刺，原與之贓入官；不知者，不坐，其贓還主。

131-4 同僚知而不擧者，與犯人同罪；不知及不同署文案者，不坐。

直 凡 倉庫依例捧上 官司錢糧 數爻不足數爲去乙 監臨官亦 次知員吏等乙 同議爲 足納爲樣以 虛尺文成給爲在乙良 虛出贓數乙 合計

17 矣：底本에는 뒤에 "矣"가 더 있다. 世宗板에 근거하여 삭제하였다.

並只 監臨自盜以 論齊

○ 委官員置 錢物數爻推考次 同議爲 不足數乙 准足爲様以 虛報狀爲在乙良 罪同[18]齊 受財者 財物計數 枉法例以 從重論

○ 其監臨員亦 本色乙 捧上不冬爲 他財物乙 價折捧上遣 虛尺文成給爲在乙良 監臨自盜例以 論齊 納者知情爲在乙良 減二等 鈒面安徐遣 初亦 贈與財物乙良 生徵納官齊 不知者不坐遣 財物還主

○ 同官員弋只 知而不告者 所犯人罪同爲旀 同官亦 知不得 及許文同着署不冬爲在乙良 不坐

132 附餘錢糧私下補數

132-1 凡各衙門及倉庫但有附餘錢糧，須要盡實報官，明白正收作數。若監臨、主守將增出錢糧，私下銷補別項事故虧折之數，瞞官作弊者，並計贓，以監守自盜論。

132-2 若內府承運庫收受金、帛，當日交割未完者，許令附簿寄庫。若有餘剩之物，本庫明白立案正收，開申戶部作數。若朦朧擅將金、帛等物出外者，斬。守門官失於盤獲搜檢者，杖一百。

直 凡 各司及倉庫亦 剩餘錢糧等乙 須只 實數以 仰官良中 報狀爲旀 明白捧上作數爲乎矣 監臨官亦 剩餘錢糧乙用良 私丁 他餘不足數良中 補乏爲遣 冒弄作弊爲在乙良 並只 贓物數以 計數爲 監臨自盜例以 論罪齊

○ 內府諸倉庫如爲在 各司納金銀布帛錢糧等乙 卽日交相授受爲乎

18 同 : 底本에는 "問"으로 되어 있다. 世宗板에 근거하여 수정하였다.

矣 未收乙良 字細重記頉下施行 假捧上爲遣 剩餘物色乙良 正捧上數以 字細立簡 三司良中 申報爲乎矣 其中金帛等物乙 幪朧亦 趣便以 出外爲在乙良 斬齊 門直官吏等亦 搜探現捉不得爲在乙良 杖一百

133 私借錢糧

133-1 凡監臨、主守將係官錢糧等物，私自借用，或轉借與人者，雖有文字，竝計贓，以監守自盜論。其非監守之人借者，以常人盜倉庫錢糧論。

133-2 若將自己物件抵換官物者，罪亦如之。

直 凡 監臨官亦 官司錢物等乙 私丁 借用爲旀 時或 他人亦中 傳借令是在乙良 必于 傳借文字分明爲良置 竝只 贓物數以 計爲 監臨自盜例以 論齊 監臨官外他人等亦 借用爲在乙良 他人矣 倉庫錢物乙偸用例以 論齊

○ 自矣 私物乙用良 官物乙 回換者 罪同

134 私借官物

凡監臨、主守將係官什物、衣服、氈褥、器玩之類，私自借用，或轉借與人，及借之者，各笞五十。過十日，各坐贓論，減二等。若有損失者，依毁失官物律坐罪，追倍。

直 凡 監臨員亦 官司什物衣服氈褥器用等物乙 私丁 借用爲旀 又他人亦中 傳借令是旀 及借用爲在 人等乙 笞五十爲乎矣 十日已過爲

在乙良 坐贓罪良中 減二等論齊 闕失爲旀 破毁爲在乙良 官物壞失例以 與罪 生徵納官

135 那移出納

135-1 凡各衙門收支錢糧等物，已有文案、勘合，若監臨、主守不正收正支，那移出納，還充官用者，竝計贓，准監守自盜論，罪止杖一百流三千里，免刺。

135-2 若不給半印勘合，擅出權帖，或給勘合，不立文案放支；及倉庫不候勘合，或已奉勘合，不附簿放支者，罪亦如之。

135-3 其出征、鎭守軍馬經過去處行糧、草料，明立文案，卽時應付，具數開申合干上司准除，不在擅支之限。違者，杖六十。

直 凡 各司捧上上下錢糧等物亦 重記施行爲有去乙 次知官員亦 正數以 捧上上下不冬爲遣 彼此良中 互相出入爲行如可 還充官用爲在乙良 贓物數乙用良 監臨自盜例以 論罪爲 杖一百爲限 鈒面安徐齊(○) 印信文字成給不冬爲遣 趣便以 假帖字乙 出給爲旀 文字成給爲良置 重記施行不冬 出給爲旀 承受上下爲乎 各倉庫置 勘合文字待候不冬爲旀 勘合文字捧上爲良置 重記施行不冬 出給爲在乙良 罪同齊

○ 出征軍馬過行爲在 所在官司是如中 行糧草料等乙 字細重記施行爲旀 卽時支應爲遣 數爻乙 仰官良中 報狀爲乎矣 違例爲在乙良 杖六十

136 庫秤雇役侵欺

凡倉、庫、務、場、局、院庫、秤、斗級若雇役之人，侵欺、借貸、移易係官錢糧，竝以監守自盜論。若雇主同情，分受贓物者，罪亦如之。其知情，不曾分贓，而符同申報瞞官，及不首告者，減一等，罪止杖一百；不知者，不坐。

直 凡 諸倉庫局院等 司稤公斗人使令人等亦 官司錢糧冒弄爲 互相借用爲旀 回換爲在乙良 竝只 監守自盜例以 論齊 雇主同情爲 贓物分用爲在乙良 罪同齊 知情爲遣 贓物乙良 分用不冬 同意報狀 冒弄官司爲旀 及現告不冬爲在乙良 減一等遣 杖一百爲限爲乎矣 不知者不坐

137 冒支官糧

凡管軍官吏、摠旗、小旗冒支軍糧，入己者，計贓，准竊盜論，免刺。

直 凡 管軍官吏及百戶統主等亦 軍糧乙 冒受斜用爲在乙良 計數爲竊盜例以 論罪 免鈒面爲乎事

138 錢糧互相覺察

凡倉、庫、務、場官吏、攢、攔、庫子、斗級，皆得互相覺察。若知侵欺、盜用、借貸係官錢糧已出倉庫，匿而不擧，及故縱者，竝與犯人同罪。失覺察者，減三等，罪止杖一百。若官吏虛立文案，那移出納，及虛出通關，其斗級、庫子、攔頭不知者，不坐。

直 凡 倉庫官吏及使令庫直斗尺等弋只 時常互相考察爲乎矣 官庫錢糧乙 他人亦 偸用借用爲乎爲 庫外已出爲乎所乙 知想只遣 隱而不告爲旀 故只 推考不冬爲在乙良 犯人罪同齊 考察遲晩爲在乙良 減三等 杖一百爲限齊 官吏亦 重記虛頉下施行爲旀 彼此良中 互相出入爲旀 又虛尺文出給爲去乙 使令斗尺庫直等亦 知不得爲在乙良 不論罪

139 倉庫不覺被盜

139-1 凡有人從倉庫中出，守把之人不搜檢者，笞二十。因不搜檢以致盜物出倉庫，而不覺者，減盜罪二等。

139-2 若夜直更之人不覺盜者，減三等；倉庫[19]直宿官、攢、斗級、庫子不覺盜者，減五等。竝罪止杖一百。故縱者，各與盜同罪。若被强盜者，勿論。

直 凡 雜人亦 倉庫中以 出入爲行去乙 看直人等亦 搜檢不冬爲在乙良 笞二十齊 遲晩搜檢乙仍于 錢物偸取 倉庫以 隱出爲去乙 看審不冬爲在乙良 減盜罪二等齊

○ 夜間更直使令亦 造心不冬 逢賊爲在乙良 減三等齊 倉庫上直官員及斗尺庫直人等弋只 不造心逢賊爲在乙良 減五等遣 竝只 杖一百爲限齊 知想只乎矣 故只 推考不冬爲在乙良 盜賊以 同罪齊 强盜亦中 被奪爲在乙良 勿論

19 倉庫 : 世宗板에는 “官庫”로 되어 있다.

140 守支錢糧及擅開官封

140-1　凡倉庫官、攢、斗級、庫子役滿得代，所收錢糧、官物竝令守支盡絶，若無短少，方許給由。其有應合相沿交割之物，聽提調官吏、監臨盤點見數，不得指廒指庫交割。違者，各杖一百。

140-2　若官物有印封記，其主典不請元封官司而擅開者，杖六十。

直 諸倉庫官員及使令斗尺庫直等亦 番滿相遞次 其矣 捧上上下爲如乎 錢糧亦 竝只 准數上下畢盡爲遣 有餘不足爲所無去沙 解由文字乙 成給爲齊 其中 須只 傳掌授受物色乙良 提調官員色[20]令史等弋只 現數乙 字細點檢 斗量傳與傳受爲乎矣 違例者各杖一百齊

(○) 着印官封物色乙 初亦 着封官司 知乎不冬 趣便以 開閉爲在乙良 杖六十

141 出納官物有違

141-1　凡倉庫出納官物，當出陳物而出新物，應受上物而受下物之類；及有司和雇、和買，不卽給價，若給價增[21]減不實者，計所虧欠及多餘之價，坐贓論。

141-2　若應給俸祿，未及期而預給者，罪亦如之。

141-3　其監臨官吏知而不擧，與同罪；不知者，不坐。

20 色：문맥상 "及"의 誤字인 듯하다.

21 增：《大明律》，《大明律講解》，《大明律附例》，《律條疏議》，《大明律釋義》，《大明律集解附例》，《大明律附例箋釋》에는 앞에 "有"가 더 있다.

直 凡 倉庫員亦 官物乙 出入爲乎矣 陳物乙 出給合當爲去乙 新物乙 出給爲旀 上物乙 捧上合當爲去乙 下品物乙 捧上爲齊 所任員亦 傭人乙 和雇爲旀 物色乙 和買爲乎矣 卽時價本許給不冬爲齊 價本乙 許給爲良置 加減爲在乙良 加減數乙用良 坐贓罪論齊
(○) 依例俸祿乙 次第未到爲去乙 豫給爲在乙良 罪同齊
(○) 監臨官吏亦 知而不告爲在乙良 罪同齊 不知者勿論罪

142 收支留難

142-1 凡收受、支給官物，其當該官吏無故留難刁蹬，不卽收支者，一日笞五十，每三日加一等，罪止杖六十徒一年。
142-2 守門人留難者，罪亦如之。
142-3 若領物、納物之人到有先後，主司不依次序收支者，笞四十。
直 凡 官物乙 捧上爲旀 出給爲乎矣 次知官吏 無緣故勒留爲 卽時捧上不冬爲旀 出給不冬爲在乙良 一日是去等 笞五十 每三日加一等 杖六十徒一年爲限齊
○ 門直人亦 延拖留滯爲在乙良 罪同齊
(○) 又受物人果 納物人等亦 到有先後爲去乙 主掌員亦 到進先後以 捧上不冬爲旀 出納不冬爲在乙良 笞四十

143 起解金銀足色

凡收受諸色課程，變賣物貨起解金銀，須要足色。如成色不及分數，提調官吏、人匠各笞四十。著落均陪還官。

直 凡 各色貢物捧上 雜物乙 換賣 金銀乙 送納爲在如中 須只 本品色良中 准足爲乎矣 分數不及爲在乙良 所任官員匠人等乙 各笞四十爲乎矣 同人等 當爲 別乎 生徵納官

144 損毁倉庫財物

凡倉庫及積聚財物，主守之人安置不如法，曬涼不以時，致有損壞者，計所損壞之物，坐贓論，著落均陪還官。若卒遇雨水衝激、失火延燒、盜賊劫奪，事出不測而有損失者，委官保勘覆審[22]。顯迹明白，免罪，不陪。其監臨、主守若將侵欺、借貸、那移之數，乘其水火、盜賊，虛捏文案；及扣換交單、籍冊，申報瞞官者，竝計贓，以監守自盜論。同僚知而不擧者，與同罪；不知者，不坐。

直 凡 倉庫及各處積上物色等乙 看守人等弋只 安置乙 如法不得爲旀 曬涼乙 及時不得爲 損壞爲在乙良 損壞物數乙用良 坐贓罪例以論爲旀 右人乙 當爲 生徵納官爲齊 不意中雨水失火盜賊乙仍于 損失爲在乙良 委差官員弋只 驗實 顯迹明白爲去等 免罪 生徵安徐爲齊 監臨員亦 其矣 冒弄借貸彼此用下物色乙 水火盜賊推旀 僞造文案爲旀 文籍乙 改換妄報爲在乙良 贓物數乙用良 監守自盜例以 論齊 同僚亦 知而不告者 罪同齊 不知者不坐罪

22 審：《大明律》,《大明律講解》,《大明律附例》,《律條疏議》,《大明律釋義》,《大明律集解附例》,《大明律附例箋釋》에는 "實"로 되어 있다.

145 轉解官物

145-1　凡各處徵收錢帛、買辦軍需、成造軍器等物，所在州、縣交收，差有職役人員，陸續類解本府。若本府不卽交收差人轉解，勒令人戶就解布政司者，當該提調正官、首領官、吏典，各杖八十。

145-2　若布政司不卽交收，勒令各府就解部者，首領官、吏典罪亦如之。

145-3　其起運官物，長押官及解物人安置不如法，致有損失者，計所損失之物，坐贜論，着落均倍還官。

145-4　若船行卒遇風浪及失火延燒或盜賊劫奪，事出不測而有損失者，申告所在官司，委官保勘覆實。顯迹明白，免罪，不倍。若有侵欺者，計贜，以監守自盜論。

145-5　若起運官物，不運本色，而輒齎財貨，於所納去處收買納官者，亦計贜，以監守自盜論。

直 凡 各道各村捧上 米麵布匹果 軍須果 軍器等物乙 所在州縣員亦 字細捧上爲 有職役人乙用良 仰官處連連起送爲去等 仰官亦 卽時面看捧上 差使別定 押送不冬爲遣 各納人戶乙用良 送納按廉使爲在乙良 所任正官及郎廳官人吏等乙 各杖八十齊

○ 其中 按廉使亦 卽時捧上不冬爲 各州縣官員乙用良 押領京官輸送爲在乙良 隨從官及典吏乙 罪同齊

(○) 官物乙 輸送爲乎矣 押領果 逢受人等亦 委曲在置不冬 損失爲在乙良 損失物數乙 計爲 坐贜罪以 論遣 右人等乙 當爲 生徵入官爲乎矣

(○) 萬一載船忽有風泊齊 失火盜賊等乙仍于 闕失爲在如中 所在官司[23]良中 申報爲良在等 差官檢實 顯迹明白爲在乙良 生徵安徐 免罪

齊 因此冒弄爲在乙良 贓物數乙 計爲 監守自盜例以 論

146 擬斷贓罰不當

凡擬斷贓罰財物, 應入官而給主, 應[24]給主而入官者, 坐贓論, 罪止杖一百。

直 凡 已決斷生徵爲乎 物色等亦 納官合當爲在乙 本主還給爲旀 本主還給合當爲在乙 納官爲在乙良 坐贓數以 計論罪 杖一百爲限

147 守掌在官財物

凡官物當應給付與人, 已出倉庫而未給付; 若私物當供官用, 已送在官而未入倉庫, 但有人守掌在官。若有侵欺、借貸者, 竝計贓, 以監守自盜論。

直 凡 官物乙 與人合當爲乎等用良 出庫爲遣 不與人爲旀 私物乙 官用合當爲乎等用良 官司送納爲去乙 入庫不冬爲旀 守掌官吏亦 冒弄借貸爲在乙良 贓物數乙 計爲 監臨自盜例以 論罪爲乎事

23 司 : 底本에는 "同"으로 되어 있다. 世宗板에 근거하여 수정하였다.

24 應 : 《大明律講解》, 《大明律附例》, 《律條疏議》, 《大明律釋義》, 《大明律集解附例》, 《大明律附例箋釋》에는 앞에 "及"이 더 있다.

148 隱瞞入官家産

148-1　凡抄劄[25]人口、財産，除謀反、謀叛及姦黨、係在十惡依律抄沒，其餘有犯，律不該載者，妻子、財産不在抄沒入官之限。違者，依故入人流罪論。若抄劄入官家産，而隱瞞人口不報者，計口，以隱漏丁口論；若隱瞞田土者，計田，以欺隱田糧論；若隱瞞財物、房屋、孶畜者，坐贓論。各罪止杖一百。所隱人口、財産竝入官。罪坐供報之人。

148-2　若里長同情隱瞞，及當該官吏知情者，竝與同罪。計所隱贓，重者，坐贓論，全科。

148-3　受財者，計贓，以枉法，各從重論。失覺擧者，減三等，罪止笞五十。

直 凡 沒官爲乎 人口財物乙良 謀反謀叛及姦黨等亦 干犯十惡爲在乙良 依例備書沒官遣 其外有犯乙 律良中 載錄不冬爲在乙良 妻子財物等乙 沒官不冬爲乎矣 違者乙良 故入人流罪例以 論齊 件記書寫已入官爲在 家産內 人口乙 不報爲在乙良 計口爲 隱漏丁口例以 論齊 田土乙 落報爲在乙良 田數乙 計爲 欺隱田糧例以 論齊 財物果 家舍果 牛馬等乙 隱漏爲在乙良 贓罪以 論遣 杖一百爲限爲旀 隱漏爲有如乎 人口財物乙良 竝只 入官遣 初亦 數爻落報爲在乙 坐罪爲乎矣

(○) 里長亦 同情隱漏爲旀 次知官吏同情爲在乙良 同罪齊 贓物數乙 計爲 重者乙良 坐贓爲 全科以 論齊

(○) 財物受贈爲在乙良 贓物數乙 計爲 枉法以 從重論齊 監臨官亦 遲晩看審現告不冬爲在乙良 減三等 笞五十爲限

25 劄 :《大明律》,《大明律講解》,《大明律附例》,《律條疏議》,《大明律釋義》,《大明律集解附例》,《大明律附例箋釋》에는 "沒"로 되어 있다.

課程

149 鹽法【一十二條】

149-1 凡犯私鹽者，杖一百徒三年。若有軍器者，加一等。誣指平人者，加三等。拒捕者，斬。鹽貨、車船、頭疋竝入官。引領、牙人及窩藏、寄頓者，杖九十徒二年半。挑擔、馱載者，杖八十徒二年。非應捕人告獲者，就將所獲私鹽給付告人充賞。有能自首者，免罪，一體給賞。

149-2 若事發，止理見獲人、鹽，當該官司不許展轉攀指。違者，以故入人罪論。【謂如人、鹽同獲，止理見發。有確[26]貨無犯人者，其鹽沒官，不須追究。】

150 鹽法

凡鹽場竈丁、人等除正額鹽外，夾帶餘鹽出場，及私煎貨賣者，同私鹽法。百夫長知情故縱，及通同貨賣者，與犯人同罪。

26 確 : 底本에는 "權"으로 되어 있다. 《大明律講解》, 《大明律附例》, 《律條疏議》, 《大明律集解附例》, 《大明律附例箋釋》에 근거하여 수정하였다.

151 鹽法

凡婦人有犯私鹽，若夫在家，或子知情，罪坐夫、男。其雖有夫而遠出，或有子幼弱，罪坐本婦。

152 鹽法

凡買食私鹽者，杖一百。因而貨賣者，杖一百徒三年。

153 鹽法

凡守禦官司及鹽運司、巡檢司巡獲私鹽，卽發有司歸勘，各衙門不許擅問。若有司官吏通同脫放者，與犯人同罪。受財者，計贓，以枉法，從重論。

154 鹽法

154-1　凡守禦官司及有司、巡檢司設法，差人，於槪管地面并附場緊關去處，常川巡禁私鹽。若有透漏者，關、津把截官及所委巡鹽人員，初犯笞四十，再犯笞五十，三犯杖六十。竝附過還職。若知情故縱，及容令軍兵隨同販賣者，與犯人同罪。受財者，計贓，以枉法，從重論。
154-2　其巡獲私鹽入已，不解官者，杖一百徒三年。若裝誣平人者，加三等。

155 鹽法

凡軍人有犯私鹽，本管千戶、百戶有失鈐束者，百戶初犯，笞五十；再犯，杖六十；三犯，杖七十，減半給俸。千戶初犯，笞四十；再犯，笞五十；三犯，杖六十，減半給俸。竝附過還職。若知情容縱，及通同販賣者，與犯人同罪。

156 鹽法

156-1　凡起運官鹽，每引二百斤爲一袋，帶耗五斤。經過批驗所，依數掣摯秤盤。但有夾帶餘鹽者，同私鹽法。

156-2　若客鹽越過批驗所，不經掣摯、關防者，杖九十。押回盤驗。

157 鹽法

157-1　凡客商販賣官鹽，不許鹽、引相離。違者，同私鹽法。

157-2　其賣鹽了畢，十日之內不繳退引者，笞四十。

157-3　若將舊引影射鹽貨者，同私鹽法。

158 鹽法

凡起運官鹽，幷竈戶運鹽上倉，將帶軍器，及不用官船起運者，同私鹽法。

159 鹽法

凡客商將官鹽，插和沙土貨賣者，杖八十。

160 鹽法

凡將有引官鹽，不於拘該行鹽地面發賣，轉於別境，犯界貨賣者，杖一百。知而買食者，杖六十；不知者，不坐。其鹽入官。

161 監臨勢要中鹽

凡監臨官吏詭名及權勢之人，中納錢糧，請買[27]鹽引、勘合，侵奪民利者，杖一百徒三年。鹽貨入官。

27 買：底本에는 "賣"로 되어 있다. 《大明律》, 《大明律講解》, 《大明律附例》, 《律條疏議》, 《大明律釋義》, 《大明律集解附例》, 《大明律附例箋釋》에 근거하여 수정하였다.

162 沮壞鹽法

凡客商中買鹽引、勘合，不親赴場支鹽，中途增價轉賣，沮壞鹽法者，買主、賣主各杖八十，牙保減一等，鹽貨、價錢竝入官。其鋪戶轉買折[28]賣者，不用此律。

163 私茶

凡犯私茶者，同私鹽法論罪。如將已批驗截角退引入山，影射照茶者，以私茶論。

164 私礬

凡私煎礬貨賣者，同私鹽法論罪。

165 匿稅

165-1 凡客商匿稅，及賣酒、醋之家不納課程者，笞五十。物貨、酒、醋一半入官。於入官物內，以十分爲率，三分付告人充賞。務官、攢、

28 折 :《律條疏議》,《大明律釋義》,《大明律集解附例》,《大明律附例箋釋》에는 "拆"으로 되어 있다.

攔自獲者，不賞。入門不吊引，同匿稅法。其造酒、醋自用者，不在此限。

165-2　若買頭疋不稅契者，罪亦如之。仍於買主名下追徵價錢，一半入官。

166 舶商匿貨

166-1　凡泛海客商，舶船到岸，卽將物貨盡實報官，抽分。若停塌沿港土商、牙儈之家，不報者，杖一百。

166-2　雖供報而不盡者，罪亦如之。物貨竝入官。停藏之人同罪。告獲者，官給賞銀二十兩。

167 人戶虧兌課程

167-1　凡民間週歲，額辦茶、鹽、商稅諸色課程。年終不納齊足者，計不足之數，以十分爲率，一分笞四十，每一分加一等，罪止杖八十，追課納官。

167-2　若茶·鹽運司、鹽場、茶局及稅務、河泊所等官不行用心辦課，年終比附上年，課額虧兌者，亦以十分論，一分笞五十，每一分加一等，罪止杖一百。所虧課程著落追補還官。

167-3　若有隱瞞、侵欺、借用者，竝計贓，以監守自盜論。

錢債

168 違禁取利

168-1 凡私放錢債及典當財物，每月取利竝不得過三分。年月雖多，不過一本一利。違者，笞四十。以餘利計贓，重者，坐贓論，罪止杖一百。

168-2 若監臨官吏於所部內，擧放錢債，典當財物者，杖八十。違禁取利，以餘利計贓，重者，依不枉法論。

168-3 竝追餘利，給主。其負欠私債違約不還者，五貫以上，違三月笞一十，每一月加一等，罪止笞四十；五十貫以上，違三月笞二十，每一月加一等，罪止笞五十；二百五十貫以上，違三月笞三十，每一月加一等，罪止杖六十。竝追本、利，給主。

168-4 若豪勢之人不告官司，以私債强奪去人孳畜、産業者，杖八十。若估價過本、利者，計多餘之物，坐贓論，依數追還。

168-5 若准折人妻妾、子女者，杖一百。强奪者，加二等。因而姦占婦女者，絞。人口給親，私債免追。

直 凡 私放錢物爲旀 錢物乙 典當爲 每月 邊利乙 捧上爲乎矣 三分乙 不過齊 年月雖多爲去乃 一本一利 不過捧上爲乎矣 違者笞四十爲旀 剩餘利乙 計贓爲 重爲去等 坐贓以 論遣 杖一百爲限齊

○ 監臨官吏亦 所掌內良中 錢物乙 放與爲旀 典當爲在乙良 杖八十 違禁令不從取利爲在乙良 剩餘利乙 計贓 重爲去等 不枉法例以 論罪遣 剩利乙良 竝只 還生徵爲 本主還給齊

○ 他矣 錢物乙 貸借遣 定朔良中 還鎭不冬爲去等 五貫以上乙 三月違期不還爲在乙良 笞一十 每一月加一等 笞四十爲限齊 五十貫以上乙 三月違期不還爲在乙良 笞二十遣 每一月加一等爲乎矣 笞五十爲限齊 二百五十貫以上乙 三月違期不還爲在乙良 笞三十遣 每一月加一等 杖六十爲限爲乎矣 並只 本利生徵給主齊

○ 有勢力人亦 不告官司遣 私丁 貸借爲乎 雜物本良中 他矣 牛馬家産乙 强奪爲在乙良 杖八十遣 時價計折爲 本利良中 剩餘捧上爲在乙良 剩數乙 計爲 坐贓論罪爲旀 依數生徵還給齊

○ 貸者矣 妻子息乙 准折使用爲在乙良 杖一百齊 强亦 劫奪爲在乙良 加二等遣 因此爲 他矣 婦女乙 通姦爲在乙良 絞死爲旀 婦女乙良 給主遣 貸借物色乙良 免徵爲乎事

169 費用受寄財産

凡受寄人財物、畜産，而輒費用者，坐贓論，減一等。詐言死、失者，准竊盜論，減一等。並追物還主。其被水火、盜賊費失，及畜産病死，有顯迹者，勿論。

直 凡 他矣 財物牛馬乙 逢受費用爲在乙良 贓罪以 論爲 減一等齊 故死闊失爲乎所乙 妄稱爲在乙良 竊盜例以 准論爲 減一等爲遣 本物乙良 還徵給主爲乎矣 水火盜賊良中 闊失爲旀 牛馬等亦 病死顯迹明白爲在乙良 勿論罪爲乎事

170 得遺失物

170-1 凡得遺失之物，限五日內送官。官物，還官；私物，召人識認，於內一半給與得物人充賞，一半給還失物人，如三十日內無人識認者，全給。限外不送官者，官物，坐贓論；私物，減二等，其物一半入官，一半給主。

170-2 若於官、私地內，掘得埋藏之物者，竝聽收用。若有古器、鍾鼎、符印異常之物，限三十日內送官。違者，杖八十。其物入官。

直 凡矣 闌失物色覓得爲 五日內告官送納爲乎矣 官物是去等 納官遣 私物去等 本主乙 呼喚看審令是良 其內良中 一半乙良 得物人亦中 給賞爲遣 一半乙良 本主還給爲旀 三十日內良中 本主無去等 得物人亦中 全給齊 限日內納官不冬爲在乙良 官物是去等 贓物數以 坐贓論齊 私物是去等 減二等論爲旀 同物色乙良 一半入官 一半給主齊

○ 官私地內埋[29]藏之物乙 掘取覓得爲在乙良 竝只 覓者給付 全用爲乎矣 萬一古器鍾鼎印信異常之物是去等 三十日內納官爲乎矣 違者 杖八十 其物乙良 入官爲乎事

29 埋 : 底本에는 "理"로 되어 있다. 世宗板에 근거하여 수정하였다.

市廛

171 私充牙行埠頭

凡城市、鄉村諸色牙行及船埠頭，竝選有抵業人戶充應。官給印信文簿，附寫客商、船戶住貫、姓名、路引字號、物貨數目，每月赴官査照。私充者，杖六十，所得牙錢入官。官牙、埠頭容隱者，笞五十，革去。

直 凡 城市鄕村各市裏良中 諸色牙人 及水路各串船楫次知頭目人等乙良 有家産爲在 人戶乙用良 定付爲 使內乎矣 官司印信冊字成給爲良在等 他處以 來到興利人等矣 接處姓名行狀字號及 持音 物色等乙 冊上施行 每朔赴官算計爲乎矣 頭目色掌人等乙 私丁 定付爲在乙良 杖六十遣 其矣 所得牙錢乙良 沒官齊 官司以 定付爲乎 牙人及頭目人等亦 容私隱置爲在乙良 笞五十黜去爲乎事

172 市司評物價

172-1 凡諸色[30]行人評估物價，或貴或賤，令價不平者，計所增減之價，坐贓論。入己者，准竊盜論，免刺。

172-2 其爲罪人估贓不實，致罪有輕重者，以故出入人罪論。受財

30 色：《大明律附例》，《律條疏議》，《大明律釋義》，《大明律集解附例》，《大明律附例箋釋》에는 "物"로 되어 있다.

者，計贓，以枉法，從重論。

直 凡 市裏人等亦 時價乙 論定爲乎矣 或貴或賤 時價乙 不平爲在乙良 加減數爻乙用良 坐贓罪以 論遣 斜用爲在乙良 竊盜例以 論齊

○ 罪人矣 所犯贓物乙 輕重不均亦 論折爲在乙良 故出入人罪例以 論齊 受財爲在乙良 贓物數乙 計爲 枉法以 論爲乎事

173 把持行市

173-1 凡買賣諸物，兩不和同，而把持行市，專取其利，及販鬻之徒通同牙行，共爲姦計，賣物以賤爲貴，買物以貴爲賤者，杖八十。

173-2 若見人有所買賣，在傍高下比價，以相惑亂而取利者，笞四十。

173-3 若已得利物計贓，重者，准竊盜論，免刺。

直 凡 諸物乙 買賣爲乎矣 買者賣者 和同不冬 市裏凡事乙 擅權爲 專取其利爲旀 反[31]賣人等亦 牙人同情爲 姦謀以 賣物乙良 價賤物乙 貴物是如爲旀 買物乙良 價貴物乙 賤物是如爲在乙良 杖八十齊

○ 他矣 物色買賣次 中間巧弄 價本乙 或高或輕 惑亂取利爲在乙良 笞四十齊

○ 所得物利乙良 贓物乙 計數爲 重者乙良 竊盜例以 論爲遣 刺字安徐

31 反 : 문맥상 "及" 또는 "販"의 誤字인 듯하다.

174 私造斛斗秤尺

174-1 凡私造斛、斗、秤、尺不平，在市行使；及將官降斛、斗、秤、尺，作弊增減者，杖六十。工匠同罪。

174-2 若官降不如法者，杖七十。提調官失於校勘者，減一等。知情，與同罪。

174-3 其在市行使斛、斗、秤、尺雖平，而不經官司校勘印烙者，笞四十。

174-4 若倉庫官吏私自增減官降斛、斗、秤、尺，收支官物而不平者，杖一百。以所增減物計贓，重者，坐贓論。因而得物入己者，以監守自盜論。工匠杖八十。監臨官知而不擧者，與犯人同罪。失覺察[32]，減三等，罪止杖一百。

直 凡 私造斛斗秤尺亦 平等不冬爲在乙 市裏使用爲旀 及官司以 造給斛斗秤尺乙 中間良中 增減爲在乙良 杖六十遣 造作匠人置 同罪齊

○ 所掌官司亦 造給爲乎矣 不如法爲在乙良 杖七十遣 官員亦 校勘違錯者乙良 減一等 知情爲在乙良 罪同齊

○ 市裏使用爲臥乎 斛斗秤尺亦 必于 平等爲良置 官司良中 平校火印不冬爲在乙良 笞四十齊

(○) 倉庫官吏亦 私丁 官降斛斗秤尺乙 加減不等爲 官物乙 捧上上下 不平爲在乙良 杖一百遣 增減物乙 計爲 重爲去等 坐贓論齊 因此得物 斜用爲在乙良 監守自盜例以 論齊 造作匠人乙良 杖八十齊 監臨官亦 知而不告爲在乙良 罪同齊 詳審不冬 差錯爲在乙良 減三等 罪止杖一百爲乎事

32 察：《大明律附例》,《大明律集解附例》,《大明律附例箋釋》에는 뒤에 “者”가 더 있다.

175 器用布絹不如法

凡造器用之物不牢固眞實，及絹布之屬紕薄短狹而賣者，各笞五十。其物入官。

直 凡 京外器用等物乙 堅實造成不冬爲旀 絹紬布貨等物乙 迹[33]薄短狹爲只爲 織造放賣爲在乙良 笞五十遣 其物乙良 入官爲乎事

33 迹 : 문맥상 “紕” 또는 “疎”의 誤字인 듯하다.

大明律直解

卷11~12 禮律

祭祀

176 祭享

176-1　凡大祀及廟享，所司不將祭祀日期預先告示諸衙門者，笞五十。因而失誤行事者，杖一百。其已承告示而失誤者，罪坐失誤之人。若百官已受誓戒，而弔喪，問疾，判署刑殺文書，及預筵宴者，皆罰俸錢一月。其知有緦麻以上喪或曾經杖罪，遣充執事，及令陪祀者，罪同；不知者，不坐。若有喪有過不自言者，罪亦如之。其已受誓戒人員，散齋不宿淨室，罰俸錢半月；致齋不宿本司者，罰俸錢一月。

176-2　若大祀牲牢、玉帛、黍稷之屬不如法者，笞五十；一事缺少者，杖八十；一座全缺者，杖一百。

176-3　若奉大祀犧牲主司喂養不如法，致有瘦損者，一牲笞四十，每一牲加一等，罪止杖八十。因而致死者，加罪一等。

176-4　中祀有犯者，罪同。餘條准此。

[直] 凡 大祀及廟享乙 所掌官司亦 祭日乙 各司良中 預告不冬爲在乙 笞五十齊 因此失誤行事爲在乙良 杖一百齊 行日通貼乙 捧上爲遣 失誤爲在乙良 失誤爲在 人乙 坐罪齊 ○ 各司亦 已受命牒後 弔喪問疾爲旀 刑罰文書良中 着署爲旀 宴會良中 參預爲在乙良 罰俸祿一月齊 緦麻以上服制及已前受杖罪爲在 人乙用良 享官及他執事良中 定付爲旀 祭祀參預令是在乙良 罪同遣 不知者不坐齊 有服制及曾杖罪人亦 自告不冬爲在乙良 罪同齊 已受盟誓人員亦 散齋不宿淨室爲在乙良 罰俸祿半月齊 致齋不宿本司爲在乙良 罰俸祿一月齊

○ 大享良中 犧牲玉帛黍稷等物亦 不如法爲在乙良 笞五十齊 一事不准爲在乙良 杖八十齊 一座全缺爲在乙良 杖一百齊
○ 大享犧牲乙 主掌官亦 養飼不如法 瘦弱令是在乙良 一牲是去等 笞四十 每一牲加一等 杖八十爲限 因此致死者加罪一等齊
○ 中祀乙 違犯爲在乙良 罪同 餘條准此爲乎事

177 毁大祀丘壇

177-1 凡大祀丘壇而毁損者，杖一百流二千里。壝門減二等。
177-2 若棄毁大祀神御之物者，杖一百徒三年。遺失及誤毁者，各減三等。
直 凡 大廟圓丘等叱 大祀壇場乙 毁損爲在乙良 杖一百遠流齊 壇場門乙 毁損爲在乙良 減二等齊
○ 大祀入神御之物乙 棄毁爲在乙良 杖一百徒三年齊 闕失爲旀 誤毁爲在乙良 各減三等爲乎事

178 致祭祀典神祇

凡社稷、山川、風雲雷雨等神，及聖帝、明王、忠臣、烈士載在祀典應合致祭神祇，所在有司置立牌面，開寫神號、祭祀日期，於潔淨處常川懸挂，依時致祭。至期失誤祭祀者，杖一百。其不當奉祀之神而致祭者，杖八十。
直 凡 社稷山川風雲雷雨等神 及聖帝明王忠臣烈士亦 載在祀典理合

致祭爲在乙 所在有司亦 牌面良中 神號及祭祀日期乙 字細書寫 潔淨處良中 時常懸挂爲遣 日期乙 當爲 致祭爲乎矣 日期良中 失誤爲在乙良 杖一百齊 奉祀不合爲在 神祇乙 致祭爲在乙良 杖八十爲乎事

179 歷代帝王陵寢

凡歷代帝王陵寢及忠臣、烈士、先聖、先賢墳墓，不許於上樵採、耕種及牧放牛羊等畜。違者，杖八十。

直 凡 歷代帝王陵寢 及忠臣烈士先聖先賢墳墓良中 樵採耕種及牛馬放牧爲在乙良 杖八十

180 褻瀆神明

180-1 凡私家告天拜斗、焚燒夜香、燃點天燈·七燈褻瀆神明者，杖八十。婦女有犯，罪坐家長。若僧、道修齋設醮而拜奏靑詞、表文，及祈禳火災者，同罪，還俗。

180-2 若有官及軍民之家，縱令妻、女於寺、觀、神廟燒香者，笞四十。罪坐夫、男。無夫、男者，罪坐本婦。其寺、觀、神廟住持及守門之人不爲禁止者，與同罪。

直 凡 私家亦 告天拜北斗爲旀 焚燒香火燃點天燈 神明乙 向爲 親狎煩雜亦 使內在乙良 杖八十齊 婦女亦 犯此爲在乙良 罪坐家長齊 僧人道士亦 法席醮禮設行 靑詞表文乙用良 拜乞爲旀 火災乙 祈禳爲在乙良 同罪還俗齊

○ 有官職人果 軍民之家亦 妻及女子等乙 各寺社神廟良中 發送燒香爲在乙良 笞四十爲乎矣 其矣 夫及子乙 與罪遣 無夫無子爲在乙良 本婦乙 坐罪齊 其寺社住持及神廟看直人等亦 禁止不冬爲在隱罪同爲乎事

181 禁止師巫邪術

181-1 凡師、巫假降邪神，書符呪水，扶鸞禱聖，自號端公、大保、師婆，及妄稱彌勒佛、白蓮社、明尊教、白雲宗等會，一應左道亂正之術，或隱藏圖像，燒香集衆，夜聚曉散，佯修善事，扇惑人民，爲首者，絞；爲從者，各杖一百流三千里。

181-2 若軍民裝扮神像，鳴鑼擊鼓，迎神賽會者，杖一百。罪坐爲首之人。里長知而不首者，各笞四十。

181-3 其民間春秋義社，不在禁限。

直 凡 博士巫女花郎等亦 邪神乙 憑據爲 呪水符作乙 書寫爲於 彌勒及帝釋下降是如 妄稱爲於 香徒 一切邪道亂正之術及圖像乙 隱藏爲於 夜聚曉散 佯修善事 眩惑人民爲在乙良 爲首者絞死爲遣 隨者乙 各杖一百遠流齊

(○) 軍民亦 神像乙 裝飾爲於 鳴螺擊鼓迎神會集祈祀爲在乙良 杖一百爲乎矣 爲頭人乙 與罪齊 里長亦 知遣 先告不冬爲在乙良 各笞四十爲乎矣

(○) 此亦中 民間已前依行春秋社會乙良 禁止不冬爲乎事

儀制

182 合和御藥

182-1 凡合和御藥，誤不依本方，及封題錯誤，醫人杖一百。料理、揀擇不精者，杖六十。若造御膳，誤犯食禁，廚子杖一百。若餅食之物不潔淨者，杖八十。揀擇不精者，杖六十。不品嘗者，笞五十。監臨提調官，各減醫人、廚子罪二等。

182-2 若監臨提調官及廚子人等誤將雜藥，至造御膳處所者，杖一百。所將雜藥，就令自喫。門官及守衛官失於搜檢者，與犯人同罪。竝臨時奏聞區處。

直 凡 進上藥乙 和合爲乎矣 誤錯亦 本方文依法不冬爲旀 藥封名乙錯書爲在 醫員乙良 杖一百齊 藥材乙 合和爲乎矣 精擇不冬爲在乙良 杖六十齊 進上餅膳乙 熟造爲乎矣 誤犯食禁爲良在等 次知熟飡各色掌等乙 杖一百齊 飲膳等物亦 潔淨不冬爲在乙良 杖八十齊 揀擇精細不冬爲在乙良 杖六十齊 品味嘗試知味不冬爲在乙良 笞五十爲遣 監臨提調飯監等乙良 各減醫員及次知熟飡人罪二等齊

○ 雜藥等乙 監臨飯監及司饔人等亦 御膳所良中 誤錯亦 持來爲在乙良 杖一百爲遣 向前 雜藥乙良 自喫令是齊 司門官及侍衛官等亦 搜探考課不冬爲在乙良 犯人罪同爲 竝只 申聞決斷爲乎事

183 乘輿服御物

183-1 凡乘輿服御物，收藏修整不如法者，杖六十。進御差失者，笞四十。其車馬之屬不調習，駕馭之具不堅完者，杖八十。

183-2 若主守之人將乘輿服御物，私自借用，或轉借與人，及借之者，各杖一百徒三年。若棄毁者，罪亦如之。遺失及誤毁者，各減三等。

183-3 若御幸舟船，誤不堅固者，工匠杖一百。若不整頓修飾，及在船篙棹之屬缺少者，杖六十。竝罪坐所由。監臨提調官各減工匠罪二等。竝臨時奏聞區處。

直 凡 進上德應轎子衣服御物等乙 藏置爲旀 修理爲乎矣 如法不冬爲在乙良 杖六十齊 ○ 進獻時差錯爲在乙良 笞四十齊 車馬等乙 馴習不冬令是旀 車馬諸緣亦 堅實完備不得爲在乙良 杖八十齊
(○) 看守人亦 車馬衣服御物等乙 私音丁 借用爲旀 又傳傳借人令是旀 借用爲在 人等乙良 各杖一百徒三年齊 棄毁爲在乙良 罪同齊 闕失爲旀 誤毁爲在乙良 各減三等齊
○ 親幸船楫乙 誤不堅固爲在乙良 工匠人乙 杖一百爲旀 同舟楫乙 堅實修補不冬爲旀 又船上諸緣等乙 欠闕不齊爲在乙良 杖六十爲旀 專亦 主掌人乙 與罪齊 監臨官乙良 各減工匠罪二等爲乎矣 竝只 臨時申聞決斷

184 收藏禁書及私習天文

凡私家收藏玄象器物、天文·圖讖應禁之書及歷代帝王圖像、金玉符·璽等物者，杖一百。若私習天文者，罪亦如之。竝於犯人名下，追銀一十兩，給付告人充賞。

直 凡 玄象器物天文讖記國禁文書 及歷代帝王圖像金玉符印等物乙 私家良中 藏置爲在乙良 杖一百爲旀 私習天文爲在乙良置 罪同齊 竝只 犯人矣 名下良中 銀一十兩生徵爲 告人亦中 賞給爲乎事

185 御賜衣物

凡御賜百官衣物，使臣不行親送，轉附他人給與者，杖一百，罷職不敍。

直 凡 百官良中 內賜敎是臥乎 衣服等乙 使者亦 親送不冬爲遣 他人准授傳送爲在乙良 杖一百爲遣 停職

186 失誤朝賀

凡朝賀及迎接詔書，所司不預先告示者，笞四十。其已承告示而失誤者，罪亦如之。

直 凡 朝賀及詔書迎逢良中 所任官司亦 各司良中 預先知委不冬爲在乙良 笞四十齊 各司亦 知委知遣 失誤爲在乙良 罪同

187 失儀

187-1 凡祭祀及謁拜園陵若朝會行禮，差錯及失儀者，罰俸錢半月。

187-2 其糾儀官應糾擧而不糾者，罪同。

直 凡 祭祀及謁拜園陵時果 朝會良中 行禮差錯爲於 容儀冠服差錯爲在乙良 徵祿半月齊

(○) 糾察官亦 糾察不冬爲在隱 罪同

188 奏對失序

凡在朝侍從官員特承顧問，官高者先行迴奏，卑者以次進對。若先後失序者，各罰俸錢半月。

直 凡 侍朝及侍衛官員亦 顧問教是去等 各職次以 進叱 回答爲白乎矣 先後失行爲在乙良 罰俸祿半月

189 朝見留難

凡儀禮司官[1]，將應朝見官員人等，託故留難阻當，不卽引見者，斬。大臣知而不問，與同罪；不知者，不坐。

直 凡 近侍官員亦 上前朝見 進叱有臥乎 官員人等乙 雜頉下乙用良 親見不得爲只爲 遮當爲在乙良 斬齊 大臣知而不問爲在乙良 罪同遣 不知者不坐罪

1 儀禮司官 : 世宗板에는 "侍儀官"으로 되어 있다.

190 上書陳言

190-1　凡國家政令得失、軍民利病一切興利除害之事，竝從五軍都督府、六部官面奏區處，及聽監察御史、提刑按察司官各陳所見，直言無隱。

190-2　若內外大小官員，但有本衙門不便事件，許令明白條陳，實封進呈，取自上裁。若知而不言，苟延歲月者，在內從監察御史，在外從按察司糾察。

190-3　百[2]工技藝之人，應有可言之事，亦許直至御前奏聞。其言可用，卽付所司施行。各衙門但有阻當者，鞫問明白，斬。

190-4　其陳言事理，竝要直言簡易，每事各開前件，不許虛飾繁文。

190-5　若縱橫之徒假以上書，巧言令色希求進用者，杖一百[3]。

直 凡 國家政令得失果 軍民利病 一切興利除害之事乙 都評議使臺省六曹官弋只 親啓待決爲旀 都評議使臺省六曹官弋只 各各所見以 直陳爲白齊

(○) 京外大小官員亦 各各所任官司良中 不便事乙 明白條陳 實封進呈伏候王旨爲白齊 各所任官亦 知而不言爲 累朔延留爲在乙良 京中乙良 司憲府 外方乙良 按廉使弋只 糾察齊

(○) 百工匠人等置 各各可言之事乙 直亦 上前啓受白乎矣 其言可用是去等 卽時所司良中 行下施行令是敎矣 各官司亦 防遮爲在乙良

2 百：《大明律》, 《大明律講解》, 《大明律附例》, 《律條疏議》, 《大明律釋義》, 《大明律集解附例》, 《大明律附例箋釋》에는 앞에 "若"이 더 있다.

3 百：《大明律》, 《大明律講解》, 《大明律附例》, 《律條疏議》, 《大明律釋義》, 《大明律集解附例》, 《大明律附例箋釋》에는 뒤에 "○ 若稱訴冤枉於軍民官司, 借用印信封皮入遞者, 借者及借與者, 皆斬."이 더 있다. 단, 《大明律講解》에는 "遞者"의 "者"가 없다.

究問爲乎矣 明白爲去等 斬
(○) 陳言事意乙 竝只 直言爲旀 簡略亦 使內乎矣 每事良中 條件乙 各各開坐爲遣 不許虛飾繁文齊
(○) 閑事人亦 見用爲要 假名上書巧言令色爲在乙良 杖一百

191 見任官輒自立碑

凡見任官，實無政迹，輒自立碑建祠者，杖一百。若遣人妄稱己善，申請於上者，杖八十。受遣之人各減一等。
直 凡 見任官員亦 政體不能爲所乙用良 有功爲乎樣以 立碑爲旀 立祠堂爲在乙良 杖一百齊 差人爲 善政爲臥乎樣以 申報令是在乙良 杖八十爲遣 差使人乙良置 各減一等決罪爲乎事

192 禁止迎送

凡上司官及使客經過，若監察御史、按察司官出巡按理[4]，而所在各衙門官吏出郭迎送者，杖九十。其容令迎送，不擧問者，罪亦如之。
直 凡 按廉及節制使奉命諸使客等亦 巡行察理次 各所在州郡官員亦 郊外遠程迎送爲在乙良 杖九十齊 故只 知而不問爲遣 迎送令是在乙良 罪同

4 理：《大明律》, 《大明律講解》, 《大明律附例》, 《律條疏議》, 《大明律釋義》, 《大明律集解附例》, 《大明律附例箋釋》에는 "治"로 되어 있다.

193 公差人員欺陵長官

凡公差人員在外，不循禮法，欺陵守禦官及知府、知州者，杖六十[5]，附過還役。若校尉剋期[6]有犯，杖七十；祗候、禁子有犯，杖八十。

直 凡 因公出使爲在 人員等亦 外方下去 禮法乙 遵行不冬 防禦軍官及各村[7]官員等乙 陵犯爲在乙良 杖六十爲遣 過名施行還定本役齊 使令及螺匠等亦 刻迫督促乙仍于 有犯爲在乙良 使令是去等 杖七十 螺匠是去等 杖八十爲乎事

194 服舍違式

194-1 凡官民房舍、車服、器物之類，各有等第。若違式僭用，有官者，杖一百，罷職不敍；無官者，笞五十，罪坐家長。工匠竝笞五十。

194-2 若僭用違禁龍鳳文者，官民各杖一百徒三年。工匠杖一百，連當房家小，起發赴京，籍充局匠。

194-3 違禁之物竝入官。

194-4 首告者，官給賞銀五十兩。

194-5 若工匠能自首者，免罪，一體給賞。

直 凡 有職員及軍民亦 家舍衣服器用等物 各有等差爲去乙 違禮僭

5 十 : 《大明律》, 《大明律講解》, 《大明律附例》, 《律條疏議》, 《大明律釋義》, 《大明律集解附例》, 《大明律附例箋釋》에는 뒤에 "歷過俸月不准"이 더 있다.

6 剋期 : 《大明律》, 《大明律附例》, 《律條疏議》, 《大明律釋義》, 《大明律集解附例》, 《大明律附例箋釋》에는 없다.

7 村 : 底本에는 "材"로 되어 있다. 문맥을 살펴 수정하였다.

用爲在乙良 有職員是去等 杖一百停職遣 無職者是去等 笞五十 家長乙 與罪爲旀 各次知匠人乙良 笞五十齊

○ 國令不從 龍鳳文乙 僭用爲在乙良 職官軍民勿論 杖一百徒三年齊 造成工匠乙良 杖一百遣 同居妻子息 幷以 執捉上京 匠人數目良中 充立齊

○ 違禁物色乙良 沒官齊

○ 先亦 告官爲在乙良 賞給銀五十兩齊

(○) 工匠人亦 先告爲在乙良 免罪爲 一體以 賞給爲乎事

195 僧道拜父母

195-1 凡僧、尼、道士、女冠，竝令拜父母、祭祀祖先。喪服等第皆與常人同。違者，杖一百，還俗。僧、道發邊遠充軍[8]。

195-2 若僧、道衣服，止許用紬絹、布匹，不得用紵絲、綾羅。違者，笞五十，還俗，衣服入官。其袈裟、道服不在禁限。

直 凡 僧尼道士等乙 竝只 拜父母令是旀 祭祀及喪服等差乙 竝只 俗人一例以 使內乎矣 違者乙良 杖一百還俗 遠處充軍齊

○ 僧人衣服乙良 唯只 紬絹布匹分 使內遣 綾羅匹段乙良 一亦 禁止爲乎矣 違者乙良 笞五十還俗遣 衣服乙良 沒官齊 袈裟道服隱 不在禁限

8 僧……軍 : 《大明律》, 《大明律講解》, 《大明律附例》, 《律條疏議》, 《大明律釋義》, 《大明律集解附例》, 《大明律附例箋釋》에는 없다.

196 失占天象

凡天文垂象，欽天監官失於占候奏聞者，杖六十。

直 凡 天文亦 垂象爲有去等 書雲觀所任員亦 氣候看審事乙 失錯申聞爲在乙良 杖六十

197 術士妄言禍福

凡陰陽術士，不許於大小文武官員之家妄言禍福。違者，杖一百。其依經推算星命、卜課者，不在禁限。

直 凡 陰陽術士等亦 大小文武官員各家良中 虛事以 禍福乙 妄言爲在乙良 杖一百遣 星經依良 算命占卦爲在隱 不在禁限

198 匿父母夫喪

198-1 凡聞父母及夫之喪，匿不擧哀者，杖六十徒一年。若喪制未終，釋服從吉，忘哀作樂及參預筵宴者，杖八十。若聞期親尊長喪，匿不擧哀者，亦杖八十。若喪制未終，釋服從吉者，杖六十。

198-2 若官吏，父母死應丁憂，詐稱祖父母、伯叔、姑、兄、姊之喪，不丁憂者，杖一百，罷職役不敍。無喪詐稱有喪，或舊喪詐稱新喪者，罪同。有規避者，從重論。若喪制未終，冒哀從仕者，杖八十。

198-3 其當該官司知而聽行，各與同罪；不知者，不坐。

198-4 其仕宦遠方丁憂者，以聞喪月日爲始。奪情起復者，不拘此律。

直 凡 父母喪及夫喪乙 聞知爲遣 隱匿 哀痛行喪不冬爲在乙良 杖六十徒役一年齊 喪服亦 未畢爲有去乙 脫喪服着吉服爲旀 忘哀歡樂爲旀 宴會隨參爲在乙良 杖八十齊 期親同姓三寸服制乙 隱匿不服爲在乙良 亦杖八十齊 又服制未盡爲有去等 脫喪服着吉服爲在乙良 杖六十齊

○ 有職員及人吏等亦 父母喪乙 依例丁憂是去乙 祖父母伯叔及叔母姊妹之喪是如 虛稱遣 丁憂不冬爲在乙良 杖一百遣 停職不用齊 無喪爲去乙 詐稱有喪爲旀 舊喪乙 妄稱新喪爲在乙良 罪同齊 他事乙回避爲要 虛稱爲在乙良 重罪以 論齊 ○ 喪制乙 未終爲 冒弄從仕爲在乙良 杖八十齊

○ 次知官司亦 知而聽行爲在乙良 罪同齊

(○) 遠方從仕人亦 丁憂乙 聞喪月日以 始叱 使內乎矣 國家以 不得已擢用爲 起復爲在隱 不拘此律

199 棄親之任

199-1 凡祖父母、父母年八十以上及篤疾，別無以次侍丁，而棄親之任；及妄稱祖父母、父母老疾，求歸入侍者，竝杖八十。

199-2 若祖父母、父母及夫犯死罪被囚禁，而筵宴作樂者，罪亦如之。

直 凡 祖父母父母年八十以上是旀 又篤疾以 起動不得爲旀 他餘 犯斤 同腹 無去有乙 不顧棄去爲是果 虛事以 祖父母父母[9]老病是如云遣 求歸入侍爲在乙良 竝只 杖八十

9 母 : 底本에는 뒤에 "及父母"가 더 있다. 律文에 근거하여 삭제하였다.

○ 祖父母父母及夫亦 死罪犯爲 被囚爲有去乙 筵宴歡樂爲在隱 罪同

200 喪葬

200-1 凡有喪之家，必須依禮安葬。若惑於風水及托故，停柩在家，經年暴露不葬者，杖八十。

200-2 其從尊長遺言，將屍燒火[10]及棄置水中者，杖一百。卑幼竝減二等。若亡歿遠方，子孫不能歸葬而燒火[11]者，聽從其便。

200-3 其居喪之家修齋設醮，若男女溷雜飮酒食肉者，家長杖八十。僧、道同罪，還俗。

直 凡 喪家亦 須只 依禮安葬爲乎矣 風水乙 疑惑爲旀 他緣故乙仍于 屍體乙 入棺爲 家中留置 過年爲巳只 暴露埋葬不冬爲在乙良 杖八十齊

(○) 尊長遺言乙用良 屍體乙 燒火爲旀 水中良中 棄置爲在乙良 杖一百爲乎矣 卑幼乙良 減二等論罪齊 遠方出外身故爲去等 子孫等亦 易亦 本處良中 歸葬不得 燒火爲在乙良 聽從其便齊

(○) 喪家亦 齋醮修設乙仍于 男女混雜使內齊 飮酒食肉爲在乙良 家長乙 杖八十遣 僧道乙良 同罪還俗令是乎事

10 火：《大明律》，《大明律講解》，《大明律附例》，《律條疏議》，《大明律釋義》，《大明律集解附例》，《大明律附例箋釋》에는 "化"로 되어 있다.

11 火：《大明律》，《大明律講解》，《大明律附例》，《律條疏議》，《大明律釋義》，《大明律集解附例》，《大明律附例箋釋》에는 "化"로 되어 있다.

201 鄕飮酒禮

凡鄕黨序齒及鄕飮酒禮, 已有定式。違者, 笞五十。

直 凡 鄕黨坐次及鄕飮酒禮亦 已有恒式爲去乙 違者乙良 笞五十爲乎事

大明律直解

卷13~17 兵律

宮衛

202 太廟門擅入

凡擅入太廟門及山陵兆域門者，杖一百；大社門，杖九十。未過門限者，各減一等。守衛官故縱者，各與犯人同罪。失覺察者，減三等。

直 凡 太廟門及山陵兆域門良中 擅入爲在乙良 杖一百齊 大社門乙 擅入爲在乙良 杖九十齊 未過門限爲在乙良 減一等齊 官員及看守人等亦 故只 許入爲在乙良 罪同遣 失覺察爲在隱 減三等

203 宮殿門擅入

203-1 凡擅入皇城午門、東華·西華·玄武門及禁苑者，各杖一百。擅入宮、殿門，杖六十徒一年。擅入御膳所及御在所者，絞。未過門限者，各減一等。

203-2 若無門籍，冒名而入者，罪亦如之。

203-3 其應入宮、殿，未著門籍而入，或當下直而輒入，及宿次未到而輒宿者，各笞四十。

203-4 若不係宿衛應直合帶兵仗之人，但持寸刃入宮、殿門內者，絞；入皇城門內者，杖一百，發邊遠充軍。

203-5 門官及宿衛官、軍故縱者，各與犯人同罪。失覺察者，減三等，罪止杖一百。軍人又減一等。竝罪坐直日者。餘條准此[1]。

直 凡 大闕紫門東西門及闕內良中 趣便以 直入爲在乙良 杖一百齊 各殿門內良中 趣便以 直入爲在乙良 杖六十徒一年 ○ 御廚及御在所良中 趣便以 直入爲在乙良 絞死令是乎矣 門限良中 未過爲在乙良 減一等齊

○ 門籍良中 名字無在 人亦 冒名直入爲在乙良置 同罪論齊

○ 殿門良中 直入合當爲良置 門籍良中 名字施行不冬爲旀 或下直後良中 更入爲旀 或宿次未到爲去等 入宿爲在乙良 各笞四十齊

○ 兵器持是旀 侍衛軍良中 干攝不冬爲在 人員亦 小刀是乃 佩持爲殿門良中 直入爲在乙良 絞死令是乎矣 內城門內直入者乙良 杖一百遠方充軍齊

○ 門官及侍衛軍亦 故只 放縱令是在乙良 犯人以 同罪論齊 知不得遲慢檢察爲在乙良 減三等 罪止杖一百 軍人乙良 減一等爲遣 並只直日乙 論罪爲乎事

204 宿衛守衛人私自代替

204-1 凡宮禁宿衛及皇城門守衛人，應直不直者，笞四十。以應宿衛、守衛人，私自代替及替之人，各杖六十。以別衛不係宿衛、守衛人，冒名私自代替及替之人，各杖一百。百戶以上各加一等。

204-2 若在直而逃者，罪亦如之。

204-3 京城門減一等。各處城門又減一等。親管頭目知而故縱者，各

1 餘條准此 : 《律條疏議》, 《大明律釋義》, 《大明律集解附例》, 《大明律附例箋釋》에는 律註로 되어 있다.

與犯人同罪。失覺察者，減三等。有故而赴所管告知者，不坐。

直 凡 闕內宿衛人員果 及金城門守衛人亦 入直當次爲去乙 入直不冬爲在乙良 笞四十齊 必于 宿衛及守衛良中 限當人是良置 私自代立令是在 人 及代立爲在 人等乙良 各杖六十齊 別衛以 宿衛守衛良中 干攝不冬爲在 人乙用良 冒名代立令是在 人果 同情代立爲在 人等乙良 各杖一百爲乎矣 百戶已上乙良 各加一等齊

○ 入直爲有如可 逃亡爲在 人乙良 同罪論齊

(○) 京城門良中 守直爲有如可 逃亡爲在乙良 減一等 各處城門乙良 又減一等爲遣 管領頭目亦 知而故放爲在乙良 犯人以 同罪論齊 知不得 遲慢覺察爲在乙良 減三等齊 不得已緣故乙用良 頭目亦中 進告爲在乙良 不論罪爲乎事

205 從駕稽違

205-1 凡應從車駕之人，違期不到，及從而先迴還者，一日笞四十，每三日加一等，罪止杖一百。百戶以上各加一等。

205-2 若從車駕行而逃者，杖一百，發邊遠充軍。百戶以上絞。親管頭目故縱者，各與犯人同罪。失覺察者，減三等，罪止杖一百。

直 凡 依例隨駕人員亦 違期不到爲旀 及隨駕爲 先亦 回還爲在乙良 一日是去等 笞四十 每三日加一等 杖一百爲限 百戶以上 各加一等

(○) 隨駕行次良中 逃亡爲在乙良 杖一百遣 遠處充軍爲乎矣 百戶以上乙良 絞死齊 管領頭目亦 故放爲在乙良 罪同齊 知不得 遲晚覺察爲在乙良 減三等 罪止杖一百

206 直行御道

凡午門外御道至御橋，除侍衛官、軍導從車駕出入，許於東西兩傍行走外，其餘文武百官、軍民人等無故於上直行，及輒渡御橋者，杖八十。若於宮、殿中，直行御道者，杖一百。守衛官故縱者，各與犯人同罪。失覺察者，減三等。若於御道上橫過，係一時經行者，不在禁限。

直 凡 闕門外御道及御橋良中 侍衛官軍及引從官軍等隱 左右兩傍以行走爲遣 他餘文武官員軍民人等亦 御道及御橋良中 直行爲旀 越渡爲在乙良 杖八十齊 宮殿內御道良中 直行爲在乙良 杖一百齊 宿衛官亦 故放爲在乙良 同罪以 論爲乎矣 知不得 遲晚覺察爲在乙良 減三等齊 ○ 御道上橫過爲乎矣 不得已一時過行是去等 不在禁限

207 內府工作人匠替役

凡諸色工匠行人差發[2]，內府及承運庫工作，若不親身關牌入內應役，雇人冒名，私自代替及替之人，各杖一百。雇工錢入官。

直 凡 諸色匠人等乙 王府內用工役良中 差定爲良在等 親亦 受牌立役不冬 他人乙 請爲 冒名替立令是在 人果 替立爲在 人等乙良 各杖一百遣 代役錢乙良 沒官爲乎事

2 發：《大明律講解》，《大明律附例》，《律條疏議》，《大明律釋義》，《大明律集解附例》，《大明律附例箋釋》에는 뒤에 "赴"가 더 있다.

208 宮殿造作罷不出

凡在宮、殿內造作，所司具工匠姓名，報門官及守衛官，就於所入門首，逐一點視，放入工作。至申時分，仍須相視形貌，照數點出。其不出者，絞。監工及提調內使監官、門官、守衛官·軍點視，如名數短少，就便搜捉，隨卽奏聞。知而不擧者，與犯人同罪。失覺察者，減三等，罪止杖一百。

直 凡 宮殿內良中 造作爲乎所有去等 主掌官亦 諸色匠人姓名乙 門官及侍衛官亦中 報狀爲良在等 入門時良中 一一點檢入送付役令是遣 申時是去等 須只 字細身監 各人名數乙用良 點檢出送爲乎矣 不出爲在乙良 絞死齊 監造及提調內官門官守衛官等亦 點考時良中 名數內不足爲去等 這這 推捉申聞爲齊 知而不告爲在乙良 犯人以 同罪論齊 知不得 遲晩覺察爲在乙良 減三等 罪止杖一百

209 輒出入宮殿門

209-1 凡應出宮、殿而門籍已除，輒留不出；及被告劾，已有公文禁止，籍雖未除，輒入宮、殿者[3]，各杖一百。

209-2 若宿衛人已被奏劾者，本司先收其兵仗。違者，罪亦如之。

209-3 若於宮、殿門，雖有籍，至夜皆不得出入。若入者，杖一百；出者，杖八十。無籍入者，加二等。若持仗入殿門者，絞。

3 者 : 底本에는 없다. 世宗板,《大明律》,《大明律講解》,《大明律附例》,《律條疏議》,《大明律釋義》,《大明律集解附例》,《大明律附例箋釋》에 근거하여 보충하였다.

直 凡 宮殿良中 出去人等乙 門籍良中 名字已除爲去乙 仍留不出爲在 人 及官司良中 被告劾令是在 人亦 必于 門籍良中 名字不除爲良置 宮殿內良中 直入爲在乙良 杖一百齊

○ 侍衛人員亦 被罪申聞令是在乙良 本司以 先亦 軍器乙 收取爲乎矣 違者乙良 同罪論齊

○ 門籍良中 必于 有名字爲良置 殿門良中 犯夜出入不冬爲乎事是去有在等以 入者乙良 杖一百 出者乙良 杖八十爲乎矣 門籍無在 人乙良 加二等齊 兵仗持是旀 入殿門爲在乙良 絞死爲乎事

210 關防內使出入

凡內使監官并奉御內使但遇出外，各門官須要收留本人在身關防牌面，於簿上印記姓名、字號，明白附寫前去某處、幹辦是何事務，其門官與守衛官、軍搜檢沿身，別無俠帶，方許放出。迴還，一體搜檢，給牌入內，以憑逐月稽考出外次數。但搜出應干雜藥，就令自喫。若不服搜檢者，杖一百，充軍。若非奉旨，私將兵器進入皇城門內者，杖一百，發邊遠充軍；入宮、殿門內者，絞。門官及守衛官失於搜檢者，與犯人同罪。

直 凡 內使監官及奉御內官等亦 出外時是去等 各門官亦 須只 右人等矣 身上良中 持音 牌面拘收爲旀 文卷良中 右姓名及去處果 逢受事務等乙 明白書寫爲遣 門官守衛官軍等弋只 右身上乙 搜檢爲乎矣 挾帶物色無去沙 出送齊 回還爲去等 如前身上乙 搜檢給牌 入內令是遣 出外次數乙 每月相考爲齊 搜探現出雜藥乙良 自喫令是乎矣 搜探不得爲只爲 拒逆爲在乙良 杖一百充軍齊 旨是絃無亦 私丁 兵

器持是旀 金城門內直入爲在乙良 杖一百遠方充軍齊 宮殿門內直入爲在乙良 絞死 門官及侍衛官亦 搜檢不冬爲在乙良 犯人以 同罪論

211 向宮殿射箭

凡向大廟及宮殿射箭、放彈、投磚石者，絞；向大社，杖一百流三千里。但傷人者，斬。

直 凡 大廟及宮殿乙 向爲 箭及彈子乙 射放爲旀 瓦礫石等物以 投擲爲在乙良 絞死齊 向大社射放爲在乙良 杖一百流三千里齊 傷人爲在乙良 斬爲乎事

212 宿衛人兵仗

凡宿衛人兵仗不離身。違者，笞四十。輒離職掌處所，笞五十。別處宿者[4]，杖六十。百戶以上各加一等。親管頭目知而不擧者，與犯人同罪。失覺察者，減三等。

直 凡 入番侍衛人亦 兵仗乙 身上不離爲乎矣 違者乙良 笞四十齊 初亦 定處離違爲在乙良 笞五十齊 別處良中 移宿爲在乙良 杖六十 百戶以上乙良 各加一等爲乎矣 次知頭目亦 知而不告爲在乙良 犯人同罪 論齊 知不得 遲晩覺察爲在乙良 減三等論罪爲乎事

4 者：《大明律》, 《大明律講解》, 《大明律附例》, 《律條疏議》, 《大明律釋義》, 《大明律集解附例》, 《大明律附例箋釋》에는 없다.

213 禁經斷人充宿衛

213-1 凡在京城犯罪被極刑之家同居人口，隨卽遷發別郡住坐。其親屬人等幷一應經斷之人，竝不得入充近侍及宿衛、守把皇城·京城門禁。若朦朧充當者，斬。其當該官司不爲用心詳審，或聽人囑託及受財，容令充當者，罪同。

213-2 若有特旨選充，曾經覆奏明立文案者，不在此限。

直 凡 京城內良中 犯罪爲 受典刑爲在 人等矣 同居人口等乙良 他處良中 遷徙令是遣 其餘親族人 及已經斷罪爲在 人等乙良 竝只 近侍宿衛沙餘良 金城京城把直至亦 禁止爲乎矣 右人等亦 冒弄充立爲在乙良 斬齊 次知員吏亦 詳審不冬 他矣 所請及受贈乙因于 充立爲在乙良 罪同齊

(○) 此亦中 王旨乙因于 申聞選充 文案明白爲在隱 不在此限

214 衝突儀仗【三條】

凡車駕行處，除近侍及宿衛護駕官軍外，其餘軍民竝須迴避。衝入儀仗內者，絞。若在郊野之外，一時不能迴避者，聽俯伏以待。其文武百官非奉宣喚，無故輒入儀仗內者，杖一百。典仗、護衛官軍故縱者，與犯人同罪。不覺者，減三等。

直 凡 陪奉行幸敎是 處良中 近侍宿衛隨駕官軍外 其餘軍民隱 竝只回避爲乎矣 儀仗內良中 衝入爲在 軍人等乙良 絞死齊 郊外逼近回避不得 處良中乙良 俯伏待候爲齊 文武百官亦 宣喚無亦 無緣故 儀仗內突入爲在乙良 杖一百齊 儀仗內侍衛官軍亦 故只 放送爲在乙良

犯人以 同罪論齊 知不得爲在隱 減三等

215 衝突儀仗

凡有申訴冤抑者，止許於仗外俯伏以聽。若衝入儀仗內，而所訴[5]不實者，絞；得實者，免罪。

直 凡 冤枉事乙用良 申聞爲在 人隱 儀仗外良中 俯伏聽候爲乎矣 虛事乙用良 儀仗內良中 突入爲在乙良 絞死遣 所告不虛爲去等 免罪

216 衝突儀仗

凡軍民之家縱放牲畜，若守衛不備，因而衝突儀仗者，杖八十。衝入皇城門內者，杖一百。

直 凡 軍民之家亦 牛馬乙 縱放爲去乙 守衛虛疎乙因于 儀仗良中 突入令是在乙良 杖八十 闕門內良中 突入令是在乙良 杖一百爲乎事

217 行宮營門

凡行宮外營門、次營門，與皇城門同。若有擅入者，杖一百。內營牙

5 訴：《大明律附例》，《律條疏議》，《大明律釋義》，《大明律集解附例》，《大明律附例箋釋》에는 뒤에 "事"가 더 있다.

帳門，與宮殿門同。擅入者，杖六十徒一年。

直 凡 行幸敎是 時 行宮外營門果 之次營門良中 趣便以 直入爲在乙良 杖一百齊 內營牙帳門良中 趣便以 直入爲在隱 杖六十徒一年

218 越城

凡越皇城者，絞；京城者，杖一百流三千里；越各府、州、縣、鎭城者，杖一百；官府公廨墻垣者，杖八十。越而未過者，各減一等。若有所規避者，各從重論。

直 凡 闕內城良中 越入爲在乙良 絞死齊 京城良中 越入爲在乙良 杖一百遠方付處齊 各州府鎭城良中 越入爲在乙良 杖一百齊 官府公廨垣墻良中 越入爲在乙良 杖八十齊 越而未過爲在乙良 各減一等齊 回避爲要 越入爲在乙良 重罪以 論爲乎事

219 門禁鎖鑰

219-1 凡各處城門應閉而誤不下鎖者，杖八十。非時擅開閉者，杖一百。京城門各加一等。其有公務急速，非時開閉者，不在此限。

219-2 若皇城門應閉而誤不下鎖者，杖一百，發邊遠充軍。非時擅開閉者，絞。其有旨開閉者，勿論。

直 凡 各處依例封鎖城門乙 誤錯亦 封鎖不冬爲在乙良 杖八十齊 非時 趣便以 開閉者乙良 杖一百齊 京城門乙良 各加一等齊 時急公事乙因于 非時開閉爲在隱 不在此限

○ 闕內城門亦 依例封鎖是去乙 誤錯亦 不鎖爲在乙良 杖一百遣 遠方充軍齊 非時 趣便以 開閉者乙良 絞死齊 旨是絃以 開閉者乙良 勿論罪爲乎事

220 懸帶關防牌面

凡朝參文武官及內官，懸帶牙牌、鐵牌。廚子、校尉入內，各帶桐木牌面。如有遺失，官罰鈔二十貫，廚子、校尉罰鈔一十貫。若有拾得隨卽報官者，將各人該罰鈔貫充賞。有牌不帶，無牌輒入者，杖八十。借者及借與者，杖一百。事有窺避者，從重論。隱藏者，杖一百徒三年。首告者，於犯人名下追鈔五十貫充賞。詐帶朝參，及在外詐稱官員名號，有所求爲者，絞。僞造者，斬。首告者，於犯人名下追鈔一百貫充賞[6]。

6 懸帶關防牌面……充賞 : 底本에는 없다. 晉州板, 樂安板, 平壤板에 근거하여 보충하였다.

軍政

221 擅調官軍

221-1 凡將帥部領軍馬，守禦城池及屯駐邊鎭，若所管地方遇有報到草賊生發，卽時差人，體探緩急聲息，須先申報本管上司，轉達朝廷奏聞。給降御寶聖旨，調遣官軍征討。若無警急，不先申上司，雖已申上司不待迴報，輒於所屬擅調軍馬，及所屬擅發與者，各杖一百，罷職，發邊遠充軍。

221-2 其暴兵卒至欲來攻襲；及城、鎭屯聚軍馬之處，或有反、叛；或賊有內應，事有警急；及路程遙遠者，竝聽從便火速調發軍馬，乘機勦捕。若寇賊滋蔓，應合會捕者，隣近衛所雖非所屬，亦得調發策應。竝卽申報本管上司，轉達朝廷知會。若不卽調遣會合，或不卽申報上司，及隣近衛所不卽發兵策應者，竝與擅調發罪同。

221-3 若親王所封地面有警，調兵已有定制。其餘上司及大臣將文書調遣將士、提撥軍馬者，非奉御寶聖旨，不得擅離信地。若軍官有改除別職，或犯罪取發，如無奏奉聖旨，亦不許擅動。違者，罪亦如之。

直 凡 大小軍官亦 軍馬乙 率領防禦爲乎矣 所管地面良中 草賊報狀到付爲去等 卽時差人體探爲 緩急形止乙 須只 都節制使及按廉使良中 先報 傳報都評議使司爲良在等 申聞爲 王旨行下以沙 軍馬乙 抄送 捕捉爲乎矣 草賊起色亦 緊急不冬爲去乃 傳報不冬爲去乃 必于傳報爲良置 決下到付無去有乙 所屬官良中 處分抄軍爲旀 所屬官置處分以 起兵爲在乙良 各杖一百停職爲 遠方充軍

○ 暴急賊兵亦 時急圍把爲旀 軍馬屯駐處良中 叛賊亦 不覺中起發爲 時或賊人同情內應爲旀 軍事緊急爲旀 程途隔遠爲去等 竝只 隨便火急 起兵追捉爲齊 此亦中 賊人亦 興發爲 助戰合當爲去等 近處軍官亦 必于 所屬不喩良置 助戰爲旀 卽時都節制使按廉使良中 馳報爲 都堂傳報爲齊 軍馬起送助戰不冬爲旀 傳報不冬爲旀 管軍官員是乎矣 領兵助戰不冬爲在乙良 竝只 處分抄軍例以 論齊

(○) 諸王所管道內良中 草賊起色有去等 道內官員亦 抄軍防禦爲臥乎所 恒式是在果 他道大小軍官員亦 文字相通 軍馬起送助戰令是乎事叱段 王旨行下無亦 越境使內乎所不喩齊 各立所軍官員乙 改差向事 及軍官員犯罪爲去等 進來決斷向事乙良 竝只 申聞使內遣 趣便以 使內不得爲乎矣 違者乙良 同罪論爲乎事

222 申報軍務

222-1 凡將帥參隨摠兵官征進, 如摠兵官分調攻取城寨, 克平之後, 隨將捷音差人飛報, 一申摠兵官, 一申五軍都督府, 一行兵部。另具奏本, 實封御前。

222-2 若賊人數多, 出沒不常, 如所領軍人不敷, 須要速申摠兵官, 添撥軍馬, 設策勦捕。不速飛申者, 從摠兵官量事輕重治罪。

222-3 若有來降之人, 卽便送赴摠兵官, 轉達朝廷區處。其貪取來降人財物, 因而殺傷人, 及中途逼勒逃竄者, 斬。

直 凡 軍官員亦 摠兵官指揮以 分道助戰 制正後良中 勝戰形止乙 卽時馳報爲乎矣 一道乙良 都節制使 一道乙良 都評議使 爲等如 使內遣 大內良中 實封進呈爲白齊

(○) 賊人亦 數多無時來往爲去乙 管軍人亦 不足爲去等 須只 摠兵官道良中 以速傳報 加發軍馬 良謀以 追捉爲乎矣 遲晩馳報爲在乙良 摠兵官弋只 輕重乙 酌量與罪齊

(○) 投降人等乙 卽送摠兵官爲 遞送都評議使爲乎矣 投降人矣 財物乙 貪取爲要 殺傷爲旀 路間良中 侵逼逃亡令是在乙良 斬爲乎事

223 飛報軍情

凡飛報軍情，在外府、州差人，一申布政司，一申都指揮使司，及行移本道按察司[7]，一具實封，俱至御前開析[8]。若互相知會，隱匿不速奏聞者，杖一百，罷職役[9]不敍。因而失誤軍機者，斬。

直 凡 軍情事乙 馳報爲乎矣 外方各村官員軍官等亦 一道乙良 都摠節制使 一道乙良 按廉使 一道乙良 都評議使司 爲等如 馳報遣 一道乙良 實封爲 大內進呈爲白齊 萬一互相 知想遣 隱匿爲 卽時申報不冬爲在乙良 杖一百停職齊 因而失誤軍機爲在乙良 斬爲乎事

7 司 :《大明律》,《大明律講解》,《大明律附例》,《律條疏議》,《大明律釋義》,《大明律集解附例》,《大明律附例箋釋》에는 뒤에 "其守禦官差人，行移都指揮使司，都指揮使司差人，一行本管都督府，一具實封布政司，一差人行移兵部."가 더 있다.

8 析 :《大明律》,《大明律講解》,《大明律附例》,《律條疏議》,《大明律釋義》,《大明律集解附例》,《大明律附例箋釋》에는 뒤에 "按察司差人，具實封直奏，在內直隷軍民官司竝差人，申本管都督府及兵部，另具實封，各自奏聞."이 더 있다.

9 役 :《大明律》,《大明律講解》,《大明律附例》,《律條疏議》,《大明律釋義》,《大明律集解附例》,《大明律附例箋釋》에는 없다.

224 邊境申索軍需

凡守邊將帥但有取索軍器、錢糧等物，須要差人，一行布政司，一行都指揮使司。再差人，一行五軍都督府，一行合干部分，及具奏本實封御前。其公文若到該部、五軍都督府，須要隨卽奏聞區處，發遣差來人迴還。若稽緩不卽奏聞，及各處不行依式申報者，竝杖一百，罷職不敍。因而失誤軍機者，斬。

直 凡 防禦軍官員亦 軍器糧料乙 求請爲去等 須只 差人 一邊以 都節制使按廉使 一邊以 都評議使司 爲等如 傳報遣 大內各別實封進呈爲白齊 右報狀亦 都評議使司到付爲良在等 卽時申聞爲 報狀持來人乙 回送爲乎矣 卽時啓課申聞不冬爲在 六房所任錄事 及各處防禦軍官員亦 申報不冬爲在乙良 竝只 杖一百停職不敍爲齊 因此失誤軍事者乙良 斬爲乎事

225 失誤軍事

凡臨軍征討，應合供給軍器、行糧、草料，違期不完者，當該官吏各杖一百，罪坐所由。若臨敵缺乏；及領兵官已承調遣，不依期進兵策應；若承差告報軍期而違限，因而失誤軍機者，竝斬。

直 凡 軍行征伐乙 臨當爲 依例供給爲乎 軍器糧食草料等乙 日及准備支應不得爲在乙良 次知官吏乙 各杖一百爲乎矣 其中遲錯人乙 推考當罪齊 彼軍對戰次 諸事乏絶爲旀 領兵軍官亦 定日及行兵助戰不冬爲旀 軍征緊急文字乙 定日不及到付爲 因此軍事差錯令是在乙良 竝只 斬爲乎事

226 從征違期

凡軍官、軍人臨當征討，已有起程日期，而稽留不進者，一日杖七十，每三日加一等。若故自傷殘及詐僞[10]疾患之類以避征役者，各加一等，竝罪止杖一百，仍發出征。若軍臨敵境，托故違期，一日不至者，杖一百；三日不至者，斬。若能立功贖罪者，從摠兵官區處。

直 凡 軍官軍人等亦 赴征時良中 發行日期已定爲有去乙 延留 進使內不冬爲在乙良 一日是去等 杖七十 每三日加一等齊 故只 身體手足乙 傷殘爲旀 虛稱疾病 回避征役爲在乙良 各加一等 杖一百爲限遣 卽時發行赴征令是齊 軍馬亦 彼境良中 臨戰爲有去乙 雜頉下憑據 定日不及爲在乙良 一日是去等 杖一百 三日是去等 斬齊 有能亦 立功爲遣 贖罪爲在 人乙良 節制使弋只 處分決斷爲乎事

227 軍人替役

227-1 凡軍人不親出征，雇倩人冒名代替者，替身杖八十，收籍充軍；正身杖一百，依舊充軍。若守禦軍人雇人冒名代替者，各減二等。其子孫弟姪及同居少壯親屬自願代替者，聽。若果有老弱、殘疾，赴本管官司陳告，驗實，與免軍身。

227-2 若醫工承差，關領官藥，隨軍征進，轉雇庸醫冒名代替者，各杖八十。雇工錢入官。

10 僞 : 《大明律》, 《大明律講解》, 《大明律附例》, 《律條疏議》, 《大明律釋義》, 《大明律集解附例》, 《大明律附例箋釋》에는 "爲"로 되어 있다.

直 凡 軍人亦 親亦 出征不冬爲遣 他人乙 給價冒名代立爲良在等 代立人乙良 杖八十 付籍充軍遣 當身乙良 杖一百 依舊充軍齊 防禦軍人亦 他人乙 給價冒名代立爲在乙良 減二等爲遣 子孫弟姪及同居少壯親屬等亦 自望代立爲在乙良 聽許齊 實則老弱殘疾等亦 仰屬官良中 陳告爲良在等 推考閱實 放免軍役令是齊
(○) 大醫亦 官藥乙 逢受 軍士良中 進使內如可 親進不冬 無用醫員乙 財物許給代送令是在乙良 各杖八十 代立人矣 捧上爲乎 財物乙良 沒官爲乎事

228 主將不固守

凡守邊將帥被賊攻圍城寨，不行固守而輒棄去；及守備不設，爲賊所掩襲，因而失陷城寨者，斬。若與賊臨境，其望高、巡哨之人失於飛報，以致陷城損軍者，亦斬。若被賊侵入境內擄掠人民者，杖一百，發邊遠充軍。其官、軍臨陣先退，及圍困敵城而逃者，斬。
直 凡 邊境軍官員弋只 防禦城郭乙 賊人亦 圍把爲有去乙 堅固守城不冬 棄去爲旀 鎭守虛疎乙仍于 賊人乙 掩襲令是旀 因此城郭乙 失陷令是在乙良 並只 斬齊 賊人亦 臨境爲有去等 烽燧[11]看望人及哨馬人等亦 遲晩馳報 陷城損軍令是在乙良 斬齊 賊人亦 侵入境內 虜掠人民爲只爲 使內在乙良 杖一百遠處充軍齊 軍官員亦 臨戰先退爲旀 敵城乙 圍把窮困爲有去乙 逃亡爲在乙良 斬爲乎事

11 燧：《大明律》，《大明律講解》，《大明律附例》，《律條疏議》，《大明律釋義》，《大明律集解附例》，《大明律附例箋釋》에는 "燧"로 되어 있다.

229 縱軍擄掠

229-1 凡守邊將帥非奉調遣，私自使令軍人於外境虜掠人口、財物者，杖一百，罷職充軍。所部聽使軍官及總旗，遞減一等。竝罪坐所由。小旗、軍人不坐。

229-2 若軍人不曾經由本管頭目，私出外境虜掠者，爲首杖一百，爲從杖九十；傷人，爲首者斬，爲從者[12]杖一百。俱發邊遠充軍。若本管頭目鈐束不嚴，杖六十，附過還職。其邊境城邑有賊出沒，乘機領兵攻取者，不在此限。若於已附地面虜掠者，不分首從，皆斬。本管頭目鈐束不嚴，各杖八十，附過還職。知情故縱者，各與犯人同罪。

直 凡 邊境防禦將帥亦 旨是絃無亦 私音丁 軍人乙用良 境外良中 人口財物乙 虜掠令是在乙良 杖一百停職充軍遣 管下軍官百戶等乙良 各次第以 降一等決杖遣 統主軍人乙良 不論罪齊

(○) 軍人亦 頭目亦中 知乎不冬 私丁 出外虜掠爲良在等 爲首乙良 杖一百 爲從乙良 杖九十齊 傷人爲良在等 爲首乙良 斬 爲從乙良 杖一百遣 竝只 遠處充軍齊 主將頭目亦 不能禁約爲在乙良 杖六十爲遣 過名施行還職爲乎矣 邊境城邑等處良中 賊人亦 出入爲行去等 臨機領兵捕捉爲在隱 不在此限齊 已投降來附爲在 地面良中 虜掠爲在乙良 首從勿論 竝只 斬齊 不能教令爲在 頭目乙良 杖八十 過名施行還職爲遣 知情故放爲在乙良 犯人以 同罪論爲乎事

12 者：《大明律》,《大明律講解》,《大明律附例》,《律條疏議》,《大明律釋義》,《大明律集解附例》,《大明律附例箋釋》에는 없다.

230 不操練軍士

230-1 凡各處守禦官不守紀律，不操鍊軍士，及城池不完，衣甲、器仗不整者，初犯杖八十，附過還職；再犯杖一百，指揮使降充同知，同知降充僉事，僉事降充千戶，千戶降充百戶，百戶降充摠旗，摠旗降充小旗，小旗降充軍役，竝發邊遠守禦。

230-2 若隄備不嚴，撫馭無方，致有所部軍人反、叛者，親管指揮、千戶、百戶、鎭撫各杖一百，追奪發邊遠充軍。若棄城而逃者，斬。

直 凡 各處防禦軍官員亦 紀綱法令乙 遵守不冬 軍士乙 易亦 磨鍊不冬爲旀 城池乙 堅實亦 修補不冬爲旀 衣甲軍器乙 整齊不冬爲在乙良 初犯是去等 杖八十 過名施行還職齊 再犯是去等 杖一百爲乎矣 節制使是去等 降充兵馬使 兵馬使是去等 降充知兵馬使 知兵馬使是去等 降充副使 副使是去等 降充判官 判官是去等 降充千戶 千戶是去等 降充百戶 百戶是去等 降充統主 統主是去等 充軍 竝只 遠處防禦令是齊

(○) 防禦不嚴爲旀 撫軍無法爲乎等因于 管下軍人乙 背逆令是在乙良 節制使以 千戶百戶至亦 各杖一百 謝貼收取遠處充軍齊 城郭乙 棄去逃亡爲在乙良 斬爲乎事

231 激變良民

凡牧民之官失於撫字，非法行事，激變良民，因而聚衆反、叛，失陷城池者，斬。

直 凡 臨民官員亦 百姓存恤不冬 非法以 公事行移爲臥乎等因于 百

姓乙 激怒成倘背叛令是旀 城郭乙 失陷爲在乙良 斬爲乎事

232 私賣戰馬

凡軍人出征獲到馬匹，須要盡數報官。若私下貨賣者，杖一百。軍官賣者，罪同，罷職充軍。買者笞四十。馬匹、價錢竝入官。軍官、軍人買者，勿論。

直 凡 軍人出征時覔得爲乎 馬匹乙良 須只 盡數報官爲乎矣 私音丁放賣爲在乙良 杖一百 軍官弋只 放賣爲去等 同罪論遣 停職充軍齊 交易人乙良 笞四十爲遣 馬匹價本乙良 沒官爲乎矣 軍官果 軍人果 交易爲良在等 勿論罪爲乎事

233 私賣軍器

凡軍人關給衣甲、鎗刀、旗幟一應軍器私下貨賣者，杖一百，發邊遠充軍。軍官賣者，罪同，罷職充軍。買者笞四十。應禁者以私有論。軍器、價錢竝入官。軍官、軍人買者，勿論。

直 凡 軍人等亦 官司以 出給爲乎 衣甲鎗刀旗幟等叱 軍器乙 私音丁放賣爲在乙良 杖一百遠處充軍齊 軍官員 放賣爲在乙良 同罪爲旀 停職充軍齊 交易爲在乙良 笞四十爲乎矣 交易軍器亦 國家所禁是去等 私有例以 論罪爲遣 軍器價本乙良 竝只 沒官爲齊 軍官軍人亦 交易爲良在等 勿論罪爲乎事

234 棄毁[13]軍器

234-1 凡將帥關撥一應軍器，征守事訖，停留不迴納還官者，十日杖六十，每十日加一等，罪止杖一百。

234-2 若輒棄毁者，一件杖八十，每一件加一等，二十件以上斬。遺失及誤毁者，各減三等。軍人各又減一等。竝驗數追倍。其曾經戰陣而有損失者，不坐，不倍。

直 凡 軍官亦 官庫受出軍器等乙 事畢後延留還納不冬爲在乙良 十日是去等 杖六十 每十日加一等 杖一百爲限齊

○ 棄毁爲在乙良 一件是去等 杖八十 每一件加一等 二十件以上乙良 斬齊 闖失爲旀 誤毁爲在乙良 各減三等齊 軍人是去等 又減一等遣 竝只 計數生徵爲乎矣 曾只 戰場良中 損失爲在乙良 不坐罪爲旀不追徵爲乎事

235 私藏應禁軍器

凡民間私有人馬甲、傍牌、火筒、火砲、旗纛、號帶之類應禁軍器者，一件杖八十，每一件加一等。私造者，加私有罪一等。各罪止杖一百流三千里。非全成者，竝勿論，許令納官。其弓箭、鎗刀、弩及魚叉、禾叉不在禁限。

直 凡 民亦 人馬甲及傍牌火筒火砲旗纛等 軍器乙 私有爲在乙良 一

13 棄毁：《大明律附例》，《大明律釋義》，《大明律集解附例》，《大明律附例箋釋》에는 "毁棄"로 되어 있다.

件是去等 杖八十 每一件加一等齊 私造爲在乙良 私有罪例良中 加一等爲乎矣 杖一百爲限齊 成體爲在 物色不喩 片片是去等 勿論罪遣 其物乙良 納官齊 他餘弓箭鎗刀弩 及打魚爲旀 除草爲臥乎 叉槍等隱 不在禁限

236 縱放軍人歇役

236-1 凡管軍百戶及摠旗、小旗、軍吏縱放軍人，出百里之外，買賣，或私種田土，或隱占在己使喚空歇軍役者，一名杖八十，每三名加一等，罪止杖一百，罷職充軍。若受財賣放者，以枉法，從重論。所隱軍人竝杖八十。若私使出境，因而致死，或被盜[14]拘執者，杖一百，罷職，發邊遠充軍。至三名者，絞。本管官吏知情容隱不行擧問，及虛作逃亡，符同報官者，與犯人同罪。若小旗、摠旗、百戶縱放軍人，其本管指揮、千戶、鎭撫、當該首領官吏知情故縱，或容隱不行擧問；及指揮、千戶、鎭撫故縱軍人，其百戶、摠旗、小旗知而不首告者，罪亦如之。

236-2 若鈐束不嚴，致有違犯，及失於覺擧者，小旗名下一名，摠旗名下五名，百戶名下十名，千戶名下五十名，各笞四十；小旗名下二名，摠旗名下十名，百戶名下二十名，千戶名下一百名者，各笞五十。竝附過還職。不及數者，不坐。

236-3 若軍官私家役使軍人，不曾隱占歇役者，一名笞四十，每五名

14 盜 :《大明律》,《大明律講解》,《大明律附例》,《律條疏議》,《大明律釋義》,《大明律集解附例》,《大明律附例箋釋》에는 "賊"으로 되어 있다.

加一等，罪止杖八十。竝每名計一日，追雇工錢六十文入官。若有吉凶借使者，勿論。

直 凡 管軍爲在 軍官軍吏等亦 故只 軍人等乙 百里之外良中 縱放買賣令是旀 私音丁 田地耕作令是旀 家內良中 隱置使用爲 軍役乙 闕立爲在乙良 一名是去等 杖八十 每三名加一等 杖一百爲限 停職充軍齊 受財物爲遣 放送爲在乙良 枉法例以 從重論罪爲齊 所隱軍人乙良 竝只 杖八十齊 私事以 越境差送爲有如可 因此身故令是旀 時或賊人乙 被捉令是在乙良 杖一百停職爲遣 遠處充軍爲乎矣 三名是去等 絞死齊 管領官吏亦 知情隱置 推考不冬爲旀 虛稱逃亡 同意報官爲在乙良 犯人以 同罪論齊 百戶千戶統主等亦 軍人乙 放送爲去等 管領兵馬使知兵馬使副使判官等亦 知情放送爲旀 時或同情隱諱推考不冬爲是果 兵馬使知兵馬使千戶鎭撫等亦 故只 軍人乙 放送爲去等 百戶統主亦 知情不告爲在乙良 同罪論齊

(○) 軍人乙 不能禁約爲 犯法令是旀 知不得 遲晩覺察爲在乙良 統主名下一名 百戶名下五名 千戶名下十名 萬戶名下五十名是去等 各笞四十齊 統主名下二名 百戶名下十名 千戶名下二十名 萬戶名下一百是去等 各笞五十遣 竝只 過名施行還職齊 同數良中 不及爲在乙良 不坐罪齊

(○) 軍官亦 私家良中 軍人乙 使用爲良置 其矣 負役乙 闕立不冬令是在乙良 一名是去等 笞四十 每五名加一等 罪止杖八十 每名 計一日軍人使用役錢六十文 生徵納官爲乎矣 此亦中 吉禮凶事良中 請借使用爲在乙良 勿論罪爲乎事

237 公侯私役官軍

凡公侯非奉特旨，不得私自呼喚各衛軍官、軍人前去役使。違者，初犯、再犯免罪，附過；三犯准免死一次。其軍官、軍人聽從，及不出征時，輒於公侯之家門首伺立者，軍官各杖一百，罷職，發邊遠充軍。軍人罪同。

直 凡 諸君宰樞亦 旨是絃無亦 各衛軍官軍人等乙 呼喚爲 他處起送使用爲去等 初犯再犯乙良 免罪附過遣 三犯乙良 准免死罪一度齊 軍官軍人等亦 依從爲旀 出征不冬 時良中 向前 勢家門良中 窺候立回爲在乙良 軍官是去等 杖一百停職爲遣 遠方充軍爲乎矣 軍人置同罪論爲乎事

238 從征守禦軍官[15]逃

238-1 凡軍官、軍人從軍征討，私逃還家及逃往他所者，初犯杖一百，仍發出征；再犯者絞。知情窩藏者，杖一百，充軍。里長知而不首者，杖一百。若軍還而先歸者，減五等。因而在逃者，杖八十。若在京各衛軍人在逃者，初犯杖九十，發附近衛分充軍。各處守禦城池軍人在逃者，初犯杖八十，仍發本衛充軍；再犯竝杖一百，俱發邊遠充軍；三犯者絞。知情窩藏者，與犯人同[16]，罪止杖一百，充軍。里長

15 軍官：《大明律》, 《大明律講解》, 《大明律附例》, 《律條疏議》, 《大明律釋義》, 《大明律集解附例》, 《大明律附例箋釋》에는 "官軍"으로 되어 있다.

16 同：《大明律講解》, 《大明律附例》, 《律條疏議》, 《大明律釋義》, 《大明律集解附例》, 《大明律附例箋釋》에는 뒤에 "罪"가 더 있다.

知而不首者，各減二等。本管頭目知情故縱者，各與同罪，罪止杖一百，罷職，充軍。其在逃官、軍一百日內，能自出官首告者，免罪。若在限外自首者，減罪二等。但於隨處官司首告者，皆得准理。

238-2　若各衛軍人轉投別衛充軍者，同逃軍論。

238-3　其親管頭目不行用心鈐束，致有軍人在逃，小旗名下逃去五名者，降充軍人；總旗名下逃去二十五名者，降充小旗；百戶名下逃去一十名者減俸一石，二十名者減俸二石，三十名者減俸三石，四十名者減俸四石，逃至五十名者，追奪，降充總旗；千戶名下逃去一百名者減俸一石，二百名者減俸二石，三百名者減俸三石，四百名者減俸四石，逃至五百名者，降充百戶。其管軍多者，驗數折算減、降；不及數者，不坐。若有病亡、殘疾、提撥等項事故者，不在此限。

直 凡 軍官軍人等亦 赴征爲如可 私音丁 逃亡還家爲旀 他處逃去爲在乙良 初犯是去等 杖一百依例出征令是齊 再犯是去等 絞死齊 知情隱藏令是在乙良 杖一百充軍齊 里長知而不告爲在乙良 杖一百齊 出軍回還時 先亦 還歸爲在乙良 減五等遣 因此在逃爲在乙良 杖八十齊 京中侍衛軍人在逃爲在乙 初犯是去等 杖九十遣 近處防禦所良中 發送充軍齊 各處城池防禦軍人在逃爲在乙良 初犯 杖八十依例本衛良中 還送充軍爲乎矣 再犯是去等 竝只 杖一百遠處充軍齊 三犯是去等 絞死齊 知情隱藏爲在乙良 罪同 杖一百爲限 充軍齊 里長知而不告爲在乙良 各減二等齊 管領頭目亦 知情放還爲在乙良 各與同罪 杖一百爲限 停職充軍齊 在逃爲在 官軍亦 一百日內良中 官司現身自告爲去等 免罪齊 限日外現身自告爲在乙良 減罪二等齊 所在官司良中 現身自告者 竝只 免罪齊

(○) 各衛軍人等亦 他衛良中 投屬充軍爲在乙良 逃軍例以 論罪齊

(○) 管領頭目亦 不能嚴令爲 軍人乙 逃亡令是在乙良 統主名下五

名乙 逃亡令是去等 降充軍齊 百戶名下二十五名是去等 降充統主爲旀 千戶名下一十名是去等 減糧料一石齊 二十名是去等 減糧料二石齊 三十名是去等 減糧料三石齊 四十名是去等 減糧料四石齊 五十名是去等 謝貼收取降充百戶齊 兵馬使名下一百名是去等 減糧料一石齊 二百名是去等 減糧料二石齊 三百名是去等 減三石齊 四百名是去等 減四石齊 五百名是去等 降充千戶齊 管領軍數乙 打算減降爲遣 不及數者不坐爲乎矣 病亡殘疾有事故者隱 不在此限

239 優恤軍屬

凡陣亡、病故官、軍回鄕家屬，行糧、脚力有司不卽應付者，遲一日笞二十，每三日加一等，罪止笞五十。

直 凡 戰亡病死爲在 軍人矣 妻子息等亦 還鄕時良中 所在官司亦 行糧馬從乙 急速供給不冬爲在乙良 一日遲晩爲去等 笞二十 每三日加一等 笞五十爲限爲乎事

240 夜禁

凡京城夜禁，一更三點鍾聲已靜、五更三點鍾聲未動犯者，笞三十；二更、三更、四更犯者，笞五十。外郡城、鎭各減一等。其公務急速、疾病、生産、死喪不在禁限。若[17]暮鍾未靜，曉鍾已動，巡夜人等故將行

17 若：世宗板，《大明律》，《大明律附例》，《律條疏議》，《大明律釋義》，《大明律集解附例》，《大明律附例箋釋》에는 "其"로 되어 있다.

人拘留，誣執犯夜者，抵罪。若犯夜拒捕及打奪者，杖一百。因而毆人，至折傷以上者，絞；死者，斬。

直 凡 京城內犯夜人乙 禁止爲乎矣 一更三點良中 鍾聲已絶 五更三點良中 鍾聲未動爲有去乙 犯禁行人乙 笞三十齊 二更三更四更良中 犯禁爲在乙良 笞五十齊 外方城鎭隱 各減一等爲乎矣 時急公事疾病産生死亡等事隱 不在此限齊 暮鍾未絶 曉鍾已動爲去乙 巡綽人等亦 行人乙 故只 虛稱犯夜拘留執捉爲在乙良 反坐齊 巡綽人亦 犯夜人乙 執捉次良中 拒逆爲旀 禁夜人乙 打傷爲旀 奪去爲在 人乙良 杖一百齊 因此禁止人乙 毆打折傷爲在乙良 絞死遣 致死令是在乙良 斬爲乎事

關津

241 私越冒渡關津

241-1 凡無文引私渡關、津者，杖八十。若關不由門、津不由渡而越渡者，杖九十。若越渡緣邊關、塞者，杖一百徒三年。因而出外境者，絞。守把之人知而故縱者，同罪。失於盤詰者，各減三等，罪止杖一百。軍兵又減一等。竝罪坐直日者。【餘條准此。】若有文引，冒名渡關、津者，杖八十。家人相冒者，罪坐家長。守把之人知情，與同罪；不知者，不坐。

241-2 其將馬騾私渡、冒渡關、津者，杖六十；越渡，杖七十。【私渡，謂人有引，馬騾無引者。冒渡，謂馬騾冒他人引上馬騾毛色、齒歲者。越渡，謂人由關、津，馬騾不由關、津而渡者。】

直 凡 行狀無亦 防護所及津渡良中 過越爲在乙良 杖八十齊 若防護所良中 門[18]以 出去不冬爲旀 津渡良中 官渡以 出去不冬爲遣 他處以 渡越爲在乙良 杖九十齊 邊境防護所過越爲在乙良 杖一百徒三年遣 因此彼境出去爲在乙良 絞死齊 看直人亦 知情放送爲在乙良 罪同齊 不能考察爲在乙良 各減三等 杖一百爲限齊 軍兵是去等 又減一等論罪爲乎矣 同日日守軍人乙 坐罪齊 ○ 他矣 行狀以 冒名越渡爲在乙良 杖八十齊 同居家內人亦 互相冒名爲在乙良 罪坐家長齊 把直人亦 知情者罪同 不知者不坐

18 門：底本에는 앞에 "中"이 더 있다. 世宗板에 근거하여 삭제하였다.

○ 其行狀捕亡內 人名隱 付爲遣 牛馬隱 不付爲在 文字以 牛馬持是旀 過行人果 他矣 牛馬付行狀以 其矣 牛馬持是旀 過行爲在乙良杖六十齊 人 關津以 過越爲遣 牛馬乙良 他處以 過越爲在乙良 杖七十齊

242 詐冒給路引

242-1 凡不應給路引之人而給引；及軍詐爲民，民詐爲軍，若冒名告給引；及以所給引轉與他人者，竝杖八十。若於經過官司、停止去處，倒給路引；及官豪勢要之人囑托軍民衙門，擅給批帖，影射出入者，各杖一百。當該官吏聽從及知情給與者，竝同罪。若不從及不知者，不坐。

242-2 若巡檢司越分給引者，罪亦如之。

242-3 其不立文案，空押路引，私塡與人者，杖一百徒三年。

242-4 受財者，計贓，以枉法。及有所竄避者，各從重論。

242-5 若軍民出百里之外，不給引者，軍以逃軍論，民以私渡關、津論。

直 凡 行狀不合成給爲在 人乙 成給爲旀 及軍亦 妄稱民爲旀 民亦妄稱軍爲 冒名受出文字爲旀 及受出爲乎 行狀乙 他人亦中 傳傳許給爲在乙良 竝只 杖八十齊 向前 行狀 持是旀 所過官司及留住處所良中 右行狀乙 反貼爲旀 及官高有勢力人亦 私音丁 人乙 軍民官司良中 付爲 帖字成給 差使樣以 出入爲在乙良 各杖一百遣 次知官吏亦 依從爲旀 知情成給爲在乙良 竝只 罪同齊 依從不冬爲旀 不知者乙良 不論罪齊

(○) 各防護所亦 所任外行狀成給爲在乙良 罪同齊

(○) 行狀成給爲乎矣 許文不冬爲遣 空紙良中 着署爲有如可 私音丁 人名乙 付書與人爲在乙良 杖一百徒三年齊

○ 受贈成給爲在乙良 贓數乙 計爲 枉法例以 論齊 回避爲要爲在乙良 各從重論齊

○ 軍民亦 出百里之外爲乎矣 行狀無在乙良 軍是去等 逃軍以 論遣 民乙良 私渡關津以 論爲乎事

243 關津留難

243-1 凡關、津往來船隻，守把之人不卽盤驗放行，無故阻當者，一日笞二十，每一日加一等，罪止笞五十。

243-2 若官豪勢要之人乘船經過關、津，不服盤驗者，杖一百。

243-3 若撑駕渡船稍水如遇風浪險惡，不許擺渡。違者，笞四十。若不顧風浪，故行開船，至中流停船，勒要船錢者，杖八十。因而殺傷人者，以故殺傷論。

直 凡 關津來往船隻乙 防護人亦 卽時明文推考過送不冬爲遣 無緣故遮當爲在乙良 一日是去等 笞二十 每一日加一等 笞五十爲限齊

○ 官高有勢力人亦 津渡過涉次 防護所以 推考爲去乙 拒逆過行爲在乙良 杖一百齊

(○) 津渡沙工亦 風浪險惡爲去等 不許過涉爲乎矣 違者笞四十齊 沙工亦 不顧風浪爲遣 故只 行船中流留滯爲 船錢乙 侵勞捧上爲在乙良 杖八十齊 因此殺傷人者 故殺傷人例以 論爲乎事

244 遞送逃軍妻女出城

244-1 凡在京守禦官、軍，遞送逃軍妻、女出京城者，絞。民犯者，杖一百。若各處守御城池及屯住官、軍，遞送逃軍妻、女出城者，杖一百，發邊遠充軍。民犯者，杖八十。受財者，計贓，以枉法，從重論。其逃軍買求者，罪同。守門之人知情故縱者，與犯人同罪。失於盤詰者，減三等，罪止杖一百。軍人又減一等。

244-2 若遞送非逃軍妻女出城者，杖八十。有所規避者，從重論。

直 凡 京中守禦官軍亦 逃軍矣 妻女乙 傳遞以 放送爲在乙良 絞死爲旀 民弋只 犯爲在[19]乙良 杖一百齊 各處守禦軍人弋只 逃軍妻女乙 傳遞以 放送爲在乙良 杖一百遠處充軍齊 民亦 犯者 杖八十齊 ○ 受財放送爲在乙良 贓數乙 計爲 枉法例以 從重論齊 ○ 逃軍亦 財物許給出去爲在乙良 罪同齊 守門之人 知情放送爲在隱 犯人同罪齊 不能考察爲在隱 減三等 罪止杖一百齊 軍人是去等 又減一等齊 (○) 逃軍妻女不喩在乙 出送者 杖八十齊 迴避爲要爲在乙良 從重論爲乎事

245 盤詰姦細

凡緣邊關塞及腹裏地面，但有境內姦細走透消息於外人，及境外姦細入境內，探聽事情者，盤獲到官，須要鞫問接引、起謀之人。得實，皆斬。經過去處守把之人，知而故縱及隱匿不首者，竝與犯人同罪。失

19 在：底本에는 없다. 直解의 다수 용례에 근거하여 보충하였다.

於盤詰者，杖一百。軍兵杖九十。

直 凡 邊塞防護所及京城內良中 姦細惡人亦 境內事體乙 外人亦中 通爲旀 境外姦細人亦 潛入 境內事體乙 體探爲在乙 推捉付官爲良在等 須只 起謀引入人乙 推問爲乎矣 的實爲去等 竝只 斬齊 所過處所守把人亦 知情放出爲旀 及隱藏 現告不冬爲在乙良 竝只 罪同齊 不考察爲在乙良 杖一百爲遣 軍兵乙良 杖九十

246 私出外境及違禁下海

凡將馬牛、軍需鐵貨、銅錢、段疋、紬絹、絲綿，私出外境貨賣及下海者，杖一百。挑擔、馱載之人減一等。物貨、船車竝入官，於內以十分爲率，三分付告人充賞。若將人口、軍器出境及下海者，絞。因而走泄事情者，斬。其拘該官司及守把之人通同夾帶，或知而故縱者，與犯人同罪。失覺察者，減三等，罪止杖一百。軍兵又減一等。

直 凡 馬牛軍用鐵物銅錢及段疋 持是旀 地境外良中 私音丁 興利爲旀 下海買賣爲在乙良 杖一百齊 負持人及牛馬牽持人乙良 減一等遣 錢物及船馬等乙良 竝只 沒官爲乎矣 其內十分爲限 三分乙良 進告人亦中 賞給齊 人物軍器等乙 如前放賣爲在乙良 絞死齊 因此軍事乙 漏通爲在乙良 斬齊 所在官司及防禦人等亦 同情爲旀 知而故放爲在乙良 犯人以 罪同遣 遲晩覺察爲在乙良 減三等 罪止杖一百齊 軍人乙良 又減一等

247 私役弓兵

凡私役弓兵者, 一人笞四十, 每三人加一等, 罪止杖八十。每名計一日, 追雇工錢六十文入官。當該官司應付者, 罪同。罪坐所由。

直 凡 弓兵乙 私音丁 使用爲在乙良 一人是去等 笞四十 每三人加一等 杖八十爲限齊 每一名良中 計一日身役功錢六十文 生徵沒官爲旀 次知官司亦 弓兵乙 許給爲在乙良 同罪爲乎矣 次知使內在 色掌乙 與罪爲乎事

廏牧

248 牧養畜産不如法

凡牧養馬、牛、駝、騾、驢、羊，竝以一百頭爲率。若死者、損者、失者，各從實開報。死者，卽時將皮張、鬃、尾入官，牛筋、角、皮張亦入官。其群頭、群副，每一頭各笞三十，每三頭加一等。過杖一百，每十頭加一等，罪止杖一百徒三年。羊減馬三等。驢、騾減馬、牛、駝二等。若胎生不及日時而死者，灰醃，看視明白不坐。若失去，倍償。損傷不堪用，減死者一等坐罪。其死、損數目竝不准除。

直 凡 馬牛駝騾驢羊等乙 牧養令是乎矣 竝只 一百數以 爲限爲 故失令是旀 瘦弱令是旀 闒失令是在乙良 字細開坐辨報遣 故失爲在乙良 卽時 皮果 鬃果 尾果等乙 納官齊 牛乙良 力果 角果 皮果等乙 納官齊 養人等乙 當爲 每一疋一首良中 各笞三十 每三頭加一等爲乎矣 一百杖已滿後去等 每十頭加一等 罪止杖一百徒三年遣 羊是去等 減馬三等齊 騾驢是去等 減馬牛駝二等齊 依例一年胎生後不及日時爲 故失爲在乙良 灰果 醋果乙用良 洗淨看審爲 自死明白爲去等 免罪齊 闒失爲在乙良 本[20]乙 生徵齊 有傷爲 使用不得爲在乙良 故失罪良中 減一等論罪齊 其中故失數爻乙良 幷以 准除不冬爲乎事

20 本 : 문맥상 앞에 "價"가 빠진 듯하다.

249 孶生馬疋

凡群頭管領騍馬，一百疋爲一群，每年孶生駒一百疋。一[21]年之內，止有駒八十疋者，笞五十；七十疋者，杖六十。都群所官不爲用心提調者，各減三等；大僕寺官又減都群所官罪二等。

直 凡 養馬等矣 管領爲乎 騍馬一百疋以 爲一群爲乎矣 每年孶生馬兒一百疋以 一年內良中 馬兒亦 八十疋耳亦 生長令是在乙良 笞五十遣 七十疋乙良 杖六十齊 養馬乙 管領爲在 官員亦 用心不冬爲去等 各減三等遣 司僕寺官員乙良 又減二等爲乎事

250 驗畜産不以實

凡相驗分揀官馬、牛、駝、騾、驢不以實者，一頭笞四十，每三頭加一等，罪止杖一百。驗羊不以實者，減三等。若因而價有增減者，計所增減價，坐贓論。入己者，以監守自盜論，各從重科斷。

直 凡 官司馬牛駝騾驢等乙 數爻點檢分揀爲乎矣 虛稱報狀爲在乙良 一疋是去等 笞四十 每三疋加一等齊 羊乙 如前虛稱報狀爲在乙良 減三等齊 因此價本加減爲在乙良 其加減價本數爻乙用良 坐贓論齊 斜用爲在乙良 監守自盜例以 各從重論爲乎事

21 一 :《大明律》,《大明律講解》,《大明律附例》,《律條疏議》,《大明律釋義》,《大明律集解附例》,《大明律附例箋釋》에는 앞에 "若"이 더 있다.

251 養療瘦病畜産不如法

凡養療瘦病馬、牛、駝、騾、驢不如法，笞三十。因而致死者，一頭笞四十，每三頭加一等，罪止杖一百。羊減三等。

直 凡 瘦弱有病爲在 馬牛駝騾驢等乙 養飼理病爲乎矣 不如法爲在乙良 笞三十齊 因此致死爲在乙良 一頭是去等 笞四十 每三頭加一等 羊是去等 減三等爲乎事

252 乘官畜脊破領穿

凡官馬、牛、駝、騾、驢乘駕不如法，而脊破領穿，瘡圍繞三寸者笞二十，五寸以上笞五十。若牧養瘦者，計百頭爲率，十頭瘦者，牧養人及群頭、群副各笞二十，每十頭加一等，罪止杖一百。羊減三等。典牧所官各隨所管群頭多小[22]，通計科罪。大僕寺官各減典牧所官罪三等。

直 凡 官馬牛及駝騾驢等乙 騎持爲旀 駕車爲乎矣 不如法爲 背脊破傷爲旀 項領穿傷乙因于 成瘡圍圓三寸是去等 笞二十 五寸是去等 笞五十遣 養飼瘦弱令是在乙良 百頭爲限 十疋瘦弱令是在乙良 牧人及養馬色掌等乙 各笞二十 每十疋加一等 杖一百爲限齊 次知牧養官員乙良 所領馬牛數爻乙 通計科罪齊 司僕寺官員乙良 各減牧養人罪三等爲乎事

22 小：《大明律》，《大明律講解》，《大明律附例》，《律條疏議》，《大明律釋義》，《大明律集解附例》，《大明律附例箋釋》에는 "少"로 되어 있다.

253 官馬不調習

凡牧馬之官聽乘官馬而不調習者，一疋笞二十，每五疋加一等，罪止杖八十。

直 凡 養馬官員等乙用良 官馬乙 乘騎調習令是乎矣 右馬亦 走步調習不得令是在乙良 一疋是去等 笞二十 每五疋加一等 杖八十爲限爲乎事

254 宰殺牛馬[23]

254-1 凡私宰自已馬、牛者，杖一百；駝、騾、驢，杖八十。誤殺者，不坐。若病死而不申官開剝者，笞四十。筋、角、皮張入官。

254-2 若故殺他人馬、牛者，杖七十徒一年半；駝、騾、驢，杖一百。若計贓，重於本罪者，准盜論。

直 凡 私丁 自家馬牛乙 打殺爲在乙良 杖一百遣 駝騾驢是去等 杖八十齊 誤殺者不坐齊 病死爲去乙 告官不冬 屠翦爲在乙良 笞四十遣 筋角皮乙良 入官齊

○ 他矣 馬牛乙 故只 打殺爲在乙良 杖七十徒一年半齊 駝騾驢乙良 杖一百齊 贓物乙 計爲乎矣 本罪良中 重爲在乙良 盜賊例以 准論爲乎事

【謂故殺他人馬、牛，估價計贓，得罪重於杖七十徒一年半；駝、騾、驢價計贓，得罪

23 牛馬：《大明律》，《大明律講解》，《大明律附例》，《律條疏議》，《大明律釋義》，《大明律集解附例》，《大明律附例箋釋》에는 "馬牛"로 되어 있다.

重於杖一百者，竝准竊盜斷罪。係官者，准常人盜官物斷罪。竝免刺，追價給主。】

直 他矣 馬牛乙 打殺爲去等 右馬牛矣 價本乙 計數爲乎矣 數戈只 杖七十徒一年半罪良中 重爲㫆 駝騾驢價本乙 計數爲乎矣 杖一百罪良中 重爲去等 竝只 竊盜例以 准論爲 斷罪齊 官司馬牛是去等 常人亦 官物偸取例以 斷罪遣 價本生徵給主齊

若傷而不死，不堪乘用，及殺猪、羊等畜者，計減價，亦准盜論。各追陪所減價錢。價不減者，笞三十。

直 傷而不死爲 騎持不得爲㫆 猪羊乙 打殺爲在乙良 其矣 生時價本良中 故失後 減爲在 數乙 計爲 盜賊例以 准論遣 減爲在 數乙 計 生徵爲乎矣 生時價本 不減爲在乙良 笞三十

【減價，謂馬、牛等畜直錢三十貫，殺訖止直錢一十貫，是減二十貫價。損傷不死，止直錢二十貫，是減一十貫價。卽以所減價錢計贓，亦准竊盜斷罪。係官者，亦准常人盜官物斷罪之類。仍於犯人名下，追徵所減價錢倍償。價不減者，謂畜產直錢一十貫，雖有損傷，估價不減，仍直錢一十貫，止笞三十罪，無所倍償。】

直 減價段 三十貫 直爲在 馬牛乙 打殺爲乎等用良 故失後 減價爲 價本亦 一十貫是在如中 二十貫亦 減少爲齊 故失不冬爲良置 打傷爲乎等用良 價本亦 二十貫耳亦 直爲在如中 一十貫 減少爲在等以 減少價本乙 計數爲 竊盜例以 准論罪齊 官司馬牛是去等 常人亦 偸取官物例以 論遣 所犯人 當爲 減少爲在 價本乙 生徵爲 本主還給齊 價不減段 一十貫直馬牛乙 損傷爲良置 價本亦 本價良中 不減爲去等 唯只 笞三十遣 生徵不冬齊

其誤殺傷者，不坐罪，但追陪減價。爲從者各減一等。

254-3 若故殺緦麻以上親馬、牛、駝、騾、驢[24]，與本主私宰罪同。殺猪、羊等畜者，計減價坐贓論，罪止杖八十。其誤殺及故傷者，俱不

24 驢 :《大明律》,《大明律附例》,《律條疏議》,《大明律釋義》,《大明律集解附例》,《大明律附例箋釋》에는 뒤에 "者"가 더 있다.

坐，但各追陪減價。

254-4　若官、私畜產毀食官、私之物，因而殺[25]傷者，各減故殺傷三等，追陪所減價。畜主陪償所毀食之物。

254-5　若放官、私畜產，損食官、私物者，笞三十。贓重者，坐贓論。失者，減二等。各陪所損物。

254-6　若官畜產毀食官物者，止坐其罪，不在陪償之限。

254-7　若畜產欲觸觝、踢咬人，登時殺傷者，不坐罪，亦不陪償。

直 其誤殺傷者乙良 與罪不冬 唯只 價本乙 減價數耳亦 生徵遣 同黨爲從人乙良 各減一等齊

○ 故只 緦麻以上親族矣 馬牛駝騾驢乙 打殺爲在乙良 本主亦 私殺罪良中 同齊 猪羊等畜乙 打殺爲在乙良 減價乙 計數 贓罪以 論爲杖八十爲限齊 誤殺爲㫆 故只 有傷令是在乙良 竝只 與罪不冬爲遣唯只 所減價本分 生徵齊

○ 官私牛馬亦 官私之物乙 毀食爲有去乙 因此殺傷爲在乙良 故殺傷罪良中 減三等遣 所減價乙 生徵爲 本主還給齊 毀食物價乙良 畜主乙 當爲 生徵物主還給齊

○ 官私馬牛乙 放出爲 官私物色乙 喫破損毀令是在乙良 笞三十遣價本亦 贓數良中 重爲在乙良 坐贓數以 與罪齊 牛馬亦 放出次 知不得爲在 人乙良 減二等爲 損傷物乙 生徵給主遣

(○) 官司馬牛亦 官司物色乙 喫破爲去等 罪分 論遣 物色生徵安徐爲齊

○ 馬牛畜產等亦 人乙 足踢爲㫆 口咬爲去乙 不得已爲 卽時殺傷爲

25 殺 : 底本에는 "毁"로 되어 있다. 直解 및 《大明律》, 《大明律講解》, 《大明律附例》, 《律條疏議》, 《大明律釋義》, 《大明律集解附例》, 《大明律附例箋釋》에 근거하여 수정하였다.

在乙良 與罪不冬爲旀 價本生徵安徐爲乎事

255 畜產咬踢人

凡馬、牛及犬有觸觝、踢咬人，而記號、拴繫不如法；若有狂犬不殺者，笞四十。因而殺傷人者，以過失論。若故放令殺傷人者，減鬪殺傷一等。其受雇醫療畜產及無故觸之，而被殺傷者，不坐罪。若故放犬，令殺傷他人畜產者，各笞四十，追倍所減價錢。

直 凡 本來觸觝咬人爲臥乎 馬牛及犬等乙 其矣 性惡名號乙 說道不冬爲旀 繫結堅固不冬爲旀 又顚狂犬乙 不殺爲在乙良 笞四十齊 因此殺傷人爲在乙良 過誤殺人以 論齊 故只 放出爲 殺傷人令是在乙良 鬪殺傷罪良中 減一等論齊 理馬人亦 工錢捧上 理馬爲如可 殺傷令是旀 無緣故自觸 被殺傷爲良在等 不坐罪齊 故只 惡犬乙 放出爲他矣 馬牛畜產乙 殺傷令是在乙良 笞四十遣 所減價錢乙 生徵給主

256 隱匿孶生官畜產

凡牧養係官馬、騾、驢等畜，所得孶生，限十日內報官。若限外隱匿不報，計贓，准竊盜論。因而盜賣或抵換者，竝以監守自盜論罪。其都群所、大僕寺官知情不擧，與犯人同罪；不知情者，俱不坐。

直 凡 官司以 牧養爲臥乎 馬騾驢等畜孶生乙 得爲 十日內報官司爲乎矣 限日已過已只 隱藏不報爲旀 偸取放賣爲旀 私丁 回換爲在乙良 竝只 監臨自盜例以 論齊 牧監及司僕寺官員亦 知情爲 推考不冬

爲在隱 所犯人罪以 同齊 知不得 推考不冬爲在乙良 竝只 與罪不冬爲乎事

257 私借官畜産

凡監臨、主守將係官馬、牛、駝、騾、驢，私自借用，或轉借與人，及借之者，各笞五十，驗日，追雇賃錢入官。若計雇賃錢，重者，各坐贓論，加一等。

直 凡 監臨主守官亦 官司馬牛駝騾驢等乙 私丁 借用人果 傳傳 他人亦中 借與令是在果 請借人等乙良 各笞五十遣 借日乙 計爲 役錢乙生徵沒官齊 役錢亦 重者乙良 各坐贓論罪 加一等爲乎事

258 公使人等索借馬匹

凡公使人等承差經過去處，索借有司官馬匹騎坐者，杖六十。驢、騾，笞五十。官吏應付者，各減一等，罪坐所由。

直 凡 奉差人亦 所過處所良中 官司色掌等矣 馬匹乙 請借騎持爲在乙良 杖六十齊 騾驢乙良 笞五十遣 許給爲在 官吏乙良 各減一等爲乎事

郵驛

259 遞送公文【三條】

凡鋪兵遞送公文，晝夜須行三百里，稽留三刻，笞二十，每三刻加一等，罪止笞五十。其公文到鋪，不問角數多少，須要隨卽遞送，不許等待後來文書。違者，鋪司笞二十。

直 凡 各道各驛吏亦 凡矣 公貼乙 傳送爲乎第亦中 晝夜良中 須只 三百里不違遞送爲乎矣 三刻乙 遲留爲在乙良 笞二十遣 每三刻加一等 罪止笞五十齊 公貼亦 到付爲去等 夾角夾板 多少無亦 隨後文字 不待爲遣 卽時傳送爲乎矣 違者 番長乙 笞二十

260 遞送公文

凡鋪兵遞送公文，若磨擦及破壞封皮，不動原封者，一角笞二十，每三角加一等，罪止杖六十。若損毁公文，一角笞四十，每二角加一等，罪止杖八十。若沈匿公文及析動原封者，一角杖六十，每一角加一等，罪止杖一百。若事干軍情機密文書，不拘角數，卽杖一百。有所規避者，各從重論。其鋪司不告擧者，與犯人同罪。若已告擧，而所在官司不卽受理施行者，各減犯人罪二等。

直 凡 各驛吏亦 貼文傳送爲乎矣 萬一 磨裂破毁皮封亦 不動原封爲在乙良 一道是去等 笞二十 每三道加一等 罪止杖六十齊 又公貼乙

損壞爲在乙良 一道是去等 笞四十 每二道加一等 罪止杖八十爲齊 凡公貼乙 中間隱匿爲旀 本封乙 開破爲在乙良 一道是去等 杖六十遣 每一道加一等 杖一百爲限爲乎矣 事干軍情爲在 隱密公貼乙良道數爻 勿論遣 卽杖一百爲乎矣 回避爲要 遲錯爲在乙良 從重論齊 驛官亦 推考不冬爲在隱 犯人以 罪同齊 現告爲去等 所在官司亦 接狀推考不冬爲在乙良 各減犯人罪二等齊

261 遞送公文

凡各縣鋪長專一於概管鋪分往來巡視。提調官、吏每月一次，親臨各鋪刷勘。若失於檢擧者，通計公文稽留及磨擦、破毁封皮不動原封，十件以上，鋪長笞四十，提調吏典笞三十，官笞二十。若損毁及沈匿公文，若柝動原封者，與鋪兵同罪。提調吏典減一等，官又減一等。府、州、縣提調官、吏失於檢擧者，各遞減一等。

直 凡 各驛丞段 全亦 道掌各驛良中 往來巡檢爲乎矣 每朔一度式以親到推刷爲齊 知不得 遲慢推刷爲在乙良 公貼乙 遲留爲旀 皮封乙裂破爲乎 罪例良中 通計爲乎矣 十道以上乙良 次知推刷人乙 笞四十 書者乙良 笞三十 驛丞乙良 笞二十齊 損毁爲旀 隱匿爲旀 本封開破爲在乙良 驛吏矣 公貼遲慢傳送罪以 同論齊 次知書者乙良 減一等 驛丞乙良 又減一等爲乎矣 府州縣次知官吏亦 遲慢覺察爲在隱遞減一等爲乎事

262 邀取實封公文

凡在外大小各衙門[26]，但有入遞進呈實封公文至御前，而上司官令人於中途急遞鋪，邀截取迴者，不拘遠近，從本鋪鋪司、鋪兵赴所在官司告擧，隨卽申呈上司，轉達該部，追究得實，斬。其鋪司、鋪兵容隱不告擧者，杖[27]一百。若已告擧，而所在官司不卽受理施行[28]，罪亦如之。若邀取實封至五軍都督府、六部、察院公文者，各減二等。

直 凡 外方大小各官員矣 御前進呈實封文書乙 仰官亦 差人爲 中路良中 邀奪取來爲去等 遠近勿論爲 驛丞及驛吏等亦 所在官司良中進告爲良在等 卽時 仰官良中 報狀傳報 都評議使司 科科以 推考閱實爲 實封文書取來 的是去等 斬齊 驛官驛吏等亦 隱匿 現告不冬爲在乙良 各杖一百齊 已現告爲去等 所在官司戈只 卽時推考不冬爲在隱 罪同齊 都評議使司司憲府六曹良中了 實封乙 中間邀奪爲在乙良各減二等論罪爲乎事

263 鋪舍損壞

凡急遞鋪舍損毁，不爲修理；什物不完，鋪兵數少，不爲補置；及令

26 門：《大明律》，《大明律講解》，《大明律附例》，《律條疏議》，《大明律釋義》，《大明律集解附例》，《大明律附例箋釋》에는 뒤에 "官"이 더 있다.

27 杖：《大明律》，《大明律講解》，《大明律附例》，《律條疏議》，《大明律釋義》，《大明律集解附例》，《大明律附例箋釋》에는 앞에 "各"이 더 있다.

28 行：《大明律》，《大明律講解》，《大明律附例》，《律條疏議》，《大明律釋義》，《大明律集解附例》，《大明律附例箋釋》에는 뒤에 "者"가 더 있다.

老弱之人當役者，鋪長笞五十，有司提調官、吏各笞四十。

直 凡 各驛家舍乙 修理不冬爲旀 器物乙 圓備不冬爲旀 驛吏數少爲去乙 充立不冬爲遣 老弱無用人乙用良 立役令是在乙良 色掌乙良笞五十 驛丞及書者乙良 笞四十爲乎事

264 私役鋪兵

凡各衙門一應公差人員，不許差使鋪兵挑送官物及私己行李。違者，笞四十。每名計日[29]，追雇工錢六十文入官。

直 凡 各司員吏及使臣等叱 差人亦 私丁 驛吏等乙用良 官物及 持音物色 載持輸轉令是在乙良 笞四十遣 每名工錢乙 一日六十文式以生徵納官爲乎事

265 驛使稽程

凡出使馳驛違限，常事，一日笞二十，每三日加一等，罪止杖六十；軍情重事，加三等，因而失誤軍機者，斬。若各驛官故將好馬藏匿，推故不卽應付以致違限者，對問明白，罪坐驛官。其遇水漲道路[30]，阻礙經行者，不坐。若驛使承受官司文書，誤不依題寫去處，錯去他所

29 日：《大明律》，《大明律講解》，《大明律附例》，《律條疏議》，《大明律釋義》，《大明律集解附例》，《大明律附例箋釋》에는 앞에 "一"이 더 있다.

30 道路：《大明律》，《大明律講解》，《大明律附例》，《律條疏議》，《大明律釋義》，《大明律集解附例》，《大明律附例箋釋》에는 "路道"로 되어 있다.

而違限者, 減二等。事干軍務者, 不減。若由公文題寫錯者, 罪坐題寫之人, 驛使不坐。

直 凡 鋪馬騎持出使員亦 限日乙 違錯乙良 常事是去等 一日笞二十 每三日加一等 罪止杖六十爲限齊 軍情重事是去等 加三等齊 因此軍事乙 失誤爲在乙良 斬齊 各驛官亦 故只 好馬乙良 隱藏爲遣 緣故推旀 出給不冬 限日乙 違錯令是在乙良 對問明白爲去等 驛官乙 與罪齊 因雨水道路不通 過行不得爲在乙良 不坐罪齊 驛官亦 官司文書乙 逢受爲 去處乙 錯書 他處以 錯去所致以 限日違錯爲在乙良 減二等遣 軍情事是去等 不減齊 公貼良中 錯書庫 有去等 書人乙 坐罪遣 驛官乙良 不坐罪爲乎事

266 多乘驛馬

266-1 凡出使人員應乘驛船、驛馬, 數外多乘一船、一馬者, 杖八十。每一船、一馬加一等。若應乘驢而乘馬, 及應乘中等、下等馬而勒要上等馬者, 杖七十。因而毆傷驛官者, 各加一等。若驛官容情應付者, 各減犯人罪一等。其應乘上等馬而驛官却與中等、下等馬者, 罪坐驛官。本驛如無上等馬者, 勿論。若枉道馳驛及經驛不換船馬者, 杖六十。因而走死驛馬者, 加一等, 追償馬疋還官。

266-2 其事非警急, 不曾枉道, 而走死驛馬者, 償而不坐。若軍情警急, 及前驛無船、馬倒換者, 不坐, 不償。

直 凡 出使人員亦 定數外驛馬驛船乙 剩騎爲在乙良 一馬一船是去等 杖八十 每一馬一船 加一等齊 中等下等馬乙 當騎人亦 上等馬乙 違例騎持爲在乙良 杖七十遣 因此驛官乙 打傷爲在乙良 各加一等齊

驛官亦 私情以 許給爲在乙良 各減犯人罪一等齊 上等馬乙 當騎爲在 差官亦中 驛官戈只 中等下等馬乙 給付爲在乙良 驛官乙 與罪齊 本驛良中 上等馬無在乙良 勿論罪齊 ○ 枉道以 馳走爲旀 犯斤 驛良中 遞馬不冬爲在乙良 杖六十齊 因此驛馬乙 走死爲在乙良 加一等遣 馬價生徵納官齊

(○) 時急事不喩是旀 枉道以 騎持故失爲乎所不喩是去等 價本生徵爲遣 不坐罪齊 軍情緊急事果 及前驛良中 無馬乙因于 便行走死爲在乙良 不坐罪不徵價爲乎事

267 多支廩給

凡出使人員多支廩給者，計贓，以不枉法論。當該官吏與者減一等。强取者，以枉法論，官吏不坐罪[31]。

直 凡 出使人員亦 廩給乙 剩受爲在乙良 贓數乙 計爲 不枉法以 論齊 許給爲在 色掌官吏乙良 減一等遣 强奪爲在乙良 枉法以 論遣 官吏乙良 不坐罪爲乎事

268 文書應給驛而不給

268-1 凡朝廷調遣軍馬及報警急軍務至邊將；若邊將及各衙門飛報

31 罪 :《大明律》,《大明律講解》,《大明律附例》,《律條疏議》,《大明律釋義》,《大明律集解附例》,《大明律附例箋釋》에는 없다.

軍情，詣朝廷文書，故不遣使給驛者，杖一百。因而失誤軍機者，斬。

268-2　若進賀表箋及賑救飢荒、申報災異、取索軍需之類重事，故不遣使給驛者，杖八十。若常事不應給驛而故給驛者，笞四十。

直 凡 國家以 軍馬抄送事果 報緊急軍事以 鎭邊防禦所了 事果 鎭邊軍官及各州府官員亦 國家良中 時急馳報爲乎 文書乙 故只 給馬差送不冬爲在乙良 杖一百遣 因此軍事乙 失誤爲在乙良 斬齊

(○) 進呈表箋賑濟事果 災怪事報狀果 軍糧傳請等重事乙 故只 給馬差送不冬爲在乙良 杖八十齊 常事良中 不當給爲在 驛馬乙 故只許給爲在乙良 笞四十爲乎事

269　公事應行稽程

269-1　凡公事有應起解官物、囚徒、畜産，差人管送而輒稽留，及事有期限而違者，一日笞二十，每三日加一等，罪止笞五十。

269-2　若起解軍需，隨征供給，而管送違限者，各加二等，罪止杖一百。以致臨敵缺乏，失誤軍機者，斬。若承差人誤不依題寫去處，錯去他所以致違限者，減二等。事干軍務者，不減。若有[32]公文題寫錯者，罪坐題寫之人，承差人不坐。

直 凡 公事以 所送官物囚徒牛馬如爲在乙 差人押領遞送爲乎矣 遲慢爲旀 定限時急事乙 違錯爲在乙良 一日是去等 笞二十 每三日加一等 笞五十爲限齊

32 有：《大明律》，《大明律講解》，《大明律附例》，《律條疏議》，《大明律釋義》，《大明律集解附例》，《大明律附例箋釋》에는 "由"로 되어 있다.

(○) 軍行良中 供給爲乎 軍需乙 起送爲乎矣 限日違錯爲在乙良 加二等 杖一百爲限齊 因此臨敵 軍糧乏絶 軍機失誤爲在乙良 斬齊 奉使人員亦 公貼付去處 依從不冬 他處錯去 限日違錯爲在乙良 減二等遣 軍情事是去等 不減齊 公貼內錯書庫有去等 罪坐錯書之人遣 奉使人乙良 不坐罪爲乎事

270 占宿驛舍上房

凡公差人員出外幹辦公事，占宿驛舍正廳上房者，笞五十。

直 凡 令史色員亦 奉差出外行移公事次 各驛正廳上房良中 入宿爲在乙良 笞五十爲乎事

271 乘驛馬齎私物

凡出使人員應乘驛馬，除隨身衣[33]、仗外，齎帶私物者，十斤杖六十，每十斤加一等，罪止杖一百。驛驢減一等。私物入官。

直 凡 鋪馬乘騎出使人員亦 其矣 衣裝外他餘私物乙 俠持爲在乙良 十斤是去等 杖六十 每十斤加一等 罪止杖一百爲限齊 驛牛乙良 減一等遣 私物乙良 沒官爲乎事

33 衣 : 底本에는 "依"로 되어 있다. 《大明律》, 《大明律講解》, 《律條疏議》, 《大明律釋義》, 《大明律集解附例》, 《大明律附例箋釋》에 근거하여 수정하였다.

272 私役民夫擡轎

272-1 凡各衙門官吏及出使人員，役使人民擡轎[34]者，杖六十。有司應付者，減一等。若豪富之家役使佃客擡轎[35]者，罪亦如之。每名計一日，追給雇工錢六十文。

272-2 其民間婦女若老、病之人及出錢雇工者，不在禁[36]限。

直 凡 各司官員及出使人員亦 百姓乙用良 轎子乙 肩擔令是在乙良 杖六十齊 色掌亦 許給爲在乙良 減一等齊 豪富之家亦 處干乙用良 轎子乙 肩擔令是在乙良 罪同齊 每名一日 功役錢六十文式以 生徵許給齊

○ 民間婦女果 及老病人等戈只 功錢給爲遣 使用爲在隱 不在禁限

273 病故官家屬還鄉

凡軍、民官在任以理病故，家屬無力，不能還鄉者，所在官司差人管領，應付脚力。隨程驗口，官給行糧，遞送還鄉。違而不送者，杖六十。

直 凡 軍民官亦 赴任爲有如可 別爲無亦 因病身故爲遣 妻子息亦 無力爲 還鄉不得爲去等 所在官司亦 差人護送 程途遠近及口數多少乙 計爲 從馬及行糧許給 還鄉令是乎矣 遲晩不送爲在乙良 杖六十爲乎事

34 轎：底本에는 "橋"로 되어 있다.《大明律》,《大明律講解》,《大明律附例》,《律條疏議》,《大明律釋義》,《大明律集解附例》,《大明律附例箋釋》에 근거하여 수정하였다.

35 轎：底本에는 "橋"로 되어 있다.《大明律》,《大明律講解》,《大明律附例》,《律條疏議》,《大明律釋義》,《大明律集解附例》,《大明律附例箋釋》에 근거하여 수정하였다.

36 禁：《大明律附例》,《大明律集解附例》,《大明律附例箋釋》에는 "此"로 되어 있다.

274 承差轉雇寄人

凡承差起解官物、囚徒、畜產，不親管送，而雇人、寄人代領送者，杖六十。因而損失官物、畜產及失囚者，依律各從重論。受寄、受雇人各減一等。其同差人自相替放者，各笞四十。取財者，計贓，以不枉法論。若事有損失者，亦依損失官物及失囚律追斷，不在減等之限。

直 凡 承差人員亦 官物囚徒牛馬等物乙 起送爲乎矣 親亦 押領遞送不冬爲遣 他人乙 付囑爲去乃 功錢乙 許給遞送爲在乙良 杖六十齊 因此官物及牛馬乙 損失爲旀 囚人逃失爲在乙良 依律爲 重罪以 論齊 他矣 所任乙 遞受人果 價本捧上代領人等乙良 各減一等齊 同差人亦 互相遞受爲在乙良 笞四十齊 受財爲在乙良 贓數乙 計爲 不枉法以 論齊 因此事有損失爲在乙良 損失官物罪例 及囚徒逃失罪例乙用良 決斷爲遣 不在減等之限

275 乘官畜產車船附私物

凡因公差應乘官馬、牛、駝、騾、驢者，除隨身衣、仗外，私馱物不得過十斤。違者，五斤笞一十，每十斤加一等，罪止杖六十[37]。其乘船車者，私載物不得過三十斤。違者，十斤笞一十，每二十斤加一等，罪止杖七十。家人隨從者，皆不坐。若受寄私載他人物者，寄物之人同罪。其物竝入官。當該官司知而容縱者，與同罪；不知者，不坐。若

37 十：《大明律》, 《大明律講解》, 《大明律附例》, 《律條疏議》, 《大明律釋義》, 《大明律集解附例》, 《大明律附例箋釋》에는 뒤에 "不在乘驛馬之條"라는 律註가 더 있다.

應合遞運家小者，不在此限。

直 凡 公差鋪馬乘騎人等亦 隨身衣裝外 私物乙 載持爲乎第亦中 十斤乙 不過爲乎矣 違犯爲在乙良 五斤是去等 笞一十 每十斤加一等 杖六十爲限齊 乘船車人亦 私物乙 三十斤不過載持爲乎矣 違犯者乙良 十斤是去等 笞一十 每二十斤加一等 罪止杖七十爲限齊 同家人亦 隨從者乙良 並只 不坐罪齊 私音丁 他矣 物色乙 逢受載持爲在乙良 付囑人 幷以 同罪論遣 同物色乙良 沒官齊 次知官司亦 知情爲在乙良 同罪論遣 不知者乙良 不論罪爲乎矣 遞運合當家小載送爲在隱 不在此限爲乎事

276 私借驛馬

凡驛官將驛馬私自借用，或轉借與人，及借之者，各杖八十。驛驢減一等。驗日，追雇賃錢入官。若計雇賃錢，重者，各坐贓論，加二等。

直 凡 驛官亦 驛馬乙 私音丁 借用人果 時或 傳傳以 與他爲在 人果 請借爲在 人等乙良 各杖八十遣 牛是去等 減一等 論罪爲乎矣 官驛牛馬借用爲乎 本乙良 計日生徵納官爲齊 借用日數 岐等如 價本多重爲去等 坐贓罪以 從重論爲乎事

大明律直解

卷18~28 刑律

盜賊[1]

277 謀反大逆

凡謀反、【謂謀危社稷。】大[2]逆,【謂謀毁宗廟、山陵及宮闕。】但共謀者，不分首從，皆陵遲處死。父、子年十六以上，皆絞。十五以下及母女、妻妾、祖孫、兄弟、姊妹若子之妻妾，給付功臣之家爲奴，財産竝入官[3]。男夫年八十及篤疾，婦人年六十及廢疾，竝免緣坐之罪。伯叔父、兄弟之子，不限籍之同異，皆流三千里安置。緣坐之人非同居者，財産不在入官之限。若女許嫁已定，歸其夫。子孫過房與人，及聘妻未成者，俱不坐[4]。【下條准此。】知情故縱、隱藏者，斬。有能捕獲者，民授以民官，軍授以軍職，仍將犯人財産全給充賞。知而首告，官爲捕獲者，止給財産；不首者，杖一百流三千里。

直 凡 謀危社稷爲㫆 謀毁宗廟山陵及宮闕爲在乙良 同謀人等乙 不論首從 竝只 車裂處死齊 父子年十六以上乙良 竝只 絞死遣 十五以

1 盜賊 :《大明律》,《大明律講解》,《大明律附例》,《律條疏議》,《大明律釋義》,《大明律集解附例》,《大明律附例箋釋》에는 "賊盜"로 되어 있다.

2 大 :《大明律》,《大明律講解》,《大明律附例》,《律條疏議》,《大明律釋義》,《大明律集解附例》,《大明律附例箋釋》에는 앞에 "及"이 더 있다.

3 父子…… 入官 :《大明律附例》,《律條疏議》,《大明律釋義》,《大明律集解附例》,《大明律附例箋釋》에는 "祖父父子孫兄弟及同居之人, 不分異姓, 及伯叔父兄弟之子, 不限籍之同異, 年十六以上, 不論篤疾廢疾, 皆斬."으로 되어 있다.

4 坐 :《大明律》,《大明律講解》,《大明律附例》,《律條疏議》,《大明律釋義》,《大明律集解附例》,《大明律附例箋釋》에는 앞에 "追"가 더 있다.

下 及母女妻妾祖孫兄弟姊妹 及子矣 妻妾乙良 竝只 功臣之家良中 給付爲奴齊 家産乙良 竝只 沒官齊 男夫年八十及篤疾人果 婦人年 六十及廢疾人等乙良 竝免緣坐之罪爲齊 伯叔父果 兄弟之子乙良 同 籍不同籍勿論 竝只 流三千里安置齊 緣坐人亦 同居不喩去等 財産 乙 沒官不冬爲齊 女子亦 已許嫁爲去等 夫家良中 許送爲旀 子孫亦 他人家良中 收養以 長養爲旀 結約爲遣 未娶妻乙良 竝只 不論罪爲 齊 知情故放爲旀 隱藏爲在乙良 竝只 斬齊 有能捕捉爲在乙良 民是 去等 民官 軍是去等 軍職 爲等如 錄用爲旀 犯人家産乙 竝只 給賞 爲齊 知情現告捕捉爲在乙良 家産叱分 賞給遣 不告爲在乙良 杖一 百流三千里爲乎事

278 謀叛

278-1 凡謀叛,【謂謀背本國, 潛從他國。】但共謀者, 不分首從, 皆斬。妻妾、子女給付功臣之家爲奴, 財産竝入官。父母、祖孫、兄弟不限籍之同異, 皆流二千里安置。知情故縱、隱藏者, 絞。有能告捕者, 將犯人財産全給充賞。知而不首者, 杖一百流三千里。若謀而未行, 爲首者絞, 爲從者皆杖一百流三千里。知而不首者, 杖一百徒三年。

278-2 若逃避山澤, 不服追喚者, 以謀叛未行論。其拒敵官兵者, 以謀叛已行論。

直 凡 本國乙 背叛爲遣 彼國乙 潛從爲在乙良 同謀人等乙 不論首從 爲 竝只 斬齊 妻妾子女乙良 功臣之家良中 分給爲奴齊 家産乙良 竝只 沒官齊 父母祖孫兄弟乙良 同籍不同籍勿論 竝只 流二千里齊 知情故放爲旀 隱藏爲在乙良 絞死齊 有能亦 自告捕捉爲在乙良 犯罪

人矣 家産乙 並只 給賞齊 知而不告爲在乙良 杖一百流三千里齊 謀而未行爲在乙良 爲首者乙 絞死遣 爲從者乙 並只 杖一百流三千里齊 知而不告爲在乙良 杖一百徒三年齊

○ 山谷間良中 隱避爲旀 降服順從不冬爲在乙良 謀叛未行例以 論遣 本國兵乙 拒逆爲在乙良 謀叛已行例以 論爲乎事

279 造妖書妖言

凡造讖緯、妖書、妖言及傳用，惑衆者，皆斬。【皆者，謂不分首從，一體科罪。餘條言"皆"者，准[5]此。】若私有妖書，隱藏不送官者，杖一百徒三年。

直 凡 讖書妖書妖言乙 造作爲 傳流眩惑衆人爲在乙良 首從勿論 並只 斬齊 私家良中 妖書乙 隱藏爲 納官不冬爲在乙良 杖一百徒三年爲乎事

280 盜大祀神御物

凡盜大祀神祇御用祭器、帷帳等物，及盜饗薦玉帛、牲牢、饌具之屬者，皆斬。【謂在殿內及已至祭所而爲盜者。】其未進神御，及營造未成，若已奉祭訖之物，及其餘官物，皆杖一百徒三年。若計贓重於本罪者，各加盜罪一等。【謂監守、常人盜者，各加監守、常人盜罪一等。】並刺字。

5 准：《大明律》，《大明律講解》，《大明律附例》，《律條疏議》，《大明律釋義》，《大明律集解附例》，《大明律附例箋釋》에는 앞에 "並"이 더 있다.

直 凡 國家大祀神祇前進排祭器及帷帳等物 偸取爲旀 殿內及祭所已進爲在 玉帛犧牲饌具等物乙 偸取爲在乙良 並只 斬齊 祭所未進爲旀 營造未成爲旀 已行祭奠之物果 及其餘官物等乙 偸取爲在乙良 杖一百徒三年齊 贓數乙 計爲乎矣 本罪良中 重爲在乙良 他餘監守人矣 盜物爲乎 罪良中 加一等 並只 剌字爲乎事

281 盜制書

281-1 凡盜制書及起馬御寶聖旨、起船符驗者，皆斬。
281-2 盜各衙門官文書者，皆杖一百，刺字。若有所規避者，從重論。事干軍機、錢糧者，皆絞[6]。
直 凡 王旨及鋪馬箚符乙 偸取爲在乙良 斬齊
(○) 各司文書乙 偸取爲在乙良 杖一百鈒面齊 回避爲要 偸取爲在乙良 從重論齊 事干軍精錢糧等事爲去等 並只 絞[7]爲乎事

282 盜印信

凡盜各衙門印信及夜巡銅牌者，皆斬。盜關防印記者，皆杖一百，刺字。
直 凡 各司印信及夜巡牌面等乙 偸取爲在乙良 斬齊 關防爲臥乎 印

6 絞 : 世宗板에는 "斬"으로 되어 있다.
7 絞 : 世宗板에는 "斬"으로 되어 있다.

信文記乙 偸取爲在乙良 杖一百刺字爲乎事

283 盜內府財物

凡盜內府財物者，皆斬。【盜御寶及乘輿服御物，皆是。】

直 御印及王府內進上服御財物等乙 偸取者 斬

284 盜城門鑰

凡盜京城門鑰，皆杖一百流三千里。盜府、州、縣、鎭城、關門鑰，皆杖一百徒三年。盜倉庫門等鑰，皆杖一百。竝刺字。

直 凡 京城門良中 鑰金乙 偸取爲在乙良 杖一百流三千里齊 各州府縣鎭城良中 門鑰乙 偸取爲在乙良 杖一百徒三年齊 倉庫門鑰金乙 偸取爲在乙良 杖一百 竝只 刺字爲乎事

285 盜軍器

凡盜軍器者，計贓，以凡盜論。若盜應禁軍器者，與私有罪同。若行軍之所及宿衛，軍人相盜入己者，准凡盜論。還充官用者，各減二等。

直 凡 軍器乙 偸取爲在乙良 贓數乙 計爲 凡盜例以 論齊 國禁軍器乙 偸取爲在乙良 私丁 藏置罪以 論齊 行軍處及侍衛軍人等亦 互相偸取用使內在乙良 凡盜例以 論罪遣 偸取爲 官用良中 充用爲在乙

良 減二等

286 盜園陵樹木

凡盜園陵內樹木者，皆杖一百徒三年。若盜他人墳塋內樹木者，杖八十。若計贓重於本罪者，各加盜罪一等。

直 凡 園陵內樹木乙 斫取爲在乙良 杖一百徒三年齊 他矣 墳墓內樹木乙 斫取爲在乙良 杖八十遣 贓數乙 計爲 本罪良中 重爲在乙良 盜賊罪良中 加一等爲乎事

287 監守自盜倉庫錢糧

凡監臨、主守自盜倉庫錢糧等物，不分首從，幷贓論罪。

直 凡 監臨員亦 倉庫錢物[8]乙 偸取爲在乙良 不論首從爲 贓數乙 合計論罪

【幷贓，謂如十人節次共盜官錢四十貫，雖各分得[9]四貫入己，通算作一處，其十人各得四十貫罪，皆斬；若十人共盜五貫，皆杖一百之類。】

直 十人亦 度度偸取官物乙 合計四十貫是去乙 各各四貫式以 分用爲有去等 四貫乙 合計爲 十人亦 各四十貫偸取爲乎樣以 通作一罪爲 十人乙 皆斬齊 十人亦 同意爲

8 物 : "糧"의 誤字인 듯하다. 288條에는 동일한 표현이 "糧"으로 되어 있다.

9 得 : 《大明律附例》, 《律條疏議》, 《大明律釋義》, 《大明律集解附例》, 《大明律附例箋釋》에는 없다.

五貫乙 偸取爲去等 皆杖一百爲乎事

竝於右小臂膊上，刺盜官錢、糧、物[10]三字。【每字各方一寸五[11]分，每劃各闊一分五氂。上不過肘，下不過腕。餘條准此。】

一貫以下，杖八十。一貫之[12]上至二貫五百文，杖九十。五貫，杖一百。七貫五百文，杖六十徒一年。一十貫，杖七十徒一年半。一十二貫五百文，杖八十徒二年。一十五貫，杖九十徒二年半。一十七貫五百文，杖一百徒三年。二十貫，杖一百流二千里。二十二貫五百文，杖一百流二千五百里。二十五貫，杖一百流三千里。四十貫，斬。

288 常人盜倉庫錢糧[13]

凡常人盜倉庫錢糧等物，不得財，杖六十，免刺。但得財者，不分首從，幷贓論罪。

直 凡 常人亦 倉庫錢糧乙 偸取爲乎矣 財物不得爲在乙良 杖六十 刺字安徐齊 財物乙 得爲在乙良 不論首從爲 贓乙 合計論罪

【幷贓，謂如十人節次共盜官錢八十貫，雖各分贓[14]八貫入已，通算作一處，其十人各得八十貫罪，皆絞；若十人共盜一十貫，皆杖九十之類。】

10 錢糧物：《大明律》에는 앞뒤에 "●"가 있고,《大明律附例》,《大明律釋義》에는 小字雙行으로 되어 있으며,《大明律集解附例》,《大明律附例箋釋》에는 小字竝書로 되어 있다.

11 五：誤字인 듯하다. 世宗板에는 "三"으로 되어 있다.

12 之：誤字인 듯하다. 世宗板에는 "以"로 되어 있다.

13 常……糧：底本에는 조문 제목을 음각한 "常人盜倉庫錢糧"이 인쇄되지 않았다. 世宗板, 光州板, 晉州板, 樂安板, 平壤板에 근거하여 보충하였다.

14 贓：《大明律附例》,《律條疏議》,《大明律釋義》,《大明律集解附例》,《大明律附例箋釋》에는 없다.

直 十人亦 度度偸取官物乙 合計八十貫是去乙 各各八貫式以 分用爲有去等 八貫乙 合計爲 十人亦 各八十貫乙 偸取罪以 竝只 絞死齊 十人亦 同意爲 一十貫乙 偸取爲 去等 竝只 杖九十爲乎事

竝於右小臂膊上，刺盜官錢、糧、物三字。

直 竝只 右臂良中 盜官物三字乙 鈒字爲乎事

一貫以下，杖七十。一貫之[15]上至五貫，杖八十。一十貫，杖九十。十五貫，杖一百。二十貫，杖六十徒一年。二十五貫，杖七十徒一年半。三十貫，杖八十徒二年。三十五貫，杖九十徒二年半。四十貫，杖一百徒三年。四十五貫，杖一百流二千里。五十貫，杖一百流二千五百里。五十五貫，杖一百流三千里。八十貫，絞。

289 强盜

289-1 凡强盜已行而不得財者，皆杖一百流三千里。但得財[16]，不分首從，皆斬。

289-2 若以藥迷人圖財者，罪同。

289-3 若竊盜臨時，有拒捕及殺傷人者，皆斬。因盜而姦者，罪亦如之。共盜之人不曾助力，不知拒捕、殺傷人及姦情者，止依竊盜論。

289-4 其竊盜，事主知覺，棄財逃走，事主追逐，因而拒捕者，自依罪人拒捕律科罪。

15 之：誤字인 듯하다. 世宗板에는 "以"로 되어 있다.

16 財：《大明律》, 《大明律講解》, 《大明律附例》, 《律條疏議》, 《大明律釋義》, 《大明律集解附例》, 《大明律附例箋釋》에는 뒤에 "者"가 더 있다.

直 凡 强盜已行而不得財物者 竝只 杖一百流三千里遣 財物乙 得爲在乙良 不論首從 竝只 斬齊

(○) 人乙 飮藥悅[17]惚令是遣 財物謀取爲在乙良 罪同齊

○ 竊盜亦 偸取時良中 物主亦 執捉爲去乙 拒逆爲旀 人命乙 殺傷爲在乙良 竝只 斬齊 因此行姦爲在乙良 罪同齊 同黨人亦 助力不冬爲旀 拒捕殺傷人及行姦事乙 竝只 知不得爲在乙良 唯只 竊盜例以 論罪齊

(○) 竊盜亦 物主先知爲乎等用良 財物乙 棄置逃走爲去乙 物主亦 追逐次 因此拒逆爲在乙良 罪人亦 拒捕例以 論罪爲乎事

290 劫囚

290-1 凡劫囚者，皆斬。【但劫卽坐。不須得囚[18]。】若私竊放囚人逃走者，與囚同罪。至死[19]，減一等。雖有服親屬與常人同[20]。竊而未得囚者，減二等。因而傷人者，絞；殺人者，斬。爲從各減一等。

290-2 若官司差人，追徵錢糧，句攝公事，及捕獲罪人，聚衆中途打奪者，杖一百流三千里。因而傷人者，絞。殺人者[21]及聚衆[22]至十人，

17 悅：底本에서는 글자를 판독할 수 없다. 世宗板에 근거하여 확정하였다.

18 但……囚：다른 律註와 달리 小字雙行으로 되어 있다.

19 死：《大明律》，《大明律講解》，《大明律附例》，《律條疏議》，《大明律釋義》，《大明律集解附例》，《大明律附例箋釋》에는 뒤에 "者"가 더 있다.

20 雖……同：《大明律》，《大明律講解》，《大明律附例》，《律條疏議》，《大明律釋義》，《大明律集解附例》，《大明律附例箋釋》에는 律註로 되어 있다.

21 者：《大明律》，《大明律講解》，《大明律附例》，《律條疏議》，《大明律釋義》，《大明律集

爲首者，斬；下手致命者，絞。爲從者[23]各減一等。其率領家人隨從打奪者，止坐尊長。若家人亦曾傷人者，仍以凡人首從論。

直 凡 囚人乙 劫奪爲在乙良 斬齊 囚人乙 不得爲良置 劫則坐罪 私音丁 囚人乙 隱密放出 逃亡爲在乙良 囚人矣 罪以 同齊 囚人亦 當死人是去等 竊放人乙 減一等科罪爲乎矣 囚人亦 必于 有服制親屬是良置 常人例以 論齊 囚人乙 隱出爲如可 未得爲在乙良 減二等齊 因而傷人爲在乙良 絞死齊 殺人者乙良 斬齊 同黨人乙良 各減一等齊（○）官司亦 差人錢糧生徵令是旀 公事乙 擬只旀 罪人乙 執捉爲行去乙 中路良中 成黨爲 脅打奪取爲在乙良 杖一百流三千里齊 因而傷人爲在乙良 絞死齊 殺人爲旀 十人至 成黨爲在乙良 爲首者 斬齊 下手害命者乙良 絞死齊 爲從者乙良 各減一等齊 其同家人乙 率領脅打 奪取爲在乙良 家長乙 坐罪齊 同家人亦 助力傷人爲在乙良 凡人首從例以 論罪爲乎事

291 白晝搶奪

291-1 凡白晝搶奪人財物者，杖一百徒三年。計贓重者，加竊盜罪二等。傷人者，斬。爲從各減一等。竝於右小臂膊上，刺搶奪二字。

291-2 若因失火及行船遭風着淺，而乘時搶奪人財物及拆毁船隻者，

解附例》，《大明律附例箋釋》에는 없다.

22 衆：《大明律》，《大明律講解》，《大明律附例》，《律條疏議》，《大明律釋義》，《大明律集解附例》，《大明律附例箋釋》에는 없다.

23 者：《大明律》，《大明律講解》，《大明律附例》，《大明律釋義》，《大明律集解附例》，《大明律附例箋釋》에는 없다.

罪亦如之。其本與人鬪毆，或句捕罪人，因而竊取財物者，計贓，准竊盜論；因而奪去者，加二等，罪止杖一百流三千里。竝免刺。若有殺傷人[24]者，各從故鬪論。

直 白晝良中 他矣 財物乙 奪取爲在乙良 杖一百徒三年齊 贓數乙 計爲 重爲在乙良 加竊盜罪二等論齊 傷人者乙良 斬遣 爲從者乙 各減一等爲旀 竝只 右臂上良中 搶奪二字乙 鈒齊

(○) 失火爲旀 行船次 遭風 淺處良中 拘滯爲去等 乘隙爲 他人財物乙 奪取爲旀 他矣 船隻乙 破毁爲在乙良 罪同齊 初亦 他人茂火 擊鬪爲旀 因差使爲 罪人執捉爲如可 因此他矣 財物乙 偸取爲在乙良 贓數乙 計爲 竊盜例良中 論齊 因此現然奪去爲在乙良 加二等 杖一百爲限 遠流遣 竝只 刺字安徐齊 殺[25]傷爲在乙良 故鬪例以 論罪爲乎事

292 竊盜

292-1 凡竊盜已行而不得財者，笞五十，免刺。但得財者，以一主爲重、并贓論罪。爲從者各減一等。

直 凡 竊盜亦 已行 而財物不得爲在乙良 笞五十遣 刺字安徐齊 竝只 財物乙 得爲在乙良 一主爲重并贓以 論罪遣 爲從者乙良 各減一等

【以一主爲重，謂如盜得二家財物，從一家贓多者科罪。并贓論，謂如十人共盜得一

24 人：《大明律》，《大明律講解》，《大明律附例》，《律條疏議》，《大明律釋義》，《大明律集解附例》，《大明律附例箋釋》에는 없다.

25 殺：世宗板에는 앞에 "人乙"이 더 있다.

家財物，計贓四十貫，雖各分得四貫，通算作一處，其十人各得四十貫之罪，造意者爲首，該杖一百；餘人爲從，各減一等，止杖九十之類。餘條准此。】

直 以一主爲重 謂二家良中 財物乙 偸取爲良在等 一家物色數多爲在乙 從計爲良只科罪齊 幷贓論 謂十人亦 同意爲 一家財物四十貫乙 偸取爲 四貫式以 分用爲良在等 四十貫乙 合計爲 各各四十貫偸取例以 論罪爲乎矣 造意之人爲首 杖一百遣 餘人乙良 各減一等 止杖九十

初犯竝於右小臂膊上，刺竊盜二字；再犯，刺左小臂膊上[26]；三犯者絞。以曾經刺字爲坐。

292-2 掏摸者罪同。

292-3 若軍人爲盜，雖免刺字，三犯一體處絞。

直 他矣 物乙 隱密搜探奪取爲在乙良 竊盜例以 論罪齊

（○）軍人亦 爲盜爲去等 必于 刺字乙 免爲在乃 三犯是去等 一體絞死爲乎事

一貫以下，杖六十。一貫之上至一十貫，杖七十。二十貫，杖八十。三十貫，杖九十。四十貫，杖一百。五十貫，杖六十徒一年。六十貫，杖七十徒一年半。七十貫，杖八十徒二年。八十貫，杖九十徒二年半。九十貫，杖一百徒三年。一百貫，杖一百流二千里。一百一十貫，杖一百流二千五百里。一百二十貫，罪止杖一百流三千里。

26 上：《大明律》，《大明律講解》，《大明律附例》，《律條疏議》，《大明律釋義》，《大明律集解附例》，《大明律附例箋釋》에는 없다.

293 盜馬牛畜産

293-1 凡盜馬、牛、驢、騾、猪、羊、鷄、犬、鵝、鴨者, 竝計贓, 以竊盜論。若盜官畜産者, 以常人盜官物論。

293-2 若盜馬、牛而殺者, 杖一百徒三年; 驢、騾, 杖七十徒一年半。若計贓重於本罪者, 各加盜罪一等。

直 凡 馬牛驢騾猪羊鷄犬鵝鴨等物乙 偸取爲在乙良 以竊盜論齊 官司馬牛等物是去等 常人亦 盜官物例以 論齊

(○) 牛馬乙 偸取持去宰殺爲在乙良 杖一百徒三年齊 驢騾是去等 杖七十徒一年半遣 贓數乙 計爲 本罪良中 重爲在乙良 各加盜罪一等爲乎事

294 盜田野穀麥

294-1 凡盜田野穀麥、菜菓及無人看守器物者, 竝計贓, 准竊盜論, 免刺。

294-2 若山野柴草、木石之類, 他人已用工力斫伐積聚而擅取者, 罪亦如之。

直 凡 田野良中 穀麥菜菓 及看直無在 器物等乙 偸取爲在乙良 竝只贓數乙 計爲 竊盜例以 准論 刺字安徐齊

○ 山野柴草木石等 如此之物乙 他人亦 工力以 斫取積置爲有去乙 趣便以 奪取爲在乙良 罪同爲乎事

295 親屬相盜[27]

295-1 凡各居親屬相盜財物者，期親減凡人五等，大功減四等，小功減三等，緦麻減二等，無服之親減一等。竝免刺。若行强盜者，尊長犯卑幼，亦各依上減罪；卑幼犯尊長，以凡人論。若有殺傷者，各依殺傷尊長、卑幼本律，從重論。

295-2 若同居卑幼將引他人，盜己家財物者，卑幼，依私擅用財物論，加二等，罪止杖一百；他人，減凡盜罪一等，免刺。若有殺傷者，自依殺傷尊長、卑幼本律科罪；他人，縱不知情，亦依强盜論。若他人殺傷人[28]者，卑幼縱不知情，亦依殺傷尊長、卑幼本律，從重論。

295-3 其同居奴婢、雇工人盜家長財物，及自相盜者，減凡盜罪一等，免刺。

直 凡 各居爲臥乎 親屬亦 財物乙 互相偸取爲在乙良 期親是去等 減凡盜五等 大功親是去等 減四等 小功親是去等 減三等 緦麻親是去等 減二等 無服親是去等 減一等遣 竝只 刺字安徐齊 族長亦 族下處良中 强盜爲良在等 各依上減罪齊 族下亦 族長處良中 强盜爲良在等 凡人例以 論齊 萬一 殺傷人爲去等 各各 殺傷尊長卑幼本律乙 依爲 從重論

(○) 同居族下亦 他人乙 率領 自家財物乙 偸取爲在乙良 私擅用財例以 加二等論 杖一百爲限齊 他人是去等 凡盜罪減一等 刺字安徐齊 殺傷人爲在乙良 殺傷尊長卑幼本律乙 依准科罪齊 他人亦 必于

27 親屬相盜 : 底本에는 조문 제목을 음각한 "親屬相盜"가 인쇄되지 않았다. 世宗板, 光州板, 晉州板, 樂安板, 平壤板에 근거하여 보충하였다.

28 人 : 底本에는 없다. 世宗板, 《大明律》, 《大明律講解》, 《大明律附例》, 《大明律釋義》, 《大明律集解附例》, 《大明律附例箋釋》에 근거하여 보충하였다.

知情不冬爲良置 强盜例以 論齊 他人亦 人乙 殺傷爲良在乙 族下亦 必于 知情不冬爲良置 殺傷尊長卑幼本律乙 依准爲 從重論齊

(○) 同居奴婢及傭役人亦 家長矣 財物乙 偸取爲旀 自中互相偸取爲在乙良 減凡盜罪一等遣 刺字安徐爲乎事

296 恐嚇取財

296-1 凡恐嚇取人財物者，計贓，准竊盜論，加一等，免刺。

296-2 若期親以下自相恐嚇者，卑幼犯尊長，以凡人論；尊長犯卑幼，亦依親屬相盜律，遞減科罪。

直 凡 他人矣 財物乙 脅勒奪取爲在乙良 贓數乙 計爲 竊盜例乙 准加一等論罪遣 刺字安徐齊

(○) 期親以下亦 互相恐劫爲在乙良 族下亦 尊長乙 淩犯爲去等 凡人例以 論遣 族長亦 族下乙 恐劫爲去等 親屬相盜律乙 依准遞減科罪爲乎事

297 詐欺官私取財

297-1 凡用計詐欺官私以取財物者，竝計贓，准竊盜論，免刺。若期親以下自相詐欺者，亦依親屬相盜律，遞減科罪。

297-2 若監臨、主守詐取所監守之物者，以監守自盜論。未得者，減二等。

297-3 若冒認及誆賺、局騙、拐帶人財物者，亦計贓，准竊盜論，免刺。

直 凡 用謀冒弄官司以取財物爲在乙良 竝只 贓數乙 計爲 竊盜例以 論遣 刺字安徐齊 期親以下亦 互相冒弄取財爲在乙良 親屬相盜律乙 依准減等科罪齊
○ 監臨官亦 監守之物乙 冒弄收取爲在乙良 監守自盜例以 論遣 未得者乙良 減二等齊
(○) 他矣 物色乙 吾矣 物色是如 云旀 他人矣 錢物乙 用謀取要爲旀 他人矣 錢物乙 逢受斜用爲在乙良 贓數計爲 竊盜例以 准論遣 刺字安徐爲乎事

298 略人略賣人

298-1 凡設方略，而誘取良人及略賣良人爲奴婢者，皆杖一百流三千里；爲妻妾、子孫者，杖一百徒三年。因而傷人者，絞；殺人者，斬。被、略之人不坐，給親完聚。
298-2 若假以乞養、過房爲名，買良家子女轉賣者，罪亦如之。
298-3 若和同相誘及相賣良人爲奴婢者，杖一百徒三年；爲妻妾、子孫者，杖九十徒二年半。被誘之人減一等。未賣者各減一等。十歲以下雖和，亦同略誘法。
298-4 若略賣、和誘他人奴婢者，各減略賣、和誘良人罪一等。
298-5 若略賣子孫爲奴婢者，杖八十；弟妹及姪[29]孫、外孫若已之妾、子孫之婦者，杖八十徒二年；子孫之妾減二等；同堂弟妹、堂姪及姪

29 姪：《大明律》，《大明律講解》，《大明律附例》，《律條疏議》，《大明律釋義》，《大明律集解附例》，《大明律附例箋釋》에는 앞에 "姪"이 더 있다.

孫者，杖九十徒二年半。和賣者，減一等。未賣者，又減一等。被、賣卑幼不坐，給親完聚。

298-6　其賣妻爲婢，及賣大功以下親爲奴婢者，各從凡人和、略法。

298-7　若窩主及買者知情，竝與犯人同罪。牙保各減一等。竝追價入官。不知者，俱不坐，追價還主。

直 凡 謀略以 良人乙 誘取爲旀 良人乙 弄誘放賣作奴婢爲在乙良 杖一百遠流齊 弄誘爲妻妾子孫者乙良 杖一百徒三年齊 因此傷人爲在乙良 絞死齊 殺人爲在乙良 斬 被誘令是在乙良 不坐罪遣 歸還本親齊

(○) 若虛事乙用良 請養爲旀 收養爲名爲 良家子女乙 交易爲 他人亦中 傳傳放賣爲在乙良 罪同齊

○ 良人乙 兩相同意 教誘放賣爲奴婢者乙良 杖一百徒三年齊 爲妻妾子孫者乙良 杖九十徒二年半齊 被誘令是在乙良 減一等遣 放賣不冬爲有在乙良 各減一等齊 十歲以下亦 必于 兩相同意爲去乃 略誘法以 同論齊

(○) 他矣 奴婢乙 謀略以 放賣爲旀 同意教誘爲在乙良 各減略賣和誘良人罪一等齊

(○) 子孫乙 謀略以 放賣爲奴婢者乙良 杖八十遣 弟妹果 及姪孫果 外孫果 及吾矣 妾果 及子孫妻乙 謀略以 放賣爲在乙良 杖八十徒二年齊 子孫之妾 減二等齊 同姓四寸弟妹果 同姓三寸姪果 姪孫等是去等 杖九十徒二年半齊 同意放賣爲在乙良 減一等遣 放賣不冬爲有在乙良 又減一等齊 被賣令是在 卑幼乙良 不坐罪遣 本親還給齊

(○) 妻乙 放賣爲奴婢爲旀 大功以下親族乙 放賣爲奴婢爲在乙良 凡人和略法以 論齊

(○) 主人及交易人等亦 知情爲在乙良 竝只 犯人罪同齊 證保乙良 各減一等遣 放賣爲乎 人矣 價本乙良 生徵沒官齊 知不得爲在乙良

不坐罪遣 價本生徵給主爲乎事

299 發塚

299-1 凡發掘墳塚見棺槨者，杖一百流三千里；已開棺槨見屍者，絞；發而未至棺槨者，杖一百徒三年。【註：招魂而葬亦同[30]。】

299-2 若塚先穿陷及未殯埋，而盜屍柩者，杖九十徒二年半；開棺槨見屍者，亦絞。其盜取器物、磚石者，計贓，准凡盜論，免刺。若卑幼發尊長墳塚者，同凡人論；開棺槨見屍者，斬；若棄屍賣墳地者，罪亦如之。買地人、牙保知情者，各杖八十，追價入官，地歸同宗親屬；不知者，不坐罪[31]。若尊長發卑幼墳塚，開棺槨見屍者，緦麻杖一百徒三年，小功以上各遞減一等。發子孫墳墓[32]，開棺槨見屍者，杖八十。其有故而依禮遷葬者，俱不坐。

299-3 若殘毀他人死屍，及棄屍水中者，各杖一百流三千里。【謂死屍在家或在野，未殯葬，將屍燒焚[33]、支解之類。若已殯葬者，自依發塚開棺槨見屍律，從重論。】若毀棄緦麻以上尊長死屍者，斬。棄而不失及髡髮若傷者，各

30 註……同：底本에는 律文으로 되어 있다. 《大明律》, 《大明律講解》, 《大明律附例》, 《律條疏議》, 《大明律釋義》, 《大明律集解附例》, 《大明律附例箋釋》에는 "註"가 없고, "同"이 "是"로 되어 있다.

31 罪：《大明律》, 《大明律講解》, 《大明律附例》, 《律條疏議》, 《大明律釋義》, 《大明律集解附例》, 《大明律附例箋釋》에는 없다.

32 墓：《大明律》, 《大明律講解》, 《律條疏議》, 《大明律釋義》, 《大明律集解附例》, 《大明律附例箋釋》에는 "塚"으로 되어 있다.

33 燒焚：《大明律》, 《大明律講解》, 《大明律附例》, 《律條疏議》, 《大明律釋義》, 《大明律集解附例》, 《大明律附例箋釋》에는 "焚燒"로 되어 있다.

減一等。緦麻以上卑幼各依凡人，遞減一等。棄毁[34]子孫死屍者，杖八十。其子孫毁棄祖父母父母，及奴婢、雇工人棄毁[35]家長死屍者，斬。

299-4　若穿地得死屍，不卽掩埋者，杖八十。若於他人墳墓熏狐狸，因而燒棺槨者，杖八十徒二年；燒屍者，杖一百徒三年。若緦麻以上尊長，各遞加一等；卑幼各依凡人，遞減一等。若子孫於祖父母父母及奴婢、雇工人於家長墳墓，熏狐狸者，杖一百；燒棺槨者，杖一百徒三年；燒屍者，絞。若平治他人墳墓爲田園者，杖一百。於有主墳地內盜葬者，杖八十，勒限移葬。

299-5　若地界內有死人，里長、地隣不申報官司檢驗，而輒移他處及埋葬者，杖八十。以致屍失[36]者，杖一百；殘毁及棄屍水中者，杖六十徒一年；棄而不失及髡髮若傷者，各減一等。因而盜取衣服者，計贓，准竊盜論，免刺。

直 凡 他矣 墳墓乙 掘取 棺槨乙 出見者乙良 杖一百遠流齊 棺槨乙 開出爲 屍體乙 親見爲在乙良 絞死齊 墳墓乙 掘取遣 棺槨乙 未及出爲良在乙良 杖一百徒三年齊

(○) 墳墓亦 先亦 頹落爲有去乃 未殯未葬前良中 棺槨乙 偸取爲在乙良 杖九十徒二年半 開棺槨見屍爲在乙良 絞死齊 墳墓內器物磚石等乙 偸取者乙良 贓數乙 計爲 凡盜例以 論遣 刺字安徐齊 族下亦 族長矣 墳墓乙 掘取者乙良 凡人例以 論齊 棺槨開閉 屍體乙 出見者

34 棄毁 :《大明律》,《大明律講解》,《大明律附例》,《律條疏議》,《大明律釋義》,《大明律集解附例》,《大明律附例箋釋》에는 "毁棄"로 되어 있다.

35 棄毁 :《大明律》,《大明律講解》,《大明律附例》,《律條疏議》,《大明律釋義》,《大明律集解附例》,《大明律附例箋釋》에는 "毁棄"로 되어 있다.

36 屍失 :《大明律》,《大明律講解》,《大明律附例》,《律條疏議》,《大明律釋義》,《大明律集解附例》,《大明律附例箋釋》에는 "失屍"로 되어 있다.

乙良 斬齊 屍體乙 棄置遣 墳地乙 放賣者乙良 罪同齊 墳地交易人及證保人亦 知情爲在乙良 各杖八十遣 價本生徵沒官齊 墳地乙良 同宗親屬亦中 決給爲乎矣 知不得爲在乙良 不坐罪齊 族長亦 族下矣墳墓乙 掘取爲 屍體出見者乙良 緦麻親是去等 杖一百徒三年齊 小功親是去等 各遞減一等齊 子孫墳塚乙 掘出 開棺槨見屍爲在乙良杖八十齊 有緣故爲 依例改葬者乙良 不坐罪齊

(○) 他矣 屍體乙 殘毁爲旀 水中良中 棄置者乙良 各杖一百遠流齊緦麻以上族長屍體乙 毁棄爲在乙良 斬齊 屍體乙 出棄爲良置 不失爲旀 頭髮斷取不冬爲旀 屍體有傷不冬爲在乙良 各減一等齊 緦麻以上族下是去等 凡人例以 遞減一等齊 子孫矣 屍體乙 毁棄爲去等 杖八十齊 子孫亦 祖父母父母屍體乙 毁棄爲齊 奴婢及傭人等亦 家長矣 屍體乙 毁棄者乙良 斬齊

(○) 掘地爲如可 屍體乙 覓得 掩埋不冬爲在乙良 杖八十齊 他矣 墳墓良中 狐貍捉得事以 煙熏爲如可 因此棺槨燒亡令是在乙良 杖八十徒二年齊 屍體乙 燒亡爲在乙良 杖一百徒三年齊 緦麻以上族長是去等 各遞加一等論罪齊 族下是去等 依凡人例 遞減一等齊 子孫亦 祖父母父母墳墓果 奴婢傭人等亦 家長矣 墳墓良中 狐貍捉得事以 煙熏者乙良 杖一百齊 燒棺槨者乙良 杖一百徒三年齊 燒屍者乙良 絞死齊 他矣 墳墓乙 耕破爲田園者乙良 杖一百齊 有主墳地內良中 盜葬爲在乙良 杖八十遣 定限日移葬齊

(○) 所居地境內良中 死人有去等 里長及切隣人等亦 官司現告檢屍不冬令是遣 他處移置爲旀 及埋葬爲在乙良 杖八十齊 屍體乙 闕失爲在乙良 杖一百齊 屍體乙 殘毁爲旀 水中良中 棄置者乙良 杖六十徒一年齊 屍體乙 棄而不失爲旀 髡髮不冬爲旀 屍傷不冬 者乙良 各減一等齊 因此衣服乙 偸取者乙良 贓物乙 計爲 竊盜例以 論遣 刺字

安徐爲乎事

300 夜無故入人家

凡夜無故入人家內者，杖八十。主家登時殺死者，勿論。其已就拘執而擅殺傷者，減鬪殺傷罪二等；至死者，杖一百徒三年。

直 凡 夜間良中 無緣故亦 他人家內入來爲在乙良 杖八十齊 家主亦 卽時殺死爲在乙良 勿論罪齊 執捉爲 趣便以 打傷殺死爲在乙良 減鬪殺傷罪二等齊 故殺死爲在乙良 杖一百徒三年爲乎事

301 盜賊窩主

301-1 凡强盜窩主造意，身雖不行，但分贓者，斬；若不行又不分贓者，杖一百流三千里。共謀者，行而不分贓，及分贓而不行者，皆斬；若不行又不分贓者，杖一百。

301-2 竊盜窩主造意，身雖不行，但分贓者，爲首論；若不行又不分贓者，爲從論。以臨時主意上盜者爲首。其爲從者，行而不分贓，及分贓而不行，仍爲從論；若不行又不分贓，笞四十。若本不同謀，相遇共盜，以臨時主意上盜者爲首，餘爲從論。

301-3 其知人略賣、和誘人及强、竊盜後而分贓者，計所分贓，准竊盜爲從論，免刺。

301-4 若知强、竊盜贓而故買者，計所買物，坐贓論。知而寄贓者，減一等。各罪止杖一百。其不知情誤買及受寄者，俱不坐。

直 凡 强盜矣 主人亦 生謀起揭爲在乙良 其矣 身亦 同行作賊不冬爲良置 贓物分用爲在乙良 斬齊 同行作謀不冬爲旀 贓物分用不冬爲在乙良 杖一百遠流齊 同謀爲 同行作賊爲遣 贓物乙 分用不冬爲旀 贓物乙良 分用爲遣 同行作賊不冬爲在乙良 竝只 斬齊 同行作賊不冬爲旀 贓物分用不冬爲在乙良 杖一百齊

(○) 竊盜主人亦 起揭爲遣 同行作賊不冬爲良置 贓物乙 分用爲在乙良 謀首以 論齊 作賊不冬爲旀 贓物分用不冬爲在乙良 爲從以 論齊 臨時爲良沙 起揭作賊爲在 人乙良 爲首以 論遣 同行作賊爲遣 贓物 分用不冬爲旀 贓物乙良 分用爲遣 作賊不冬爲在乙良 爲從例以 論齊 作賊不冬爲旀 又贓物分用不冬爲在乙良 笞四十齊 初亦 同謀不冬爲有如可 相逢爲 同行作賊爲在乙良 臨時爲良沙 起揭作賊爲在乙 爲首以 論遣 其餘同行者乙良 爲從以 論齊

(○) 他矣 略賣和誘人事 强竊盜事乙 已行後良中沙 知遣 贓物分用爲在乙良 分用贓物乙 計爲 竊盜從例以 准論爲遣 刺字安徐齊

(○) 强竊盜賊矣 偸取物色乙 知遣 故只 交易爲在乙良 交易物數乙 計爲 坐贓以 論齊 知而逢受藏置者乙良 減一等遣 杖一百爲限齊 知情不冬爲 誤買爲旀 逢受爲在乙良 竝只 不坐罪爲乎事

302 共謀爲盜

302-1 凡共謀爲强盜，臨時不行，而行者却爲竊盜，共謀者分贓，造意者爲竊盜首，餘人竝爲竊盜從。若不分贓，造意者爲竊盜從，餘人竝笞五十。以臨時主意上盜者爲竊盜首。

302-2 其共謀爲竊盜，臨時不行，而行者爲强盜，其不行之人造意者分贓，知情、不知情竝爲竊盜首。造意者不分贓，及餘人分贓，俱爲竊盜從。以臨時主意及共爲强盜者，不分首從論。

直 凡 强盜乙 同謀爲行如可 臨時不行爲良置 其中他人亦 行去竊盜爲良在等 竊物乙 分用爲乎第亦中 行不行勿論 造意分用者乙良 爲竊盜首以 論罪遣 其餘同謀分贓爲在 人等隱 竝只 竊盜從以 論齊 生謀起揭爲遣 分用不冬爲在乙良 竊盜從以 論遣 其餘不行人等乙 竝只 笞五十爲乎矣 臨時良中沙 起揭作賊人等乙 爲竊盜首齊

(○) 初亦 竊盜以 同謀爲如可 臨時不行爲良在等 其中他人亦 行去强盜乙 使內汝 同行不冬爲良置 初亦 生謀起揭爲 贓物分用爲在隱知情不知情勿論爲 竝只 竊盜首以 論齊 生謀起揭人亦 分贓不冬爲旀 及他餘人亦 分贓爲在乙良 竊盜從以 竝只 論爲遣 臨時爲良沙 起揭 一同强盜使內在 人等乙良 不分首從論罪爲乎事

303 公取竊取皆爲盜

凡盜，公取、竊取皆爲盜。

直 凡 賊人亦 公取竊取 皆爲盜

【公取，謂行盜之人公然而取其財；竊取，謂潛形隱面，私竊取其財。皆名爲盜。】

直 賊人亦 他矣 物色乙 現然亦 奪取爲臥乎所 公取旀 其矣 形體乙 知乎不冬 他矣財物乙 潛取爲臥乎所 爲竊取 皆名爲盜齊

器物、錢帛之類，須移徙已離盜所；珠玉、寶貨之類，據入手隱藏，縱未將行，亦是。其木石、重器非人力所勝，雖移本處，未馱載間，猶未成盜。馬、牛、駝、騾之類，須出闌圈；鷹、犬之類，須專制在己，乃成爲盜。

直 器用錢帛等物叱段 須只 他處良中 移置爲良沙 爲盜齊 珠玉寶貨等物叱段 入手隱藏爲遣 持去不冬爲良置 爲盜以 同齊 木石重器叱段 人力以 昜亦 輸轉不得爲臥乎等用良 必于 近處移置爲良置 載去不得爲在如中 猶亦 正賊良中 未成爲齊 馬牛騾驢等物乙 已出欄園爲旀 鷹犬等物乙 奪取 自身執持爲良沙 爲盜以 論爲乎事

【若盜馬一疋，別有馬隨，不合幷計爲罪。若盜其母而子隨者，幷計爲罪。】

直 謂 馬一疋乙 偸取持去次 他馬亦 隨去爲在隱 不合幷計爲罪齊 母馬乙 偸取持去次 兒馬亦 隨去爲在隱 皆幷計爲罪爲乎事

304 起除刺字

凡盜賊曾經刺字者，俱發原籍，收充警迹。該徒者，役滿充警；該流者，於流所充警。若有起除原刺字樣者，杖六十，補刺[37]。

直 凡 賊人亦 曾只 鈒面爲有如 人是去等 還本籍 官門不離 他盜有去等 蹤迹推尋令是乎矣 徒年人是去等 役滿後 如前使內齊 流配人是去等 流所良中 仍于 如前使內齊 其中已前鈒字乙 除去爲在 人乙良 杖六十 更良 鈒面爲乎事

37 刺：底本에는 "字"로 되어 있다. 直解 및 《大明律》, 《大明律講解》, 《大明律附例》, 《律條疏議》, 《大明律釋義》, 《大明律集解附例》, 《大明律附例箋釋》에 근거하여 수정하였다.

人命

305 謀殺人

305-1 凡謀殺人，造意者斬；從而加功者，絞；不加功者，杖一百流三千里。殺訖乃坐。

305-2 若傷而不死，造意者絞；從而加功者，杖一百流三千里；不加功者，杖一百徒三年。

305-3 若謀而已行，未曾傷人者，杖一百徒三年；爲從者各杖一百。但同謀者，皆坐。

305-4 造[38]意者身雖不行，仍爲首論；從者不行，減行者一等。

305-5 若因而得財者，同强盜不分首從[39]，皆斬。

直 凡 謀殺人 初亦 出意起揭爲在乙良 斬齊 隨旀 助力下手爲在乙良 絞齊 不下手爲在乙良 杖一百遠流爲乎矣 被害人亦 致死爲去沙 坐罪爲齊

(○) 傷害爲遣 不死爲在乙良 絞死齊 助力下手爲在乙良 杖一百遠流遣 不下手爲在乙良 杖一百徒三年齊

○ 謀殺爲行如可 傷人不冬爲在乙良 杖一百徒三年齊 爲從者乙良 杖一百爲乎矣 同謀者乙良 竝只 坐罪齊

38 造：《大明律》，《大明律講解》，《大明律附例》，《律條疏議》，《大明律釋義》，《大明律集解附例》，《大明律附例箋釋》에는 앞에 "其"가 더 있다.

39 從：《大明律》，《大明律講解》，《大明律附例》，《律條疏議》，《大明律釋義》，《大明律集解附例》，《大明律附例箋釋》에는 뒤에 "論"이 더 있다.

○ 起揭爲在乙良 必于 其矣 身亦 親亦 使內不冬爲在乃 爲首以 論遣 爲從者 親亦 使內不冬爲在乙良 親亦 使內行如 人矣 例良中 減一等齊

○ 因此錢物奪取爲良在乙良 强盜例以 首從勿論皆斬爲乎事

306 謀殺制使及本管長官

凡奉制命出使而官吏謀殺，及部民謀殺本屬知府、知州、知縣，軍士謀殺本管指揮、千戶、百戶，若吏卒謀殺本部五品以上長官，已行者，杖一百流二千里；已傷者，絞；已殺者，皆斬。

直 凡 奉王命出使員乙 官吏亦 謀殺爲旀 及所掌內民人亦 仰屬官員乙 謀殺爲旀 軍士亦 仰屬爲有臥乎 兵馬使千戶百戶乙 謀殺爲旀 吏卒等亦 本屬五品以上長官乙 謀殺爲乎矣 謀殺爲行如 事狀乙 已發爲在乙良 杖一百遠流遣 傷害爲在乙良 絞死遣 已殺爲在乙良 竝只斬爲乎事

307 謀殺祖父母父母

307-1 凡謀殺祖父母、父母及期親尊長、外祖父母、夫、夫之祖父母·父母，已行者，皆斬；已殺者，皆凌遲處死。謀殺緦麻以上尊長，已行者，杖一百流二千里；已傷者，絞；已殺者，皆斬。

307-2 其尊長謀殺卑幼，已行者，各依故殺罪減二等；已傷者，減一等；已殺者，依故殺法。

307-3 若奴婢及雇工人謀殺家長及家長之期親、外祖父母若緦麻以上親者，罪與子孫同。

直 凡 祖父母父母 及期親尊長外祖父母果 夫果 夫之祖父母父母果乙 謀殺爲乎矣 謀殺爲行如 事狀已發爲在乙良 竝只 斬齊 已殺爲在乙良 竝只 車裂處死齊 緦麻以上尊長乙 謀殺爲乎矣 謀殺爲行如 事狀已發爲在乙良 杖一百遠流遣 已傷者乙良 絞死遣 已殺者乙良 皆斬齊

(○) 尊長亦 族下乙 謀殺爲乎矣 謀殺爲行如 事狀已發爲在乙良 各各 故殺罪良中 依准爲 減二等遣 已傷者乙良 減一等 已殺者乙良 故殺例以 決罪齊

○ 奴婢及傭人等亦 家主乙 謀殺爲旀 家長矣 期親果 外祖父母果 及緦麻以上親族乙 謀殺爲在乙良 子孫亦 謀殺祖父母罪以 同論爲乎事

308 殺死姦夫

308-1 凡妻妾與人通姦，而於姦所親獲姦夫、姦婦，登時殺死者，勿論。若止殺死姦夫者，姦婦依律斷罪，從夫嫁賣。

308-2 其妻妾因姦，同謀殺死親夫者，凌遲處死，姦夫處斬。若姦夫自殺其夫者，姦婦雖不知情，絞。

直 凡 妻妾亦 他人乙 通姦爲去等 姦所良中 姦夫姦婦乙 親亦 執捉爲 卽時打殺爲在乙良 勿論罪齊 姦所良中 唯只 姦夫乙 執捉打殺爲在如中 姦婦乙良 依律斷罪遣 本夫亦中 率居爲去乃 放賣爲去乃 任意以 使內只爲 准受齊

○ 妻妾亦 他人乙 行姦爲如可 同謀爲 親夫乙 殺死爲在乙良 車裂處

死遣 姦夫乙良 斬齊 姦夫亦 本夫乙 打殺爲去乙 姦婦亦 必于 知情不冬爲良置 絞死爲乎事

309 謀殺故夫父母

309-1 凡妻妾謀殺故夫之祖父母、父母者，竝與謀殺舅姑罪同。

309-2 若奴婢謀殺舊家長者，以凡人論。【謂將自己奴婢轉賣他人者，皆同凡人。餘條准此。】

直 凡 妻妾亦 先夫矣 祖父母父母乙 謀殺爲在乙良 竝只 謀殺夫之父母罪以 同齊

○ 奴婢亦 舊家主乙 謀殺爲在乙良 凡人謀殺人罪以 同論爲乎事

310 殺一家三人

凡殺一家非死罪三人，及支解人者，凌遲處死，財產斷付死者之家。妻子流二千里。爲從者斬。

直 凡 一家內良中 死罪不喩是在 三人乙 殺害爲旀 四支乙 裂解爲在乙良 車裂處死遣 家產乙良 收沒爲 死者之家良中 竝只 給付齊 妻子乙良 遠流遣 爲從者乙良 斬爲乎事

311 採生拆割人

凡採生拆[40]割人者，凌遲處死，財產斷付死者之家。妻子及同居家口雖不知情，竝流二千里，安置。爲從者斬。若已行而未曾傷人者，亦斬。妻子流二千里。爲從者杖一百流三千里。里長知而不擧者，杖一百；不知者，不坐。告獲者，官給賞銀二十兩。

直 凡 他人矣 生氣乙 採取爲乎爲 人體乙 割截爲在乙良 車裂處死遣 家産乙良 收沒爲 給付死者之家爲旀 妻子及同居人口等乙良 必于 知情不冬爲良置 竝只 遠流齊 爲從者乙良 斬齊 已行爲遣 傷人不冬爲在乙良置 斬齊 妻子乙良 遠流齊 爲從者乙良 杖一百遠流齊 里長亦 知而不告爲在乙良 杖一百遣 不知者乙良 不坐齊 現捉進告爲在乙良 銀二十兩乙 給賞爲乎事

312 造畜蠱毒殺人

312-1 凡造畜蠱毒堪以殺人，及教令者，斬。造畜者財產入官。妻子及同居家口雖不知情，竝流二千里，安置。若以蠱毒毒同居人，其被毒之人父母、妻妾、子孫，不知造毒情者，不在遠流[41]之限。若里長知而不擧者，各杖一百；不知者，不坐。告獲者，官給賞銀二十兩。

312-2 若造魘魅、符書呪咀，欲以殺人者，各以謀殺論。因而致死

40 拆：世宗板，光州板，晉州板，樂安板，平壤板，《大明律集解附例》에는 "折"로 되어 있다.

41 遠流：《大明律》，《大明律講解》，《大明律附例》，《律條疏議》，《大明律釋義》，《大明律集解附例》，《大明律附例箋釋》에는 "流遠"으로 되어 있다.

者，各依本殺法。欲令人疾苦者，減二等。其子孫於祖父母、父母，奴婢、雇工人於家長者，各不減。

312-3 若用毒藥殺人者，斬。買而未用者，杖一百徒三年。知情賣藥者，與同罪；不知者，不坐。

直 凡 蠱毒可以殺人之藥乙 造作儲畜爲旀 起揭造畜爲在乙良 斬遣 家財沒官齊 其妻子及同居人口乙良 必于 知情不冬爲良置 竝只 遠流齊 蠱毒乙用良 同居人乙 毒害爲在乙良 被毒人矣 父母妻妾子孫等亦 造毒事乙 知不得爲在隱 遠流不冬齊 里長亦 知而不告爲在乙良 各杖一百齊 不知者不坐齊 現捉進告爲在乙良 官司亦 賞銀二十兩齊

(○) 魘魅符書呪咀妖術乙用良 謀殺人爲在乙良 各以謀殺例以 論齊 因此致死爲在乙良 殺人法乙 依准科罪齊 欲令人成病苦痛者乙良 減二等齊 子孫亦 其矣 祖父母父母乙 致毒爲旀 奴婢傭人等亦 其矣 家長乙 致毒爲在乙良 各不減等科罪齊

(○) 毒藥乙用良 殺人爲在乙良 斬遣 毒藥乙 交易未用爲在乙良 杖一百遠流齊 知情放賣爲在乙良 罪同齊 不知者乙良 不坐罪爲乎事

313 鬪毆及故殺人

313-1 凡鬪毆殺人者，不問手足、他物、金刃，竝絞。

313-2 故殺者，斬。

313-3 若同謀共毆人，因而致死者，以致命傷爲重，下手者絞，原[42]

42 原 : 《大明律》, 《大明律附例》, 《律條疏議》, 《大明律集解附例》에는 "元"으로 되어 있다.

謀者杖一百流三千里，餘人各杖一百。

直 凡 爭鬪爲如可 毆擊殺人爲在乙良 手足刀刃等物乙 不問遣 竝只 絞死齊

(○) 故只 殺人者乙良 斬齊

(○) 同謀爲 他人乙 幷力鬪打 因此致死爲在乙良 打傷致死爲重爲 下手人乙 絞死齊 始謀爲在乙良 杖一百遠流遣 餘人乙良 各杖一百 爲乎事

314 屛去人服食

314-1 凡以他物置人耳鼻及孔竅中，若故屛去人服用、飮食之物，而傷人者，杖八十；【謂寒月脫去人衣服，飢渴之人絶其飮食，登高、乘馬私去梯、轡之類。】

直 凡 他物乙用良 他人矣 口鼻及孔中良中 置之 塞氣令是旀 又 故只 寒月良中 他矣 衣服乙 脫去爲旀 飢渴人矣 飮食乙 絶斷爲旀 登高及騎馬人等矣 橋果 勒等乙 奪取爲 傷人爲在乙良 杖八十齊

致成殘、廢疾者，杖一百徒三年；令至篤疾者，杖一百流三千里，將犯人財産一半給付篤疾之人養贍；至死者，絞。

314-2 若故用蛇蝎、毒蟲咬傷人者，以鬪毆[43]傷論。因而致死者，斬。

直 因此殘疾廢疾乙 致成令是在乙良 杖一百徒三年齊 割目折足如爲在 篤疾乙 致成令是在乙良 杖一百遠流遣 犯罪人矣 家財一半乙用

43 毆：底本에는 "殺"로 되어 있다. 直解 및《大明律》,《大明律講解》,《大明律附例》,《律條疏議》,《大明律釋義》,《大明律集解附例》,《大明律附例箋釋》에 근거하여 수정하였다.

良 篤疾之人亦中 給付養病齊 致死令是在乙良 絞死齊
(○) 故只 毒蛇毒蟲乙用良 咬傷令是在乙良 鬪毆傷例以 論遣 致死爲在乙良 斬爲乎事

315 戱殺誤殺過失殺傷人

315-1 凡因戱而殺傷人，及因鬪毆而誤殺傷傍人者，各以鬪殺傷論。其謀殺、故殺人而誤殺傍人者，以故殺[44]論。

315-2 若知津河水深泥濘而詐稱平淺，及橋梁、渡船朽漏不堪渡人而詐稱堅固，誑令人過渡，以致陷溺死傷者，亦以鬪殺傷論。

315-3 若過失殺傷人者，各准鬪殺傷罪，依律收贖，給付其家。【過失，謂耳目所不及，思慮所不到。如彈射禽獸，因事投擲磚瓦，不期而殺人者；或因升高險，足有蹉跌，累及同伴；或駕船使風，乘馬驚走，馳車下坡，勢不能止；或共擧重物，力不能制，損及同擧物者。凡初無害人之意而偶致殺傷人者，皆准鬪毆殺傷人罪，依律收贖，給付被殺、被傷之家，以爲塋葬及醫藥之資。】

直 凡 初亦 戱弄乙仍于 殺傷爲旀 鬪毆乙仍于 傍人乙 誤錯殺傷爲在乙良 各以鬪殺傷人例以 論齊 初亦 謀殺故殺人爲如可 傍人乙 誤殺爲在乙良 故殺以 論齊
(○) 本來水深爲在 津河乙 虛稱平淺爲旀 又本來朽漏爲在 橋梁及津船等乙 虛稱堅實 冒弄行人過涉爲如可 陷溺死傷爲在乙良 亦以鬪殺傷例以 論齊

44 殺 : 底本에는 "毆"로 되어 있다. 世宗板, 《大明律》, 《大明律講解》, 《大明律附例》, 《律條疏議》, 《大明律釋義》, 《大明律集解附例》, 《大明律附例箋釋》에 근거하여 수정하였다.

○ 禽獸乙 彈射爲旀 磚瓦乙 投擲爲旀 高險處良中 行步差錯乙仍于 致傷同伴爲旀 時或騎船逢風爲旀 騎馬驚走爲旀 馳車下坡如爲在 勢不得已緣故乙仍于 傷害人命爲齊 時或重物乙 同擧爲如可 力不能勝爲 同擧人乙 致損爲齊 爲等如 初無害人之意爲遣 不覺中 失錯亦 殺傷人命者乙良 竝只 鬪殺傷人例以 依律 罪狀輕重以 財物計生徵爲 被殺被傷之家良中 營葬及醫藥本以 給付爲乎事

316 夫毆死有罪妻妾

316-1 凡妻妾因毆罵夫之祖父母、父母，而夫擅殺死者，杖一百。

316-2 若夫毆罵妻妾，因而自盡身死者，勿論。

直 凡 妻妾亦 夫矣 祖父母父母乙 毆打罵詈爲臥乎所乙仍于 夫亦 妻妾乙 擅殺爲在乙良 杖一百齊

(○) 夫亦 妻妾乙 毆打罵詈爲去乙 妻妾亦 因此爲 自手以 盡命死亡爲在乙良 不論罪爲乎事

317 殺子孫及奴婢圖賴人

317-1 凡祖父母、父母故殺子孫，及家長故殺奴婢，圖賴人者，杖七十徒一年半。若子孫將已死祖父母、父母，奴婢、雇工人將家長身屍，圖賴人者，杖一百徒三年。期親尊長杖八十徒二年，大功、小功、緦麻各遞減一等。若尊長將已死卑幼及他人身屍，圖賴人者，杖八十。

317-2 其告官者，隨所告輕重，竝依誣告平人律論罪。若因而詐取財物者，計贓，准竊盜論；搶去財物者，准白晝搶奪論。免刺，各從重科斷。

直 凡 祖父母父母亦 子孫等乙 故只 殺死爲旀 家長亦 奴婢乙 故只 殺死爲遣 他人乙 殺死爲如 冒弄爲在乙良 杖七十徒一年半齊 子孫等亦 已死爲在 祖父母父母果 奴婢傭人等亦 家長矣 已死屍體乙用良 他人亦 殺死爲如 冒弄爲在乙良 杖一百徒三年齊 期親族長矣 屍體是去等 杖八十徒二年齊 大小功親緦麻親矣 屍體是去等 各遞減一等齊 族長亦 已死爲在 族下及他人等矣 屍體乙用良 冒弄爲在乙良 杖八十齊

(○) 官司良中 妄告爲在乙良 所告輕重乙用良 誣告平人律乙 依准論罪齊 因此爲 冒弄奪取財物爲在乙良 贓物乙 計 竊盜例以 論齊 財物㭊奪爲在乙良 白晝良中 據奪例以 論遣 刺字安徐爲乎矣 各從重論爲乎事

318 弓箭傷人

凡故向城市及有人居住[45]宅舍，放彈、射箭、投擲磚石者，笞四十。傷人者，減凡鬪傷一等；因而致死者，杖一百流三千里。

直 凡 故只 城內及人居宅舍乙 向爲 放彈射箭投擲磚石爲在乙良 笞四十齊 傷人者乙良 減凡鬪傷例一等齊 因此致死爲在乙良 杖一百遠流爲乎事

45 住 : 《大明律》, 《大明律附例》, 《律條疏議》, 《大明律釋義》, 《大明律集解附例》, 《大明律附例箋釋》에는 "止"로 되어 있다.

319 車馬殺傷人

319-1 凡無故於街市、鎭店馳驟車馬，因而傷人者，減凡鬪傷一等；至死者，杖一百流三千里。若於鄕村無人曠野地內馳驟，因而傷人致死者，杖一百。竝追埋葬銀一十兩。

319-2 若因公務急速而馳驟，殺傷人者，以過失論。

直 凡 無緣故亦 街市良中 馳車走馬爲行如可 因此傷人爲在乙良 減凡鬪傷人例一等齊 至死爲在乙良 杖一百遠流齊 鄕村無人曠野地內良中 走馬爲如可 因此傷人致死爲在乙良 杖一百爲乎矣 竝只 埋葬銀一十兩乙 生徵齊

(○) 時急公事乙仍于 走馬殺傷人爲在乙良 過失例以 論罪爲乎事

320 庸醫殺傷人

320-1 凡庸醫爲人用藥、針刺，誤不如本方，因而致死者，責令別醫辨驗藥餌、穴道，如無故害之情者，以過失殺人論，不許行醫。

320-2 若故違本方，詐療疾病而取財物者，計贓，准竊盜論。因而致死，及因事故用藥殺人者，斬。

直 凡 常醫亦 爲人爲 用藥針灸爲乎矣 誤錯亦 本方文良中 依法不冬 因乎 致死爲在乙良 他醫人乙用良 藥味及血道乙 辨驗令是乎矣 初亦 故只 害傷之情無在乙良 過失殺人例以 論遣 醫業使內不得爲只爲 禁止齊

(○) 故只 本方文依法不冬 虛事以 理病爲 財物乙 謀取爲在乙良 贓物乙 計爲 竊盜例以 論齊 因此致死爲旀 事故憑據 用藥殺人爲在乙

良 斬爲乎事

321 窩弓殺傷人

凡打捕戶於深山曠野猛獸往來去處，穿作坑穽及安置窩弓，不立望竿及抹眉小索者，笞四十。以致傷人者，減鬪毆傷二等。因而致死者，杖一百徒三年，追徵埋葬銀一十兩。

直 凡 山獵人等亦 深山曠野禽獸往來處良中 穿作陷穽爲旀 弓弩乙藏置爲乎矣 望竹及眉標小繩等乙 不立爲在乙良 笞四十齊 致傷人爲在乙良 鬪殺傷例良中 減二等齊 因此致死爲在乙良 杖一百徒三年遣埋葬銀一十兩生徵爲乎事

322 威逼人致死

322-1 凡因事威逼人致死者，杖一百。若官吏、公使人等非因公務而威逼平民致死者，罪同。竝追埋葬銀一十兩。

322-2 若威逼期親尊長致死者，絞。大功以下遞減一等。

322-3 若因姦盜而威逼人致死者，斬。

直 凡 因公事爲 威力以 逼人致死爲在乙良 杖一百齊 差使官吏等亦私事以 平民乙 威逼致死爲在隱 罪同爲乎矣 竝只 埋葬銀 一十兩乙生徵齊

(○) 期親族長乙 威逼致死爲在乙良 絞死齊 大功親以下乙良 遞減一等齊

(〇) 行姦及偸物乙因于 逼人致死者乙良 斬爲乎事

323 尊長爲人殺私和

323-1 凡祖父母、父母及夫若家長爲人所殺，而子孫、妻妾、奴婢、雇工人私和者，杖一百徒三年。期親尊長被殺，卑[46]幼私和者，杖八十徒二年。大功以下各減[47]一等。其卑幼被殺，而尊長私和者，各減一等。若妻妾、子孫及子孫之婦、奴婢、雇工人被殺，而祖父母、父母[48]、家長私和者，杖八十。受財者，計贓，准竊盜論，從重科斷。

323-2 常人私和人命者，杖六十。

直 凡 祖父母父母果 及夫果 家長等乙 他人亦 殺害爲良在乙 子孫及 妻妾奴婢傭人等亦 私丁 和論爲在乙良 杖一百遣 徒三年齊 期親族長亦 被殺爲有去乙 族下等亦 私丁 和論爲在乙良 杖八十徒二年齊 大功以下乙良 各減一等齊 其族下等亦 被殺爲有去乙 族長等亦 私丁 和論爲在乙良 各減一等齊 妻妾子孫及子孫之婦果 奴婢傭人等亦 被殺爲有去乙 祖父母父母及家長亦 私丁 和論爲在乙良 杖八十齊 受財者乙良 贓物數乙 計爲 竊盜例以 准從重論齊

(〇) 常人亦 人命事乙 私丁 和論爲在乙良 杖六十爲乎事

46 卑 : 《大明律》, 《大明律講解》, 《大明律附例》, 《律條疏議》, 《大明律釋義》, 《大明律集解附例》, 《大明律附例箋釋》에는 앞에 "而"가 더 있다.

47 減 : 《大明律》, 《大明律講解》, 《大明律附例》, 《律條疏議》, 《大明律釋義》, 《大明律集解附例》, 《大明律附例箋釋》에는 앞에 "遞"가 더 있다.

48 母 : 《大明律附例》, 《大明律集解附例》, 《大明律附例箋釋》에는 뒤에 "夫"가 더 있다.

324 同行知有謀害

凡知同伴人欲行謀害他人, 不卽阻當、救護, 及被害之後不首告者, 杖一百。

直 凡 同伴人亦 他人乙 謀害爲去乙 知想只遣 卽時遮當禁止 救護不冬爲旀 他人亦 被害後良中置 現告不冬爲在乙良 杖一百爲乎事

鬪毆

325 鬪毆

325-1　凡鬪毆,【相爭爲鬪, 相打爲毆。】以手足毆人, 不成傷者, 笞二十; 成傷, 及以他物毆人不成傷者, 笞三十; 成傷者, 笞四十。

直 凡 鬪毆 手足以 他人乙 犯打爲乎矣 有傷不冬爲在乙良 笞二十遣 有傷爲旀 他物以 犯打爲乎矣 有傷不冬爲在乙良 笞三十齊 有傷爲在乙良 笞四十爲乎事

靑、赤、腫爲傷。非手足者, 其餘皆爲他物。卽兵不用刃, 亦是[49]。

直 靑赤色以 成腫爲傷齊 手足外 皆爲他物 必于 兵器是良置 不用刃爲良在等 亦是他物

拔髮方寸已上, 笞五十。若血從耳目中出, 及內損吐血者, 杖八十。以穢物汚人頭面者, 罪亦如之。折人一齒及手足一指, 眇人一目, 毀缺[50]人耳鼻, 若破人骨, 及用湯、火、銅·鐵汁傷人者, 杖一百。以穢物灌入人口鼻內者, 罪亦如之。折二齒、二指以上, 及髡髮者, 杖六十徒一年。折人肋, 眇人兩目, 墮人胎, 及刃傷人者, 杖八十徒二年。

直 頭髮乙 方寸以上乙 拔出爲在乙良 笞五十齊 耳目中以 血出爲旀

49 靑赤……亦是 : 底本에는 律註로 되어 있다. 樂安板, 平壤板, 《大明律》, 《大明律講解》, 《大明律附例》, 《律條疏議》, 《大明律釋義》, 《大明律集解附例》, 《大明律附例箋釋》에 근거하여 律文으로 수정하였다.

50 毁缺 : 《大明律》, 《大明律講解》, 《大明律附例》, 《律條疏議》, 《大明律釋義》, 《大明律集解附例》, 《大明律附例箋釋》에는 "缺毁"로 되어 있다.

內傷吐血爲在乙良 杖八十齊 染穢之物以 他人矣 頭面乙 汚染爲在隱 罪同齊 他人矣 一齒果 手足一指乙 折斷爲旀 一目乙 傷害爲旀 耳鼻乙 截毁爲旀 筋骨乙 破毁爲旀 湯火及銅鐵汁以 傷人爲在乙良 杖一百齊 染穢之物以 他人口鼻內良中 灌入爲在乙良 罪同齊 他人矣 二齒或二指以上乙 折斷爲旀 頭髮乙 髡削爲在乙良 杖六十徒一年齊 他人肋力乙 絶斷爲旀 兩目乙 傷害爲旀 落胎爲旀 刀刃以 傷人爲在乙良 杖八十徒二年

【墮胎者，謂辜內子死，及胎九十日之外成形者，乃坐。其雖因毆，若辜外子死，及胎九十日之內未成形者，各從本毆傷法，不坐墮胎之罪。】

直 落胎爲在乙良 辜內子死 及胎九十日外成形者 落爲去等 坐罪遣 辜外子死 及九十日內 胎未成形爲在乙良 本毆傷例准論遣 不坐墮胎之罪

折跌人肢體，及瞎人一目者，杖一百徒三年。瞎人兩目，折人兩肢，損人二事以上，及因舊患令至篤疾，若斷人舌，及毁敗人陰陽者，竝杖一百流三千里，仍將犯人財產一半斷付被傷篤疾之人養贍。

直 他人肢體乙 折傷爲旀 一目乙 盲閉爲在乙良 杖一百徒三年齊 他人矣 兩目乙 盲閉爲旀 兩肢乙 折斷爲旀 他人矣 二事以上乙 傷損爲旀 及舊疾乙 因爲 篤疾乙 成病爲旀 他人矣 舌乙 折斷爲旀 陰陽乙 毁傷爲在乙良 竝杖一百遣 遠流齊 犯人矣 家產內一半乙 生徵 被傷篤疾人亦中 付給資養爲乎事

【損二事以上，謂或毆人一目瞎，又折一肢之類。及因舊患令至篤疾，如人舊瞎一目爲殘疾，更瞎一目，成篤疾；或先折一脚爲癈疾，更折一脚，成篤疾。斷人舌，謂將人舌割斷，令人專不能說話。毁敗人陰陽，謂割去男子莖物，破損外腎者。竝杖一百流三千里，將犯人家產一半斷付被傷篤疾之人養贍。若將婦人陰門非理毁壞者，止科其罪，不在斷付財產一半之限。】

直 損二事段 他矣 一目乙 毆打盲閉令是旀 又一指乙 毆打折毁之類是齊 因舊患令

至篤疾段 本來盲一目爲在 人乙 更良 一目亦 皆盲令是旀 或一脚亦 先折爲在 人是爲癈疾是去乙 更良 一脚乙 皆折爲 成篤疾爲齊 他矣 舌乙 絶斷爲 言語不得爲旀 毁敗陰陽段 男子矣 陰莖物乙 割斷爲旀 外腎囊乙 破損爲在乙良 竝杖一百遠流遣 家產一半乙 被傷人亦中 給付齊 婦人矣 陰門乙 非理以 毁敗爲在乙良 唯只 本罪叱分科斷遣 不在斷付財産之限

同謀共毆傷人者, 各以下手傷重者爲重罪, 原[51]謀減一等。

325-2 若因鬪互相毆傷者, 各驗其傷之輕重定罪。後下手理直者, 減二等。至死及毆兄姊、伯叔者, 不減。

直 同謀幷力傷人爲在乙良 各各下手人內 重亦 傷害爲在以 從重論遣 初亦 作謀爲在 人乙良 減一等[52]齊

○ 爭鬪乙 因爲 互相毆打有傷爲在乙良 傷處輕重乙 驗實爲 定罪爲乎矣 後良中 下手理直爲在乙良 減二等齊 至死爲只爲 致傷爲旀 兄果 姊果 伯叔果乙 犯打爲在乙良 必于 理直爲良置 不減

326 保辜限期

凡保辜者, 責令犯人醫治。辜限內, 皆須因傷死者, 以鬪毆殺人論。

直 凡 保辜者 犯罪人 當爲 藥材以 理病令是乎矣 限內良中 因傷身故爲在乙良 竝只 鬪毆殺人例以 論爲乎事

【謂毆及傷, 各依限保辜。然傷人皆須因毆乃是。若打人頭傷, 風從頭瘡而入, 因風

51 原 : 《大明律》, 《大明律附例》, 《律條疏議》, 《大明律釋義》, 《大明律集解附例》에는 "元"으로 되어 있다.

52 等 : 底本에는 뒤에 "等"이 더 있다. 世宗板에 근거하여 삭제하였다.

致死之類，以鬪毆殺人科罪。】

[直] 毆及因毆有傷爲在乙良 辜限定日爲乎矣 須只 毆乙仍于 傷爲在乙沙 論爲遣 因打頭有傷爲去等 傷處風入乙仍于 身故爲在乙良 鬪毆殺人以 論

其在辜限外，及雖在辜限內，傷已平復，官司文案明白，別因他故死者，各從本毆傷法。

[直] 辜限外良中沙 身故人 及必于 辜限內 身故爲良置 曾只 傷處平復爲乎 官司文字 明白奉上後良中 他病以 身故爲在乙良 本毆傷法以 論

【謂打人頭傷，不因頭瘡得風，別因他病而死者，是爲他故，各依本毆傷科罪。】

[直] 他人頭乙 打傷後 頭瘡乙 因 風得病爲乎所不喩 他病乙 因爲 身故爲在亦中 是爲他故是良厼 本毆傷例乙 依准科罪

若折傷以上，辜內醫治平復者，各減二等。墮胎子死者，不減[53]。

[直] 折傷以上者 辜限內理病平復爲在乙良 各減二等爲乎矣 落胎子死爲在乙良 不減

辜內雖治[54]平復，而成殘、癈、篤疾，及辜限滿日，不平復者，各依律全科。手足及以他物毆傷人者，限二十日；以刃及湯、火傷人者，限三十日；折跌肢體及破骨、墮胎者，無問手足、他物，皆限五十日。

[直] 辜限內良中 必于 平復爲良置 殘癈篤疾成病爲旀 辜限滿日爲去乙 平復不冬爲在乙良 各依律全科齊 手足果 及他物以 打傷人爲在乙良 限二十日齊 刀刃及湯火以 傷人爲在乙良 限三十日齊 肢體乙 折跌爲旀 及破骨落胎爲在乙良 不問手足他物 皆限五十日

53 墮……減：《大明律》，《大明律講解》，《大明律附例》，《律條疏議》，《大明律釋義》，《大明律集解附例》，《大明律附例箋釋》에는 律註로 되어 있다.

54 治：《大明律講解》，《大明律附例》，《律條疏議》，《大明律釋義》，《大明律集解附例》，《大明律附例箋釋》에는 없다.

327 宮內忿爭

凡於宮內忿爭者，笞五十。聲徹御在所，及相毆者，杖一百。折傷以上，加凡毆[55]傷二等。殿內又遞加一等。

直 凡 闕內良中 忿怒爭鬪爲在乙良 笞五十齊 聲及御坐所爲旀 及互相毆打爲在乙良 杖一百齊 折傷已上乙良 凡鬪例良中 加二等爲旀 正殿內是去等 加一等

328 皇家袒免以上親被毆

【袒免，凶服之至淺也。緦麻之外親戚如有死喪，雖無服制，不可與他人同，故袒其偏而加免於首，卽今同姓九寸也。】

凡皇家袒免親而毆之者，杖六十徒一年；傷者，杖八十徒二年；折傷以上重者，加凡鬪二等。緦麻以上，各遞加一等。篤疾者，絞；死者，斬。

直 凡 王室同姓八寸外親族乙 毆打爲在乙良 杖六十徒一年齊 有傷爲在乙良 杖八十徒二年齊 折傷已上重者乙良 凡鬪例良中 加二等爲遣 緦麻八寸以上親是去等 各遞加一等爲旀 篤疾成病爲在乙良 絞死齊 致死爲在乙良 斬

55 毆：直解 및 《大明律》, 《大明律附例》, 《律條疏議》, 《大明律釋義》, 《大明律集解附例》, 《大明律附例箋釋》에는 "鬪"로 되어 있다.

329 毆制使及本管長官

329-1　凡奉制命出使而官吏毆之，及部民毆本屬知府、知州、知縣，軍士毆本管指揮、千戶、百戶，若吏卒毆本部五品以上長官，杖一百徒三年；傷者，杖一百流二千里；折傷者，絞。若毆六品以下長官，各減三等。毆佐二[56]官、首領官，又各遞減一等。減罪輕者，加凡鬪一等。篤疾者，絞；死者，斬。

329-2　若流外官及軍民、吏卒毆非本管三品以上官者，杖八十徒二年；傷者，杖一百徒三年；折傷者，杖一百流二千里。毆傷五品以上官者，減二等。若減罪輕，及毆傷九品以上官者，各加凡鬪傷二等。

329-3　其公使人在外毆打有司官者，罪亦如之。從所屬上司拘問。

直 凡 奉王命出使員乙 官吏亦 犯打爲旀 及所掌內人民亦 仰屬牧使知郡縣令監務乙 犯打爲旀 軍士亦 仰管兵馬使知兵馬使千戶百戶乙 犯打爲旀 吏卒亦 仰屬五品以上長官乙 犯打爲在乙良 杖一百徒三年齊 有傷爲在乙良 杖一百遠流齊 折傷爲在乙良 絞死齊 又六品以下長官乙 犯打爲在乙良 各減三等齊 之次爲在 官員果 郎廳果乙 犯打爲在乙良 各遞減一等齊 輕爲在乙良 凡鬪例良中 加一等爲乎矣 篤疾成病爲在乙良 絞死齊 致死爲在乙良 斬

(○) 雜職官及軍民吏卒等亦 仰屬不喩是良置 他官三品以上乙 犯打爲在乙良 杖八十徒二年齊 有傷者乙良 杖一百徒三年齊 折傷爲在乙良 杖一百遠流齊 五品以上官乙 犯打有傷者乙良 減二等齊 減至輕及九品以上官乙 犯打有傷爲在乙良 各加凡鬪傷二等齊

56 二：《大明律》, 《大明律講解》, 《大明律附例》, 《律條疏議》, 《大明律釋義》, 《大明律集解附例》, 《大明律附例箋釋》에는 "貳"로 되어 있다.

(○) 及公差員亦 出外爲 所任官員乙 犯打爲在乙良 罪同爲在等以 所在長官是 推問爲乎事

330 佐職統屬毆長官

凡本衙門首領官及所統屬官毆傷長官者，各減吏卒毆傷長官二等。佐二[57]官毆長官者，又各減二等。減罪輕者，加凡鬪一等。篤疾者，絞；死者，斬。

直 凡 本司郎廳及所轄官亦 長官乙 犯打有傷爲在乙良 吏卒毆傷長官例良中 減二等齊 之次官亦 長官乙 犯打爲在乙良 各減二等齊 篤疾成病爲在乙良 絞死爲於 致死令是在乙良 斬爲乎事

331 上司官與統屬官相毆

凡監臨上司佐二、首領官，與所統屬下司官品級高者及與部民有高官，而相毆者，竝同凡鬪論。若非相統屬官品級同，自相毆者，亦同凡鬪論。

直 凡 監臨上司之次官及郎廳官亦 所屬下司品級稍高爲在乙茂火 互相毆打爲於 所掌內民是 官高爲在乙茂火 互相毆打爲在乙良 竝只凡鬪例以 同論齊 統屬官不喩是在 品級一等爲在乙茂火 自相毆打爲

57 二 : 《大明律》, 《大明律講解》, 《大明律附例》, 《律條疏議》, 《大明律釋義》, 《大明律集解附例》, 《大明律附例箋釋》에는 "貳"로 되어 있다.

在乙良 凡鬪乙 准論

332 九品以上官毆官長

凡流內九品以上官毆非本管三品以上官者，杖六十徒一年。折傷以上，及毆傷五[58]品以上，若五品以上毆傷三品以上官者，各加凡鬪傷二等。

直 凡 班爵內九品以上官亦 他官三品以上乙 犯打爲在乙良 杖六十徒一年齊 折傷以上果 五品已上官乙 犯打有傷爲旀 五品以上員亦三品以上員乙 打傷爲在乙良 凡鬪傷例良中 加二等

333 拒毆追攝人

凡官司差人追徵錢糧，句攝公事，而抗拒不服，及毆所差人者，杖八十。若傷重至內損吐血以上，及本犯重者，各加二等，罪止杖一百流三千里。至篤疾者，絞；死者，斬。

直 凡 官司亦 差人爲 錢糧乙 生徵令是旀 公事乙 負定令是去乙 拒逆不順爲旀 差使乙 犯打爲在乙良 杖八十爲乎矣 重亦 傷害爲 內損吐血以上果 本所犯罪狀 重爲在乙良 各加二等 杖一百遠流齊 篤疾

58 五：底本에는 "伍"로 되어 있다. 樂安板，平壤板，《大明律》，《大明律講解》，《大明律附例》，《律條疏議》，《大明律釋義》，《大明律集解附例》，《大明律附例箋釋》에 근거하여 수정하였다.

成病爲在乙良 絞死遣 致死爲在乙良 斬

334 毆受業師

凡毆受業師者，加凡人二等。死者，斬。

直 凡 受訓師長乙 犯打爲在乙良 凡人犯打例良中 加二等齊 殺死者乙良 斬

335 威力制縛人

凡爭論事理，聽經官陳告。若以威力制縛人，及於私家拷打監禁者，竝杖八十。傷重至內損吐血以上，各加凡鬪傷二等。因而致死者，絞。若以威力主使人毆打而致死傷者，竝以主使之人爲首，下手之人爲從論，減一等。

直 凡 爭訟事乙 須只 官司良中 現告受決爲乎矣 勢力制置結縛爲旀私處良中 打傷推問囚禁爲在乙良 竝只 杖八十爲齊 重亦 內損吐血爲去等 凡鬪傷例良中 加二等齊 因此致死爲在乙良 絞死齊 勢力以使人打傷致死爲在乙良 竝只 主使人乙 爲首論遣 下手人乙良 爲從以 論爲 減一等爲乎事

336 良賤相毆

336-1　凡奴婢毆良人者，加凡人一等。至篤疾者，絞；死者，斬。其良人毆傷殺[59]他人奴婢者，減凡人一等。若死及故殺者，絞。若奴婢自相毆殺傷[60]者，各依凡鬪傷殺法。相侵財物者，不用此律。

336-2　若毆緦麻、小功親奴婢，非折傷勿論；至折傷以上，各減殺傷凡人奴婢罪二等。大功減三等。至死者，杖一百徒三年。故殺者，絞；過失殺者，各勿論。

336-3　若毆緦麻、小功親雇工人，非折傷勿論；至折傷以上，各減凡人罪一等。大功減二等。至死及故殺者，竝絞；過失殺者，各勿論。

直 凡 奴婢亦 良人乙 犯打爲在乙良 凡人例良中 加一等爲乎矣 篤疾成病爲在乙良 絞死遣 致死者乙良 斬齊 良人亦 他矣 奴婢乙 毆打有傷爲在乙良 凡人例良中 減一等齊 因傷致死爲旀 故殺爲在乙良 絞死齊 奴婢等亦 自相打傷致死爲在乙良 凡鬪傷殺法乙 依准論齊 財物乙 互相侵奪爲在乙良 不用此律齊

(○) 緦麻小功以上親屬矣 奴婢乙 毆打爲乎矣 折傷不喩是去等 勿論罪遣 折傷以上是去等 殺傷他人奴婢罪良中 減二等齊 大功以上親矣 奴婢是去等 減三等齊 毆打至死爲在乙良 杖一百徒三年齊 故只殺害爲在乙良 絞死遣 失錯致死爲在乙良 各勿論齊

(○) 緦麻小功親矣 使用傭役人乙 毆打爲乎矣 折傷不喩去等 勿論罪遣 折傷以上乙良 凡人罪一等良中 各減齊 大功是去等 減二等爲

59 殺：《大明律附例》, 《大明律集解附例》, 《大明律附例箋釋》에는 없다.

60 殺傷：《大明律》, 《大明律講解》, 《大明律附例》, 《律條疏議》, 《大明律釋義》, 《大明律集解附例》, 《大明律附例箋釋》에는 "傷殺"로 되어 있다.

乎矣 至死爲旀 及故殺爲在乙良 竝只 絞死齊 失錯致死爲在乙良 勿論罪

337 奴婢毆家長

337-1　凡奴婢毆家長者，皆斬；殺者，皆凌遲處死。過失殺者，絞；傷者，杖一百流三千里。若毆家長之期親及外祖父母者，絞。傷者，皆斬。過失殺者，減毆罪二等；傷者，又減一等。故殺者，皆凌遲處死。毆家長之緦麻親，杖六十徒一年；小功，杖七十徒一年半；大功，杖八十徒二年。折傷以上，緦麻，加毆良人罪一等；小功，加二等；大功，加三等。加者，加入於死。死者，皆斬。若雇工人毆家長及家長之期親若外祖父母者，杖一百徒三年；傷者，杖一百流三千里；折傷者，絞；死者，斬。故殺者，凌遲處死；過失殺、傷者，各減本殺傷罪二等。毆家長之緦麻親，杖八十；小功，杖九十；大功，杖一百。傷重至內損吐血以上，緦麻、小功，加凡人罪一等；大功，加二等。死者，各斬。若奴婢有罪，其家長及家長之期親若外祖父母，不告官司而毆殺者，杖一百。無罪而殺者，杖六十徒一年[61]。

337-2　若家長及家長之期親若外祖父母毆雇工人，非折傷，勿論；折[62]傷以上，減凡人三等。因而致死者，杖一百徒三年；故殺者，絞。

337-3　若違犯敎令而依法決罰，邂逅致死，及過失殺者，各勿論。

61 年：《大明律》，《大明律講解》，《大明律附例》，《律條疏議》，《大明律釋義》，《大明律集解附例》，《大明律附例箋釋》에는 뒤에 "當房人口，悉放從良."이 더 있다.

62 折：《大明律》，《大明律講解》，《大明律附例》，《律條疏議》，《大明律釋義》，《大明律集解附例》，《大明律附例箋釋》에는 앞에 "至"가 더 있다.

直 凡 奴婢亦 家長乙 犯打爲在乙良 竝只 斬齊 致殺爲在乙良 竝只 車裂處死齊 失錯殺害爲在乙良 絞死齊 有傷爲在乙良 杖一百遠流齊 家長矣 期親果 外祖父母乙 犯打爲在乙良 絞死齊 有傷爲在乙良 竝只 斬齊 失錯致死爲在乙良 毆罪例良中 減二等齊 有傷者乙良 又減一等齊 故殺爲在乙良 竝只 車裂處死齊 家長矣 緦麻親屬乙 犯打爲在乙良 杖六十徒一年齊 小功親是去等 杖七十徒一年半 大功親是去等 杖八十徒二年齊 折傷以上乙良 緦麻親是去等 犯打良人罪良中 加一等 小功親是去等 加二等 大功親是去等 加三等爲乎矣 加等罪亦 入於死爲去等 竝只 斬 ○ 傭役人亦 家長及家長矣 期親及外祖父母乙 犯打爲在乙良 杖一百徒三年齊 致傷爲在乙良 杖一百遠流齊 折傷爲在乙良 絞死齊 致死爲在乙良 斬齊 故殺爲在乙良 車裂處死齊 失錯殺傷爲在乙良 本殺傷罪良中 減二等遣 家長矣 緦麻親乙 犯打爲在乙良 杖八十 小功親是去等 杖九十 大功親是去等 杖一百齊 內損吐血爲只爲 重傷爲在乙良 緦麻小功親是去等 加凡人罪一等 大功親是去等 加二等齊 致死爲在乙良 各斬 ○ 奴婢有罪爲去等 家長果 家長矣 期親果 及外祖父母亦 不告官司 打殺爲在乙良 杖一百齊 無罪爲在 奴婢乙 打殺爲在乙良 杖六十徒一年

○ 家長及家長矣 期親果 外祖父母亦 傭役人乙 毆打爲乎矣 折傷不喩去等 勿論罪齊 折傷以上乙良 凡人例良中 減三等遣 因此致死爲在乙良 杖一百徒三年齊 故殺乙良 絞死齊

(○) 教令不從爲臥乎等用良 依法決罪爲去乙 因此致死爲旀 失錯致死乙良 勿論罪

338 妻妾毆夫

338-1 凡妻毆夫者, 杖一百。夫願離者, 聽。

直 凡 妻亦 夫乙 犯打爲在乙良 杖一百爲乎矣 本夫亦 自願棄別爲在乙良 許聽

【須夫自告乃坐。】

直 須只 本夫亦 自告爲良沙 坐罪

至折傷以上, 各加凡鬪傷三等; 至篤疾者, 絞; 死者, 斬; 故殺者, 凌遲處死。

338-2 若妾毆夫及正妻者, 又各加一等。加者, 加入於死。

338-3 其夫毆妻, 非折傷, 勿論; 至折傷以上, 減凡人二等。

直 折傷爲在乙良 凡鬪傷例良中 加三等遣 篤疾成病爲在乙良 絞死齊 致死乙良 斬齊 故殺爲在乙良 車裂處死齊

(○) 妾亦 夫及正妻乙 犯打爲在乙良 又各加一等 加入於死齊

(○) 其夫亦 妻乙 毆打爲乎矣 折傷不冬爲去等 勿論罪齊 折傷以上乙良 凡人例良中 減二等

【須妻自告乃坐。】

直 須只 妻亦 自告爲良沙 坐罪

先行審問夫婦, 如願離異者, 斷罪離異; 不願離異者, 驗罪收贖。至死者, 絞。毆傷妾, 至折傷以上, 減毆傷妻二等; 至死者, 杖一百徒三年。妻毆傷妾, 與夫毆妻罪同。

直 夫婦亦中 先可 子細憑問爲乎矣 自願棄別者乙良 斷罪遣 離異齊 不願棄別者乙良 罪狀究問贖罪齊 至死爲在乙良 絞死齊 妾乙 毆打有傷爲 折傷以上乙良 毆傷妻例良中 減二等齊 至死爲在乙良 杖一百徒三年齊 妻亦 妾乙 毆打有傷爲在乙良 夫毆妻罪同齊

【亦須妾自告乃坐。】

直 須只 妾亦 自告爲良沙 坐罪

過失殺者，各勿論。

338-4 若毆妻之父母者，杖一百；折傷以上，各加凡鬪傷罪一等；至篤疾者，絞；死者，斬。

直 失錯致死爲在乙良 勿論罪齊

(○) 妻之父母乙 犯打爲在乙良 杖一百齊 折傷以上乙良 凡鬪傷例良中 加一等齊 篤疾成病爲在乙良 絞死齊 致死乙良 斬

339 同姓親屬相毆

凡同姓親屬相毆，雖五服已盡，而尊卑名分猶存者，尊長減凡鬪一等，卑幼加一等。至死者，竝以凡人論。

直 凡 同姓親屬亦 互相毆打爲乎矣 必于 五等服制已盡爲良置 尊卑名分不絶爲去有等以 族長乙良 凡鬪傷例良中 減一等遣 族下卑幼乙良 加一等齊 至死乙良 竝只 凡人例以 論

340 毆大功以下尊長

340-1 凡卑幼毆本宗及外姻緦麻兄姊，杖一百；小功，杖六十徒一年；大功，杖七十徒一年半。尊屬又各加一等。

直 凡 族下亦 同姓及異姓緦麻兄果 姊果乙 犯打爲在乙良 杖一百 小功是去等 杖六十徒一年 大功是去等 杖七十徒一年半 尊屬是去等

各加一等

【尊屬，與父母同輩者。如同堂伯叔父母、姑及母舅、母姨之類。】

直 尊屬段 父母以 同等爲在 同姓伯叔父及妻果 父之姊妹 及母矣 娚果 母矣 姊妹[63] 之類

折傷以上，各遞加凡鬪傷一等；篤疾者，絞；死者，斬。

340-2 若尊長毆卑幼，非折傷勿論。至折傷以上，緦麻減凡人一等，小功減二等，大功減三等。至死者，絞。其毆殺同堂弟妹、堂姪及姪孫者，杖一百流三千里。故殺者，絞。

直 折傷以上乙良 凡鬪傷例良中 各遞加一等齊 篤疾成病爲去等 絞死齊 致死者乙良 斬

○ 族長亦 族下乙 毆打爲遣 折傷不喩去等 勿論齊 折傷以上乙良 緦麻去等 凡人例良中 減一等齊 小功去等 減二等 大功是去等 減三等齊 致死爲在乙良 絞死齊 同姓四寸弟妹果 同姓五寸姪及姪孫等乙 毆打殺死爲在乙良 杖一百遠流齊 故殺者絞死

341 毆期親尊長

凡弟妹毆兄姊者，杖九十徒二年半；傷者，杖一百徒三年；折傷者，杖一百流三千里；刃傷及折肢若瞎其一目者，絞；死者，皆斬。若姪毆伯叔父母、姑，及外孫毆外祖父母，各加一等。其過失殺、傷者，各減本殺傷罪二等。故殺者，皆凌遲處死。

直 凡 弟妹亦 兄姊乙 犯打爲在乙良 杖九十徒二年半齊 有傷爲在乙

63 妹：底本에는 없다. 世宗板에 근거하여 보충하였다.

良 杖一百徒三年齊 折傷爲在乙良 杖一百遠流齊 刀刃以 有傷爲旀 肢乙 折傷爲旀 一目乙 盲閉爲在乙良 絞死齊 致死爲在乙良 斬齊 姪亦 三寸伯叔父母果 父之姊妹乙 犯打爲旀 外孫亦 外祖父母乙 犯打爲在乙良 各加一等齊 失錯殺傷爲在乙良 本殺傷例良中 減二等齊 故殺爲在乙良 竝只 車裂處死齊

【若與外人謀、故殺親屬者，外人造意、下手、從而加功、從而不加功，自依凡人故殺律科罪。餘條准此。】

直 謂 外人乙茂火 親屬乙 謀殺爲乎矣 外人亦 起揭下手次良中 同意加功爲旀 同意遣 加功不冬爲在乙良 凡人故殺例以 科罪

其兄姊毆殺弟妹，及伯叔、姑毆殺姪幷姪孫，若外祖父母毆殺外孫者，杖一百徒三年；故殺者，杖一百流二千里。過失殺者，各勿論。

直 兄姊亦 弟妹乙 毆殺爲旀 三寸伯叔父果 父之姊妹亦 姪果 姪孫果乙 毆殺爲旀 外祖父母亦 外孫乙 毆殺爲在乙良 杖一百徒三年齊 故殺爲在乙良 杖一百遠流齊 失錯致死爲在乙良 勿論

342 毆祖父母父母

342-1 凡子孫毆祖父母、父母，及妻妾毆夫之祖父母、父母者，皆斬；殺者，皆凌遲處死。過失殺者，杖一百流三千里；傷者，杖一百徒三年。

342-2 其子孫違犯教令，而祖父母、父母非理毆殺者，杖一百；故殺者，杖六十徒一年。嫡、繼、慈、養母殺者，各加一等；致令絶嗣者，絞。若非理毆子、孫之婦及乞養異姓子孫，致令廢疾者，杖八十；篤疾者，加一等。竝令歸宗。子、孫之婦追還嫁粧，仍給養贍銀一十兩。乞養子孫撥付合得財産養贍。至死者，各杖一百徒三年；故殺者，各杖一百流二千里。妾各減二等。

342-3　其子孫毆罵祖父母、父母，及妻妾毆罵夫之祖父母、父母，而毆殺之；若違犯教令，而依法決罰，邂逅致死；及過失殺者，各勿論。

直 凡 子孫亦 祖父母果 父母果乙 犯打爲旀 妻妾亦 夫矣 祖父母果 父母乙 犯打爲在乙良 皆斬齊 致殺爲在乙良 竝只 車裂處死齊 失錯 致死爲在乙良 杖一百遠流齊 有傷爲在乙良 杖一百徒三年齊

○ 子孫亦 教令乙 違犯爲去等 祖父母父母 非理以 打傷致死爲在乙良 杖一百齊 故殺者乙良 杖六十徒一年齊 嫡母義母慈母養母亦 致殺爲在乙良 各加一等爲乎矣 因此絶嗣令是在乙良 絞死齊 非理以 子孫之婦果 收養異姓子孫等乙 毆打爲 癈疾成病爲在乙良 杖八十齊 篤疾成病爲在乙良 加一等遣 同姓及異姓子孫等乙 竝只 還歸本宗爲乎矣 子孫之婦乙良 其矣 嫁時持來衣裝乙 生徵還給爲旀 資養銀一十兩乙 徵給齊 收養子孫乙良 合得財産乙 許給資養爲乎矣 至死爲在乙良 各杖一百徒三年 故殺者乙良 各杖一百遠流齊 妾是去等 各減二等

○ 子孫亦 祖父母父母乙 犯打罵詈爲旀 妻妾亦 夫矣 祖父母父母乙 犯打罵詈爲去乙 祖父母父母亦 毆打致殺爲旀 及教令乙 違犯爲在乙 依法與罪次良中 因此致死爲旀 失錯致死爲在乙良 各勿論

343 妻妾與夫親屬相毆

343-1　凡妻妾毆夫之期親以下、緦麻以上尊長，與夫毆同罪。至死者，各斬。

343-2　若妻毆傷卑屬，與夫毆同罪[64]。至死者，絞。

343-3　若毆殺夫之兄弟子，杖一百流三千里；故殺者，絞。妾犯者，各從凡鬪法。

343-4　尊[65]長毆傷卑幼之婦，減凡人一等。妾又減一等。至死者，絞。

343-5　若弟妹毆兄之妻[66]，加凡人一等。

343-6　若兄姊毆弟之妻，及妻毆夫之弟妹及弟之妻，各減凡人一等。若毆妾者，各又減一等。

343-7　其毆姊妹夫、妻之兄弟，及妻毆夫之姊妹夫者，以凡鬪論。若妾犯者，各加一等。

343-8　若妾毆夫之妾子，減凡人二等；毆妻之子，以凡人論。若妻之子毆傷父妾，加凡人一等。妾子毆傷父妾，又加二等。

343-9　至死者，各依凡人論。

直 凡 妻妾亦 夫矣 期親以下緦麻以上族長乙 犯打爲良在等 夫矣 犯打罪以 同齊 至死者乙良 各斬齊

(○) 妻亦 夫矣 族下乙 毆打有傷爲在乙良 夫矣 毆打有傷罪同齊 至死者乙良 絞死齊

(○) 又夫矣 兄弟之子乙 毆打致死爲在乙良 杖一百遠流齊 故殺爲在乙良 絞死齊 妾亦 右如 犯殺爲在乙良 凡鬪例以 科罪齊

○ 族長亦 族下矣 妻乙 打傷爲在乙良 凡人例良中 減一等齊 妾是去等 又減一等齊 至死爲在乙良 絞死齊

(○) 弟妹等亦 兄之妻乙 犯打爲在乙良 凡人例良中 加一等

64 罪 : 《大明律》, 《大明律講解》, 《大明律附例》, 《律條疏議》, 《大明律釋義》, 《大明律集解附例》, 《大明律附例箋釋》에는 없다.

65 尊 : 《大明律》, 《大明律講解》, 《大明律附例》, 《律條疏議》, 《大明律釋義》, 《大明律集解附例》, 《大明律附例箋釋》에는 앞에 "若"이 더 있다.

66 妻 : 世宗板에는 뒤에 "及妻毆夫之兄姊各"이 더 있다.

(○) 兄姊等亦 弟之妻乙 毆打爲旀 妻亦 夫矣 弟果 妹果 弟矣 妻等乙 毆打爲在乙良 各減凡人例一等齊 妾乙 毆打爲在乙良 又各減一等齊

(○) 姊妹矣 夫果 妻矣 甥乙 毆打爲旀 妻亦 夫矣 姊妹矣 夫乙 毆打爲在乙良 凡鬪例以 論齊 妾亦 右如爲在乙良 各加一等齊

○ 妾亦 夫矣 妾子乙 毆打爲在乙良 凡人例良中 減二等齊 妻矣 子乙 毆打爲在乙良 凡人例以 論齊 妻矣 子亦 父矣 妾乙 打傷爲在乙良 凡人例良中 加一等齊 妾子亦 父矣 妾乙 打傷爲在乙良 又加二等齊

(○) 至死爲在乙良 各依凡人例以 論

344 毆妻前夫之子

344-1 凡毆妻前夫之子者,【謂先曾[67]同居, 今不同居者。】減凡人一等。同居者, 又減一等。至死者絞。

344-2 若毆繼父者,【亦謂先曾[68]同居, 今不同居者。】杖六十徒一年。折傷以上, 加凡鬪傷一等。同居者, 又加一等。至死者, 斬。

344-3 其故殺及自來不曾同居者, 各以凡人論。

直 凡 夫亦 妻矣 前夫子乙 毆打爲在乙良 凡人例良中 減一等遣 同居爲在乙良 又減一等齊 至死爲在乙良 絞死齊

(○) 子亦 義父乙 犯打[69]爲在乙良 杖六十徒一年齊 折[70]傷以上乙良

67 曾 : 《大明律附例》에는 "前"으로 되어 있다.

68 曾 : 《大明律附例》에는 "前"으로 되어 있다.

69 打 : 底本에는 "折"로 되어 있다. 世宗板에 근거하여 수정하였다.

凡鬪傷例良中 加一等齊 同居者是去等 又加一等齊 至死爲在乙良 斬齊

○ 故殺爲旀 本來同居不喩在乙良 凡人例同

345 妻妾毆故夫父母

凡妻妾夫亡改嫁，毆故夫之祖父母、父母者，竝與毆舅姑罪同。其舊舅姑毆已故子孫改嫁妻妾者，亦[71]與毆子孫婦同。若奴婢毆舊家長，及家長毆舊奴婢者，各以凡人論。

直 凡 妻妾亦 夫亡爲去乙 適他爲 亡夫矣 祖父母父母乙 犯打爲在隱 夫之父母毆打罪以 同齊 舊夫之父母亦 已故子孫矣 適他妻妾乙 毆打爲在乙良 子孫婦乙 毆打罪以 同齊 奴婢亦 舊家長乙 毆打爲旀 家長亦 舊奴婢乙 毆打爲在乙良 凡人例以 同爲去有而亦 本國[72]法良中 必于 舊奴婢去乃 本主乙 毆打爲乎第亦中 罪重爲去有良尒 奴婢毆舊家長爲在乙良 奴婢毆[73]家長斬[74]罪良中 減一等爲乎事

70 折 : 底本에는 "打"로 되어 있다. 律文에 근거하여 수정하였다.

71 亦 : 底本에는 없다. 世宗板, 《大明律》, 《大明律講解》, 《大明律附例》, 《律條疏議》, 《大明律釋義》, 《大明律集解附例》, 《大明律附例箋釋》에 근거하여 보충하였다.

72 國 : 底本에는 "固"로 되어 있다. 世宗板에 근거하여 수정하였다.

73 毆 : 底本에는 "罪"로 되어 있다. 337條 奴婢毆家長과 《世宗實錄》 14年 9月 18日 기사에 근거하여 수정하였다.

74 斬 : 底本에는 "絞"로 되어 있다. 337條 奴婢毆家長과 《世宗實錄》 14年 9月 18日 기사에 근거하여 수정하였다.

346 父祖被毆

凡祖父母、父母爲人所毆，子孫卽時救護而還毆，非折傷，勿論；至折傷以上，減凡鬪三等；至死者，依常律。若祖父母、父母爲人所殺，而子孫擅殺行兇人者，杖六十。其卽時殺死者，勿論。

直 凡 祖父母父母乙 他人亦 毆打爲去乙 子孫等亦 卽時救護還打爲乎矣 折傷不喩去等 勿論罪遣 折傷以上乙良 凡鬪例良中 減三等齊 至死爲在乙良 依常律齊 ○ 祖父母父母乙 他人亦 殺害爲有去乙 子孫亦 右惡人乙 趣便以 殺害爲去等 杖六十遣 卽時殺死者乙良 勿論

罵詈

347 罵人

凡罵人者，笞一十。互相罵者，各笞一十。

直 凡 他人乙 罵詈爲在乙良 笞一十齊 互相罵詈者 各笞一十

348 罵制使及本管長官

凡奉制命出使而官吏罵詈，及部民罵本屬知府、知州[75]、知縣，軍士罵本管指揮、千戶、百戶，若吏卒罵本部五品以上長官，杖一百。若罵六品以下長官，各減三等；罵佐貳官、首領官，又各遞減一等。竝親聞乃坐。

直 凡 奉王命出使員乙 官吏亦 罵詈爲旀 所管內民人亦 仰屬牧使知官縣令監務員乙 罵詈爲旀 軍士亦 仰屬兵馬使副使千戶百戶等乙 罵詈爲旀 吏卒亦 仰屬五品以上長官乙 罵詈爲在乙良 杖一百齊 六品以下長官乙 罵詈爲在乙良 各減三等齊 之次官員果 郎廳官員乙 罵詈爲在乙良 又遞減一等爲乎矣 竝只 親聞爲良沙 坐罪

75 州：底本에는 "川"으로 되어 있다. 世宗板, 光州板, 晉州板, 樂安板, 平壤板에 근거하여 수정하였다.

349 佐職統屬罵長官

凡首領官及統屬官罵五品以上長官者[76]，杖八十。若罵六品以下長官，減三等。佐貳官罵長官者，又減二等。竝親聞乃坐[77]。

直 凡 郎廳及所屬官員亦 五品以上長官乙 罵詈爲在乙良 杖八十齊 六品以下長官乙 罵詈爲在乙良 減三等齊 之次官員亦 長官乙 罵詈爲在乙良 又減二等爲乎矣 竝只 親聞爲良沙 坐罪

350 奴婢罵家長

凡奴婢罵家長者，絞；罵家長之期親及外祖父母者，杖八十徒二年；大功，杖八十；小功，杖七十；緦麻，杖六十。若雇工人罵家長者，杖八十徒二年；罵家長之期親及外祖父母者，杖一百；大功，杖六十；小功，笞五十；緦麻，笞四十。竝須親告乃坐[78]。

直 凡 奴婢亦 家長乙 罵詈爲在乙良 絞死齊 家長矣 期親果 外祖父母乙 罵詈爲在乙良 杖八十徒二年齊 大功是去等 杖八十齊 小功是去等 杖七十齊 緦麻親是去等 杖六十齊 傭役人亦 家長乙 罵詈爲在乙良 杖八十徒二年齊 家長矣 期親果 外祖父母乙 罵詈爲在乙良 杖

76 者：《大明律》，《大明律講解》，《大明律附例》，《律條疏議》，《大明律釋義》，《大明律集解附例》，《大明律附例箋釋》에는 없다.

77 竝……坐：《大明律》，《大明律講解》，《大明律附例》，《律條疏議》，《大明律集解附例》，《大明律附例箋釋》에는 律註로 되어 있다.

78 竝……坐：《大明律》，《大明律講解》，《大明律附例》，《律條疏議》，《大明律釋義》，《大明律集解附例》，《大明律附例箋釋》에는 律註로 되어 있다.

一百齊 大功是去等 杖六十齊 小功是去等 笞五十齊 緦麻是去等 笞四十爲乎矣 竝只 親告爲去沙 坐罪

351 罵尊長

凡罵緦麻兄姊，笞五十；小功，杖六十；大功，杖七十。尊屬各加一等。若罵兄姊者，杖一百；伯叔父母、姑、外祖父母，各加一等。竝須親告乃坐[79]。

直 凡 人亦 緦麻親是在 兄果 姊果乙 罵詈爲在乙良 笞五十齊 小功是去等 杖六十齊 大功是去等 杖七十爲乎矣 親屬是[80]去等 各加一等齊 同生兄果 姊果乙 罵詈爲在乙良 杖一百齊 三寸伯叔父母果 父之姊妹果 外祖父母果乙 罵詈爲在乙良 各加一等爲乎矣 竝只 親告爲良沙 坐罪

352 罵祖父母父母

凡罵祖父母、父母，及妻妾罵夫之祖父母、父母者，竝絞。親告乃坐[81]。

79 竝……坐 :《大明律》,《大明律講解》,《大明律附例》,《律條疏議》,《大明律釋義》,《大明律集解附例》,《大明律附例箋釋》에는 律註로 되어 있다.

80 是 : 底本에는 "爲"로 되어 있다. 世宗板에 근거하여 수정하였다.

81 親告乃坐 :《大明律》,《大明律講解》,《大明律附例》,《律條疏議》,《大明律釋義》,《大明律附例箋釋》에는 앞에 "須"가 더 있으며,《大明律集解附例》에는 앞에 "竝須"가 더 있다. 모두 律註로 되어 있다.

直 凡 祖父母及父母乙 罵詈爲旀 妻妾亦 夫矣 祖父母及父母乙 罵詈爲在乙良 竝只 絞死爲乎矣 親告爲良沙 乃坐齊

353 妻妾罵夫期親尊長

凡妻妾罵夫之期親以下、緦麻以上尊長，與夫罵罪同。妾罵夫者，杖八十。妾罵妻者，罪亦如之。若罵妻之父母者，杖六十。竝須親告乃坐[82]。

直 凡 妻妾亦 夫矣 期親以下杲 緦麻以上 族長乙 罵詈爲在乙良 夫戈只 前件族長乙 罵詈罪以 同齊 妾亦 夫乙 罵詈爲在乙良 杖八十齊 妾亦 妻乙 罵詈爲在乙良 罪同齊 妻矣 父母乙 罵詈爲在乙良 杖六十爲乎矣 竝只 親告爲良沙 坐罪

354 妻妾罵故夫父母

凡妻妾夫亡改嫁，罵故夫之祖父母、父母者，竝與罵舅姑罪同。若奴婢罵舊家長者，以凡人論。

直 凡 妻妾亦 夫亡改嫁爲 亡夫矣 祖父母及父母乙 罵詈爲在乙良 竝只 夫矣 父母乙 罵詈爲乎 罪以 同齊 奴婢亦 舊家長乙 罵詈爲在乙良 凡人例以 論罪爲置有而亦 本國法良中 奴婢亦 本主乙 罵詈爲乎所 凡人例以 論爲乎不喩良尔 罵家長絞罪良中 減二等爲乎事

82 竝……坐：《大明律》,《大明律講解》,《大明律附例》,《律條疏議》,《大明律釋義》,《大明律集解附例》,《大明律附例箋釋》에는 律註로 되어 있다.

訴訟

355 越訴

凡軍民詞訟皆須自下而上陳告。若越本管官司，輒赴上司稱訴者，笞五十。若迎車駕及擊登聞鼓申訴，而不實者，杖一百。事重者，從重論。得實者，免罪。

直 凡 軍民亦 諍訟乙 須只 先告下司而後良中沙 上司良中 陳告爲乎矣 本屬官司良中 越次爲 上司良中 直呈訴告爲在乙良 笞五十齊 陪奉駕前良中 訴告爲白旀 登聞鼓乙 擊打申訴爲乎矣 所告不實爲去等 杖一百爲旀 重事是去等 從重論遣 實事是去等 免罪爲乎矣 所屬官接狀受理不冬爲去等 仰官良中 陳告 官員 幷以 論罪

356 投匿名文書告人罪

凡投隱匿姓名文書，告言人罪者，絞。見者，卽便燒毁。若將送入官司者，杖八十。官司受而爲理者，杖一百。被告言[83]者不坐。若能連文書捉獲解官者，官給銀一十兩充賞。

直 凡 無名狀乙用良 他人矣 罪乙 訴告爲在乙良 絞死齊 無名狀乙見者是如中 卽時燒毁齊 右文書乙 官司良中 送入爲在乙良 杖八十

83 言 :《大明律》,《大明律講解》에는 없다.

齊 官司亦 接狀推考爲在乙良 杖一百齊 被告人乙良 不坐罪齊 無名狀及造作人 幷以 執促付官爲在乙良 官司亦 賞給銀一十兩

357 告狀不受理

357-1 凡告謀反、逆、叛，官司不卽受理掩捕者，杖一百徒三年。以致聚衆作亂，攻陷城池，及劫掠人民者，斬。若告惡逆，不受理者，杖一百。告殺人及强盜，不受理者，杖八十。鬪毆、婚姻、田宅等事不受理者，各減犯人罪二等。竝罪止杖八十。受財者，計贓，以枉法，從重論。

357-2 若詞訟元告、被論在兩處州縣者，聽元告就被論官司，告理歸結。推故不受理者，罪亦如之。

357-3 若都督府、各部、監察御史、按察司及分司巡歷去處應有詞訟，未經本管官司陳告，及本宗公事未絶者，竝聽置簿立限，發當該官司追問，取具歸結緣由句銷。若有遲錯，不卽擧行改正者，與當該官吏同罪。其已經本管官司陳告，不爲受理，及本宗公事已絶，理斷不當稱訴冤枉者，各衙門卽便句問。若推故不受理，及轉委有司，或仍發原[84]問官司收問者， 依告狀不受理律論罪。 若追問詞訟及大小公事，須要就本衙門歸結，不得轉委。違者，隨事[85]理輕重以坐其罪。

直 凡 謀反逆叛事乙 現告爲去等 官司亦 卽時接狀捕促不冬爲在乙

84 原 : 《大明律》, 《大明律附例》, 《律條疏議》, 《大明律集解附例》에는 "元"으로 되어 있다.

85 事 : 《大明律》, 《大明律講解》, 《大明律附例》, 《律條疏議》, 《大明律釋義》, 《大明律集解附例》, 《大明律附例箋釋》에는 앞에 "所告"가 더 있다.

良 杖一百徒三年齊 右惡倘亦 成黨作亂 城郭乙 陷敗爲旀 人民乙 劫掠令是在乙良 斬齊 不忠不孝等惡逆事乙 現告爲良在等 接狀推考不冬爲在乙良 杖一百齊 殺人强盜事乙 現告爲良在等 接狀推考不冬爲在乙良 杖八十齊 爭鬪毆打婚姻田宅等事乙 現告爲良在等 接狀推考不冬爲在乙良 所犯人矣 罪良中 減二等爲乎矣 杖八十爲限齊 受財推考不冬爲在乙良 贓物乙 計爲 枉法例以 從重論罪齊

(○) 諍訟事乙 原告人果 被告人果 兩處各在爲去等 原告人亦 被告人矣 所在官司進告 對決爲乎矣 官員亦 緣故推旀 接狀推考不冬爲在隱 同罪齊

(○) 都評議使司司憲府六曹及各道按廉使 各巡行到處良中有臥乎諍訟等事乙 依例所屬官司良中 先告不冬爲旀 已接狀公事乙 未決折爲去等 竝只 文簿良中 頃下施行爲旀 定限爲 次知官司良中 發送 更良 推考爲 決絶爲乎 詞緣報狀捧上 文簿良中 爻周爲乎矣 遲晩爲 卽時推考辨正不冬爲在 官員乙良 次知官吏罪以 同齊 初亦 所屬官司良中 現告爲良在等 接狀推考不冬爲旀 現告公事乙 已決爲良置 誤決爲乎所乙仍于 寃枉訴告爲在乙良 各處官員 卽時進來推問爲乎矣 他緣故 推旀 推考不冬爲旀 他官良中 傳傳移送爲旀 原告官司良中 還送推問令是在乙良 准告狀不受理律論罪 ○ 諍訟推問事及大小公事等乙 須只 本司良中 坐起一定決斷爲乎矣 違禮[86]爲 中間 他人亦中 傳付決斷爲在乙良 訴告事理輕重乙用良 坐罪

【謂如所告公事合得杖罪，坐以杖罪；合得笞罪，坐以笞罪；死罪已決放者，同罪；未決放，減等；徒流[87]抵徒流。】

86 禮 : 문맥상 "例"인 듯하다.

87 流 : 《大明律》, 《大明律講解》, 《大明律附例》, 《律條疏議》, 《大明律釋義》, 《大明律集

直 謂 聽告公事亦 杖罪是去等 杖罪以 坐罪爲旀 笞罪是去等 笞罪以 坐罪

358 聽訟回避

凡官吏於所[88]訟人內, 關有服親及婚姻之家若受業師及舊有讎嫌之人, 竝聽移文迴避。違者, 笞四十。若罪有增減者, 以故出入人罪論。

直 凡 官吏亦 諍訟現告人亦中 有服制親果 婚姻之族果 受訓師果 在前冤讎有恨人等戈只 干連爲去等 竝只 他官司良中 移送爲乎矣 違犯爲在乙良 笞四十遣 罪狀乙 加減爲在乙良 故出人罪入人罪例以 論罪

359 誣告

359-1 凡誣告人笞罪者, 加所誣罪二等; 流、徒、杖罪, 加所誣罪三等。各罪止杖一百流三千里。若所誣徒罪人已役, 流罪人已配, 雖經改正放迴, 驗日, 於犯人名下追徵用過路費給還。若曾經典賣田宅者, 着落犯人, 備價取贖。因而致死隨行有服親屬一人者, 絞。將犯人財産一半斷付被誣之人。

直 凡 他人矣 笞罪乙 妄告爲在乙良 誣告罪良中 加二等齊 流徒杖罪

解附例》,《大明律附例箋釋》에는 뒤에 "罪"가 더 있다.

88 所 :《大明律》,《大明律講解》,《大明律附例》,《律條疏議》,《大明律釋義》,《大明律集解附例》,《大明律附例箋釋》에는 "訴"로 되어 있다.

乙 誣告爲在乙良 加三等爲乎矣 杖一百爲限遣 遠流齊 被告爲在 徒罪人亦 已付徒役爲旀 流罪人亦 已付配所爲有如可 必于 滿役改正還來爲良置 來往程途日限乙 計數爲 其矣 路次費用物色乙 誣告人當爲 生徵還給齊 又 其矣 田宅至亦 放賣爲去等 誣告人 當爲 價本依數生徵 還給爲乎矣 因此被誣人矣 有服親屬亦 隨去爲如可 一人是乃 致死爲在乙良 誣告人乙 絞死遣 其矣 財産內一半乙 被誣之人亦中 給爲齊

【其被誣之人致死親屬一人者, 犯人雖處絞, 仍令備償路費, 取贖田宅, 又將財産一半斷付被誣之人養贍。】

至死罪, 所誣之人已決者, 反坐以死。

直 被誣之人亦 至死[89]罪良中 已決爲良在等 誣告人乙 死罪良中 反坐令是齊

【其被誣之人已經處決者, 犯人雖坐死罪, 亦令備償路費, 取贖田宅, 斷付財産一半, 養贍其家。】

未決者, 杖一百流三千里, 加役三年。

直 被誣之人乙 未決爲有去等 誣告人乙 杖一百遠流爲旀 加役三年齊

其犯人如果貧乏, 無可備償路費、取贖田宅, 亦無財産斷付者, 止科其罪。其被誣之人詐冒不實, 反誣犯人者, 亦抵所誣之罪。犯人止反坐本罪。

直 誣告人亦 實則貧窮爲 路次費用物色果 田宅放賣爲乎 價本乙 生徵不得爲乎喩去等 唯只 決罪分是齊 被誣爲在 人置 虛事以 所犯人乙 反訴爲在乙良 犯人矣 誣告罪乙 反坐令是遣 犯人乙良 唯只 本罪

89 死 : 底本에서는 글자를 판독할 수 없다. 世宗板, 光州板, 晉州板, 樂安板, 平壤板에 근거하여 확정하였다.

良中 斷決爲乎事

【謂被誣之人本曾不[90]致死親屬詐作致死，或將他人死屍冒作親屬，誣賴犯人者，亦抵絞死[91]罪。犯人止反坐誣告本罪，不在加等、備償路費、取贖田宅、斷付財産一半之限。】

直 被誣人亦 本來其矣 親屬乙 致死不冬爲在乙 妄作致死是如爲旀 時或他人矣 屍體乙 妄作親屬矣 屍體是如爲 犯人乙 誣弄爲在乙良 絞罪乙 抵坐爲遣 犯人乙良 唯只 誣告罪乙 反坐令是乎矣 路次費用物色 及田宅放賣爲乎 價本乙良 生徵還給安徐爲乎事

若告二事以上，重事告實，輕事招虛，及數事罪等但一事告實者，皆免罪。

359-2 若告二事以上，輕事告實，重事招虛，或告一事，誣輕爲重者，皆反坐所剩。若已論決，全抵剩罪；未論決，笞杖收贖，徒流止杖一百，餘罪亦聽收贖。

直 二事乙 訴告爲乎矣 重事 實爲遣 輕事 虛爲旀 及所告數事亦 一事叱分是乃 實爲去等 竝只 免罪齊

(○) 二事乙 訴告爲乎矣 輕事 實遣 重事 虛爲旀 或一事乙 告爲乎矣 輕罪乙 重罪良中 誣告爲在乙良 剩餘數乙 計爲 反罪爲乎矣 被誣人乙 已論決爲去等 剩餘罪乙 全亦 反坐爲齊 未論決爲有去等 笞罪杖罪乙 竝只 贖罪齊 徒流是去等 杖一百爲限爲遣 餘罪乙良 竝只 贖罪爲乎事

【謂誣輕爲重至徒、流罪者，每徒一等折杖二十。若從徒入流者，三流竝准徒四年，皆

90 曾不：《大明律》，《大明律講解》，《大明律附例》，《律條疏議》，《大明律釋義》，《大明律集解附例》，《大明律附例箋釋》에는 "不曾"으로 되어 있다.

91 死：《大明律》，《大明律講解》，《大明律附例》，《律條疏議》，《大明律釋義》，《大明律集解附例》，《大明律附例箋釋》에는 없다.

以一年爲所剩罪，折杖四十。若從近流入至遠流者，每流一等准徒半年爲所剩罪，亦各折杖二十。收贖者，謂如告一人二事，一事該笞五十是虛，一事該笞三十是實，卽於笞五十上准告實笞三十外，該剩下告虛笞二十贖銅錢一貫二百文。或告一人，一事該杖一百是虛，一事該杖六十是實，卽於杖一百上准告實杖六十外，該剩下告虛[92]杖四十贖銅錢二貫四百文。及告一人，一事該杖一百徒三年是虛，一事該杖八十是實，卽於杖一百徒三年上准告實杖八十外，該剩下告虛杖二十徒三年之罪，徒五等該折杖一百，通計杖一百二十，反坐原[93]告人杖一百，餘剩杖二十贖銅錢一貫二百文。又如告一人一事，該杖一百流三千里，於內問得止招該杖一百，三流竝准徒四年，通計折杖一百四十，反坐原告人杖一百，餘剩杖四十贖銅錢二貫四百文之類。若已論決，竝以剩罪全科，不在收贖之限。】

至死罪，而所誣之人已決者，反坐以死；未決者，止杖一百流三千里。若律該罪止者，誣告雖多，不反坐。

直 被誣人乙 死罪良中 已決爲良在等 誣告人乙 死罪良中 反坐令是齊 未決爲良在等 杖一百遠流齊 律良中 罪止亦 稱云爲在隱 誣告事雖多爲良置 不反坐爲乎事

【謂如告人不枉法贓二百貫，一百二十貫是實[94]，八十貫是虛，依律不枉法贓一百二十貫以上，罪止杖一百流三千里，卽免其罪。】

直 謂 他人矣 受贈事乙 告爲乎矣 所受贓物亦 二百貫以 一百二十貫隱 實事是遣 八十貫隱 虛事是去等 律文良中 稱云爲乎 一百二十貫以 止決杖一百遠流乙 依准爲

92 告虛：底本에는 "虛告"로 되어 있다.《大明律講解》,《大明律附例》,《律條疏議》,《大明律釋義》,《大明律集解附例》,《大明律附例箋釋》및 문맥에 근거하여 수정하였다.

93 原：《大明律》,《大明律講解》,《大明律附例》,《律條疏議》,《大明律釋義》,《大明律集解附例》,《大明律附例箋釋》에는 "元"으로 되어 있다.

94 實：底本에서는 글자를 판독할 수 없다. 世宗板, 光州板, 晉州板, 樂安板, 平壤板에 근거하여 확정하였다.

遣 誣告者乙良 不反坐爲乎事

其告二人以上，但有一人不實者，罪雖輕，猶以誣告論。

直 二人乙 誣告爲乎矣 一人亦 不實爲去等 罪雖輕爲良置 猶亦 誣告以 論罪爲乎事

【謂如有人告三人，二人徒罪是實，一人笞罪是虛，仍以一人笞罪上[95]加二等反坐原[96]告之類。】

直 謂 三人矣 罪乙 告爲乎矣 二人矣 徒罪隱 實爲遣 一人矣 笞罪隱 虛爲去等 罪雖輕爲良置 笞罪上加二等爲 原告乙 反坐罪爲乎事

若各衙門官進呈實封誣告人，及風憲官挾私彈事，有不實者，罪亦如之。若反坐及加罪輕者，從上書詐不實論。

359-3 若獄囚已招服[97]罪，本無冤枉，而囚之親屬妄訴者，減囚罪三等，罪止杖一百。

359-4 若囚已決配，而自妄訴冤枉，摭拾原[98]問官吏者，加所誣罪三等，罪止杖一百流三千里。

直 各司官員亦 實封以 誣告爲旀 風憲官亦 挾私彈事爲乎矣 不實爲在乙良 罪同齊

(○) 獄囚亦 已招伏爲 本來冤枉無去有乙 親屬亦 妄告爲在乙良 囚罪良中 減三等爲 杖一百爲限齊

(○) 囚人亦 已決流配後 含怨爲 初亦 推問官吏乙 誣告爲在乙良 所

95 上 :《大明律附例》, 《大明律集解附例》에는 "止"로 되어 있다.

96 原 :《大明律》, 《大明律附例》, 《律條疏議》, 《大明律集解附例》에는 "元"으로 되어 있다.

97 服 :《大明律》, 《大明律講解》, 《律條疏議》, 《大明律釋義》, 《大明律集解附例》, 《大明律附例箋釋》에는 "伏"으로 되어 있다.

98 原 :《大明律》, 《大明律附例》, 《律條疏議》, 《大明律釋義》, 《大明律集解附例》에는 "元"으로 되어 있다.

誣罪良中 加三等論 罪止杖一百遠流

360 軍民約會詞訟[99]

凡軍官、軍人有犯人命，管軍衙門約會有司，檢驗歸問。若姦盜、詐僞、戶婚、田土、鬪毆與民相干事務，必須一體約問；與民不相干者，從本管軍職衙門自行追問。其有占吝不發，首領官、吏各笞五十。若管軍官越分，輒受民訟者，罪亦如之。

直 凡 軍官軍人亦 人命殺害事乙 干犯爲去等 管軍官亦 民官一會 檢屍閱實 一處推問齊 行姦盜賊詐僞人戶婚姻田地爭鬪毆打等事 與民干連爲在乙良 須只 如前一會究問齊 與民不干連事乙良 唯只 本管軍官衙門亦 自行究問齊 其中自占挾持 起送不冬爲在乙良 郎廳官吏乙 各笞五十齊 管軍爲在 官員亦 所任外民間諍訟事乙 接狀推考爲在隱 罪同爲乎事

361 干名犯義

361-1 凡子孫告祖父母、父母，妻妾告夫及夫之祖父母、父母者，杖一百徒三年。但誣告者，絞。若告期親尊長、外祖父母，雖得實，杖一百；大功，杖九十；小功，杖八十；緦麻，杖七十。其被告期親、大功

99 軍……訟：《大明律》，《大明律講解》，《大明律附例》，《律條疏議》，《大明律釋義》，《大明律集解附例》，《大明律附例箋釋》에는 364條 "敎唆詞訟"의 뒤에 배치되어 있다.

尊長及外祖父母若妻之父母，竝同自首免罪。小功、緦麻尊長得減本罪三等。若誣告重者，各加所誣罪三等。

直 凡 子孫亦 祖父母父母矣 事乙 訴告爲旀 妻妾亦 夫 及夫矣 祖父母父母事乙 訴告爲在乙良 杖一百徒三年爲乎矣 妄告爲在乙良 絞死齊 期親族長及外祖父母事乙 訴告爲良在等 必于 實事是置[100] 杖一百齊 大功是去等 杖九十 小功是去等 杖八十 緦麻是去等 杖七十齊 其被告爲在 期親大功族長 及外祖父母 及妻矣 父母乙良 竝只 自首例以 免罪齊 小功緦麻族長是去等 本罪良中 減三等齊 誣告事亦 重事是去等 所誣罪良中 加三等科罪齊

【加罪不至於死。若所誣尊長徒罪已役，流罪已配，雖經改正放迴，依誣告人律，驗日，於犯人名下追徵用過路費給還。若曾經典賣田宅者，着落犯人備價取贖。因而致死隨行有服親屬一人者，絞。仍令備償路費，取贖田宅，又將犯人財產一半斷付被誣之人養贍。至死罪，所誣之人已決者，處死，亦令備償路費，取贖田宅，斷付財產一半養贍其家；未決者，杖一百流三千里，加役[101]三年。】

其告謀反、大逆、謀叛，窩藏姦細，及嫡母、繼母、慈母、所生母殺其父，若所養父母殺其所生父母，及被期親以下尊長侵奪財產或毆傷其身，應自理訴者，竝聽告，不在干名犯義之限。

361-2 若告卑幼得實，期親、大功及女壻亦同自首免罪，小功、緦麻亦得減本罪三等。誣告者，期親減所誣罪三等，大功減二等，小功、緦麻減一等。若誣告妻，及妻誣告妾，亦減所誣罪三等。若奴婢告家長及家長緦麻以上親者，與子孫、卑幼罪同。若雇工人告家長及家長

100 是置 : 直解의 다수 용례에 근거할 때 "是良置"에서 "良"이 빠진 듯하다.

101 役 : 《大明律》, 《大明律附例》, 《律條疏議》, 《大明律釋義》, 《大明律集解附例》, 《大明律附例箋釋》에는 "徒"로 되어 있다.

之親者，各減奴婢罪一等。誣告者，不減。

361-3　其祖父母、父母、外祖父母誣告子孫、外孫、子孫之婦妾，及己之妾，若奴婢及雇工人者，各勿論。

361-4　若女壻與妻父母果有義絶之狀，許相告言，各依常人論。

直 其謀反大逆果 謀叛果 彼國間諜人乙 隱藏爲旀 嫡母果 繼母果 養母果 親母果亦 吾矣 父乙 殺害爲旀 長養父母亦 親父母乙 殺害爲旀 期親以下族長亦 財産乙 侵奪爲旀 無故打傷爲去等 訴告爲在乙良 竝只 聽許施行爲遣 不在干名犯義之限齊

(○) 族長亦 族下矣 所錯事乙 訴告爲乎等用良 閱實爲乎亦中 族下亦 犯罪灼然爲去有而亦 族長矣 訴告以 現露爲乎等用良 期親大功及女壻矣 罪乙良 自首例以 免罪齊 小功緦麻是去等 本罪良中 減三等爲乎矣 誣告是去等 期親乙良 所誣罪良中 減三等遣 大功是去等 所誣罪良中 減二等遣 小功緦麻是去等 所誣罪良中 減一等齊 夫亦 妻乙 誣告爲旀 妻亦 妾乙 誣告爲在乙良 各減所誣罪三等齊 奴婢亦 家主及家主矣 緦麻以上親矣 事乙 訴告爲在乙良 子孫卑幼矣 訴父母族長罪以 同齊 傭役人亦 家主及家主矣 親族矣 事乙 訴告爲在乙良 奴婢訴家主罪良中 減一等遣 誣告是去等 不減等齊

(○) 其祖父母父母外祖父母等亦 子孫果 外孫果 子孫矣 婦妾果 及吾矣 妾果 奴婢及傭役人矣 事乙 妄告爲在乙良 勿論罪齊

○ 女壻亦 妻父母茂火 大義已絶爲去等 許相告訴爲 各依常人例以 論罪爲乎事

【義絶之狀，謂如壻[102]身在遠方，妻父母將妻改嫁；或趕逐出外，重別招壻；及容止外人通姦；又如本身毆妻至折傷；抑妻通姦；有妻詐稱無妻，欺妄更娶妻；以妻爲

102 壻：《律條疏議》，《大明律釋義》，《大明律集解附例》，《大明律附例箋釋》에는 없다.

妾；受財，將妻妾典雇、妄作姊妹嫁人之類。】

362 子孫違犯教令

凡子孫違犯祖父母、父母教令，及奉養有缺者，杖一百。

直 凡 子孫亦 祖父母父母矣 教令乙 違犯不從爲旀 奉養有闕爲在乙良 杖一百爲乎事

【謂教令可從而故違，家道堪奉而故缺者。須祖父母、父母親告乃坐。】

直 父母矣 理當教令乙 故只 不從爲旀 子孫亦 如實居生爲乎矣 父母乙 奉養不冬爲去等 祖父母父母 親[103]告爲良沙 坐罪爲乎事

363 見囚禁[104]不得告擧他事

363-1 凡被囚禁，不得告擧他事。其爲獄官、獄卒非理陵虐者，聽告。若因[105]囚禁被問，更首別事，有干連之人，亦合准首，依法推問科罪。

363-2 其年八十以上、十歲以下及篤疾者若婦人，除謀反·逆·叛、子孫不孝、或己身及同居之內爲人盜詐·侵奪財産及殺傷之類聽告，餘竝不得告。官司受而爲理者，笞五十。

103 親：底本에는 "現"으로 되어 있다. 律文 및 直解의 다수 용례에 근거하여 수정하였다.

104 囚禁：《大明律》,《大明律附例》,《律條疏議》,《大明律釋義》,《大明律集解附例》,《大明律附例箋釋》에는 "禁囚"로 되어 있다.

105 因：《大明律》,《大明律附例》,《律條疏議》,《大明律集解附例》,《大明律附例箋釋》에는 "應"으로 되어 있다.

直 凡 被囚在獄人是如中 他餘事乙 亂雜陳告安徐齊 獄官[106]獄卒亦非理以 侵勞事乙 所告爲在乙良 許聽推考齊 獄中在囚亦 被問次 更良 他事乙 首告爲 干連人有去等 告者乙良 准首告遣 干連人乙良 依例推問科罪齊

(○) 八十歲已上老人果 十歲以下小童果 篤疾者果 及婦女等乙良 謀反逆叛事 及子孫不孝事果 其矣身 及同居人等亦 被盜爲旀 家財乙 被奪爲旀 人命殺害爲乎 等事乙 現告爲去等 聽許接狀推考爲遣 其餘事乙良 現告不得爲只爲 禁止爲乎矣 官司亦 接狀推考爲在乙良 笞五十

364 敎唆詞訟

凡敎唆詞訟, 及爲人作詞狀, 增減情罪, 誣告人者, 與犯人同罪。若受雇誣告人者, 與自誣告同。受財者, 計贓, 以枉法, 從重論。其見人愚而不能伸冤, 敎令得實, 及爲人書寫詞狀而罪無增減者, 勿論。

直 凡 諍訟事乙 敎誘爲旀 他人矣 所志乙 成給爲乎矣 情罪乙 加減爲 他人乙 誣告爲在隱 與犯人同罪齊 他矣 事乙 受物代立誣告爲在人乙良 准自誣告論罪爲遣 受財爲在乙良 計贓爲 枉法例以 從重論罪齊 他人亦 愚癡所致以 冤枉事乙 陳告不得爲在乙 實情以 指揮令是旀 他矣 所志內事意乙 加減無亦 書寫爲在乙良 勿論罪

106 獄官 : 底本에는 없다. 律文 및 世宗板에 근거하여 보충하였다.

365 官吏詞訟家人訴

凡官吏有爭論婚姻、錢債、土田[107]等事，聽令家人告官理對，不許公文行移。違者，笞四十。

直 凡 官吏亦 婚姻錢債土田等事乙 呈狀爲乎事有去等 家人乙用良 陳告推考令是遣 不許公貼行移爲乎矣 違者笞四十

366 誣告充軍及遷徙[108]

凡誣告充軍者，民告抵充軍役，軍告發邊遠充軍。若官吏故將平人，頂替他人軍役者，以故出入人流罪論，杖一百流三千里。若誣告人說事過錢者，於遷徙比流減半准徒二年，上加所誣罪三等，并入所得笞杖通論。

直 凡 充軍爲乎樣以 妄告爲在乙良 民亦 妄告去等 充軍定役遣 軍亦 妄告去等 遠方發送充軍齊 官吏亦 故只 平人乙用良 他人矣 軍役乙 改定爲在乙良 故只 人矣 流罪乙 出入爲在 罪以 論爲 杖一百遠流齊 他人亦 彼此事情乙 互相傳通 財物受贈爲遣 遷徙罪乙 比流罪減半爲旀 准徒二年以 上爲乎所乙 誣告爲良在等 所誣罪良中 加三等爲旀 所得笞杖罪乙 幷以 通論爲乎事

107 土田：平壤板，《大明律》，《大明律講解》，《大明律附例》，《律條疏議》，《大明律釋義》，《大明律集解附例》，《大明律附例箋釋》에는 "田土"로 되어 있다.

108 誣……徙：《大明律》에는 목록과 본문에 이 조문이 없다.

受贓

367 官吏受財

凡官吏受財者，計贓科斷。無祿人各減一等。官追奪除名，吏罷役，俱不敍。說事過錢者，有祿人減受錢人一等；無祿人減二等，罪止杖一百[109]。有贓者，計贓，從重論。

直 凡 官吏亦 他矣 財物乙 受贈爲在乙良 贓物數乙 計爲 依例決罪爲乎矣 無祿人是去等 各減一等遣 有官人是去等 謝貼收取名字爻周齊 吏是去等 罷職役 竝只 不敍用齊 他矣 所請乙用良 官吏敎弄說事爲 贈物傳與者乙良 有祿人是去等 官吏受錢例良中 減一等遣 無祿人是去等 減二等 杖一百爲限爲乎矣 贓物亦 現出爲去等 贓物計爲 從重論爲乎事

有祿人枉法贓，各主者通算，全科。

直 枉法以 贓物乙 受爲在乙良 各主乙 通計爲 全科以 論罪爲乎事

【謂受有事人財物[110]而曲法處[111]斷者，如受十人財一時事發，通算作一處，全科其罪。】

直 有事人矣 財物乙 受爲 曲法以 決斷爲在乙良 受贈爲乎 十人矣 財物亦 一時良中 發露爲去等 通計作一處爲 全科以 論罪爲乎事

109 百 :《大明律講解》,《大明律附例》,《律條疏議》,《大明律釋義》,《大明律集解附例》,《大明律附例箋釋》에는 뒤에 "各遷徙"가 더 있다.

110 物 :《大明律》,《大明律講解》,《大明律附例》,《律條疏議》,《大明律釋義》,《大明律集解附例》,《大明律附例箋釋》에는 없다.

111 處 :《大明律講解》,《大明律附例》,《律條疏議》,《大明律釋義》에는 "科"로 되어 있다.

一貫以下，杖七十；一貫之上至五貫，杖八十；一十貫，杖九十；一十五貫，杖一百；二十貫，杖六十徒一年；二十五貫，杖七十徒一年半；三十貫，杖八十徒二年；三十五貫，杖九十徒二年半；四十貫，杖一百徒三年；四十五貫，杖一百流二千里；五十貫，杖一百流二千五百里；五十五貫，杖一百流三千里；八十貫，絞。

不枉法贓，各主者通算，折半科罪。

直 不枉法以 贓物乙 受贈爲在乙良 各主者通計爲 一半乙用良 科罪爲乎事

【謂雖受有事人財，判斷不爲曲法者，如受十人財一時事發，通算作一處，折半科罪。】

直 有事人矣 財物乙 受贈爲 決斷爲乎矣 枉法不冬爲在乙良 受贈爲乎 十人矣 財物亦 一時發露爲去等 通計爲 一半以 科罪爲乎事

一貫以下，杖六十；一貫之上至一十貫，杖七十；二十貫，杖八十；三十貫，杖九十；四十貫，杖一百；五十貫，杖六十徒一年；六十貫，杖七十徒一年半；七十貫，杖八十徒二年；八十貫，杖九十徒二年半；九十貫，杖一百徒三年；一百貫，杖一百流二千里；一百一十貫，杖一百流二千五百里；一百二十貫，罪止杖一百流三千里。

無祿人[112]枉法一百二十貫，絞；不枉法一百二十貫之上，罪止杖一百流三千里。

112 無祿人：底本에는 앞의 구절과 붙어 있다.《大明律》,《大明律講解》,《大明律附例》,《律條疏議》,《大明律釋義》,《大明律集解附例》,《大明律附例箋釋》에 근거하여 분리하였다.

368 坐贓致罪

凡官吏、人等非因事受財，坐贓致罪。各主者通算，折半科罪。與者減五等。

直 凡 官吏人等亦 無緣故受財爲 贓物以 致罪爲在乙良 各人財物乙 通計爲 折半科罪爲遣 與者乙良 受者罪良中 減五等爲乎事

【謂如被人盜財或毆傷，若陪償及醫藥之外，因而受財之類，各主者竝通算，折半科罪。爲兩相和同取與，故出錢人減受錢人罪五等。又如擅科斂財物，或多收少徵錢糧，雖不入己；或造作虛費人工、物料之類，凡罪由此贓者，皆名爲坐贓致罪。】

直 他人亦中 財物乙 偸取令是遣 財物乙 還生徵爲去乃 或他人亦中 被打有傷爲 藥乙 生徵已受爲去乃 因此數外他財物乙 受用爲在乙良 各主者 通算折半科罪爲乎矣 兩相和論許給爲去乙 捧上爲乎等用良 錢物許給人乙 錢物捧上人矣 罪良中 減五等論齊 又自擅亦 財物乙 科斂爲乎矣 或數少收齊爲乎 物乙 數多收齊爲去乃 必于 斜用不冬爲良置 凡錢造作乙因于 人工錢物乙 虛費爲在乙良 竝只 坐贓以 稱云爲乎事

一貫以下，笞二十；一貫之上至一十貫，笞三十；二十貫，笞四十；三十貫，笞五十；四十貫，杖六十；五十貫，杖七十；六十貫，杖八十；七十貫，杖九十；八十貫，杖一百；一百貫，杖六十徒一年；二百貫，杖七十徒一年半；三百貫，杖八十徒二年；四百貫，杖九十徒二年半；五百貫之上，罪止杖一百徒三年。

369 事後受財

凡有事先不許財，事過之後而受財，事若枉斷者，准枉法論；事不枉斷者，准不枉法論。

直 凡 有事時良中乙良 財物捧上不冬爲遣 事過之後良中 財物受贈爲在乙良 其事亦 理當決斷不冬爲去等 准枉法論遣 理當決斷爲去等准不枉法論爲乎事

370 有事以財求請[113]

凡諸人有事以財行求得枉法者, 計所與財, 坐贓論。若有避難就易, 所枉重者, 從重論。其官吏刁蹬, 用强生事, 逼抑取受者, 出錢人不坐。

直 凡 有事人亦 財物乙 贈與爲 枉法誤決令是在乙良 所給財物乙 計數爲 坐贓罪以 論齊 艱難事乙 回避爲 便宜事乙 求請爲在乙良 所枉重爲去等 從重論爲乎矣 官吏亦 干事人亦中 勒留爲去乃 强亦 生事爲去乃 物物以 侵勞受物爲去等 出錢人乙良 不坐罪爲乎事

371 在官求索借貸人財物

371-1 凡監臨官吏挾勢及豪强之人, 求索借貸所部內財物者, 幷計贓, 准不枉法論。强者, 准枉法論, 財物給主。若將自己物貨散與部民, 及低價買物多取價利者, 竝計餘利, 准不枉法論。强者, 准枉法論, 物貨、價錢竝入官給主。

371-2 若於所部內買物, 不卽支價, 及借衣服、器玩之屬, 各經一月

113 求請 : 《大明律講解》, 《大明律附例》, 《律條疏議》, 《大明律釋義》, 《大明律集解附例》, 《大明律附例箋釋》에는 "請求"로 되어 있다.

不還者，竝坐贓論。若私借用所部內馬、牛、駝、騾、驢及車、船、碾磨、店舍之類，各驗日，計雇賃錢，亦坐贓論，追錢給主。

371-3　若接受所部內饋送土宜禮物，受者笞四十，與者減一等。

371-4　若因事而受者，計贓，以不枉法論。其經過去處供饋飮食，及親故饋送者，不在此限。

371-5　其出使人於所差去處，求索借貸，賣買多取價利，及受饋送者，竝與監臨官吏罪同。

371-6　若去官而受舊部內財物及求索借貸之屬，各減在官時三等。

直 凡 監臨官吏亦 勢力依憑爲旀 豪强之人亦 所掌內良中 財物乙 求請借貸爲在乙良 竝只 贓物乙 計數爲 准不枉法論齊 據奪爲在乙良 准枉法論遣 財物乙良 還徵給主齊 監臨員亦 其矣 錢物乙 掌內民人亦中 散給爲旀 民人財物乙 落價交易爲 價本乙 多取爲在乙良 餘利乙 計爲 准不枉法論齊 據奪爲在乙良 准枉法論遣 價本乙良 生徵爲 官物是去等 納官遣 私物是去等 給主齊

(○) 所掌內良中 物色乙 交易爲乎矣 卽時給價不冬爲旀 衣服器具等物乙 權借 過一月還給不冬爲在乙良 坐贓例以 論齊 所掌內良中 牛馬車船碾磨家舍等乙 私丁 借用爲在乙良 計日爲 稅價乙 計數 坐贓例以 論罪遣 生徵給主齊

(○) 所掌內良中 人民等矣 贈送爲乎 土物乙 受用爲在乙良 笞四十遣 與者乙良 減一等齊

(○) 因事受財爲在乙良 計贓爲 准不枉法論爲乎矣 過行各處良中 供給飮食 及親故贈送 不在此限齊

(○) 出使人員亦 差使到處良中 求請爲旀 權借爲旀 賣買乙仍于 價本多取爲旀 又人民矣 贈送受用爲在乙良 竝只 監臨官吏罪以 同齊

(○) 已去官後良中 前任所民吏等矣 財物乙 受用爲旀 求請爲旀 權

借爲在乙良 在官時受財例良中 減三等論爲乎事

372 家人求索

凡監臨官吏家人於所部內，取受求索借貸錢[114]物，及役使部民若賣買多取價利之類，各減本官罪二等。若本官知情，與同罪；不知者，不坐。

直 凡 監臨官吏矣 家內人亦 所掌內民人矣 財物乙 求請爲旀 權借爲旀 所掌內民人乙 役使爲旀 因買賣爲 價本乙 多取爲在乙良 本官罪良中 減二等論爲乎矣 本官亦 知情爲去等隱 罪同遣 不知者不坐罪爲乎事

373 風憲官吏犯贓

凡風憲官吏受財，及於所按治去處求索借貸人財物，若賣買多取價利，及受饋送之類，各加其餘官吏罪二等。

直 凡 風憲法官及按廉使官吏等亦 財物乙 受贈爲旀 監行到處良中 他矣 財物乙 求請爲旀 權借爲旀 及因賣買 價本多取爲旀 饋送之物乙 受贈爲在乙良 常員吏罪良中 加二等爲乎事

114 錢：平壤板，《大明律》，《大明律講解》，《大明律附例》，《律條疏議》，《大明律釋義》，《大明律集解附例》，《大明律附例箋釋》에는 "財"로 되어 있다.

374 因公擅科斂

374-1　凡有司官吏人等非奉上司明文，因公[115]擅自科斂所屬財物；及管軍官吏、總旗、小旗科斂軍人錢糧、賞賜者，杖六十。贓重者，坐贓論。入己者，竝計贓，以枉法論。

374-2　非[116]因公務，科斂人財物入己者，計贓，以不枉法論。若饋送人者，雖不入己，罪亦如之。

直 凡 官吏等亦 仰屬官明文無亦 因公爲 趣便以 財物乙 收斂爲旀 管軍官吏頭目統主等亦 軍人矣 錢糧乙 收合爲 自意以 賞賜爲在乙良 杖六十爲乎矣 贓數重爲在乙良 坐贓論遣 私用爲在乙良 計贓物准枉法論齊

(○) 非因公事爲 他矣 財物乙 收斂私用爲在乙良 計贓物 准不枉法論齊 他人亦中 饋送爲在乙良 必于 自用不冬爲良置 罪同

375 私受公侯財物

凡內外各衛指揮、千戶、百戶、鎭撫幷總旗、小旗等，不得於私下或明白接受公侯所與寶鈔、金銀、段匹、衣服、糧米、錢物。若受者，軍官杖一百，罷職，發邊遠充軍。總旗、小旗罪同。再犯處死。公侯與者，初犯、再犯免罪附過；三犯准免死一次。若奉命征討，與者、受者不在此限。

115 因公：底本에는 없다. 直解 및《大明律》,《大明律講解》,《大明律附例》,《律條疏議》,《大明律釋義》,《大明律集解附例》,《大明律附例箋釋》에 근거하여 보충하였다.

116 非：《大明律》,《大明律講解》,《大明律附例》,《律條疏議》,《大明律釋義》,《大明律集解附例》,《大明律附例箋釋》에는 앞에 "其"가 더 있다.

直 凡 京外大小軍官亦 私丁 諸君宰相各處以 許送爲乎 金銀衣服錢物等乙 捧受不冬爲乎矣 捧受爲在乙良 軍官是去等 杖一百罷職 遠處防禦令是遣 百戶統主置 罪同齊 給與爲在 諸君宰相乙良 初犯再犯是去等 免罪遣 過名施行齊 三犯是去等 准免死一度爲乎矣 奉命出征時是等 與者受者 不在此限

376 剋留盜贓

凡巡捕官已獲盜賊，剋留贓物不解官者，笞四十。入己者，計贓，以不枉法論，仍將其贓幷論盜罪。若軍人、弓兵有犯者，計贓雖多，罪止杖八十。

直 凡 委任捕盜官亦 賊徒乙 執捉爲 其矣 偸取贓物乙 漏落 官司輸送不冬爲在乙良 笞四十齊 私用爲在乙良 計贓數 准不枉法論遣 其所用贓物乙用良 賊人例以 論罪齊 軍卒亦 有犯爲在乙良 贓物 必于數多爲良置 杖八十爲限爲乎事

377 官吏聽許財物

凡官吏聽許財物，雖未接受，事若枉者，准枉法論；事不枉者，准不枉法論，各減一等。所枉重者，各從重論。

直 凡 官吏亦 財物乙 受贈爲乎爲 聽許爲在如中 必于 逢受不冬爲良置 事枉者乙良 准枉法論罪遣 不枉爲在乙良 准不枉法論罪爲 各減一等爲乎矣 所枉重爲在乙良 各從重論罪爲乎事

詐僞

378 詐僞[117]制書[118]

378-1 凡詐僞[119]制書者，斬；爲從者，杖一百流三千里。未施行者，減一等。若增減制書者，罪亦如之。其官府行移傳寫有誤者，以失錯論。

378-2 若詐爲五軍都督府、六部[120]、諫院官[121]、監察御史及摠兵將軍及都指揮使司并守禦管軍衙門文書，套畫押字，盜用印信者，杖一百流三千里。其餘衙門者，杖一百徒三年。爲從者各減一等。未施行者，各[122]又[123]減一等。若有規避事重者，從重論。其當該官司知而聽行，

117 僞 :《大明律》,《大明律講解》,《律條疏議》,《大明律釋義》,《大明律集解附例》,《大明律附例箋釋》에는 "爲"로 되어 있다.

118 詐僞制書 :《大明律附例》,《律條疏議》,《大明律釋義》,《大明律集解附例》,《大明律附例箋釋》에는 이 조문의 律文이 "凡詐爲制書及增減者皆斬，未施行者絞，傳寫失錯者杖一百. ○ 詐爲將軍、摠兵官、五軍都督府、六部、都察院、都指揮使司、內外各衛指揮使司、守禦緊要隘口千戶所文書，套畫押字，盜用印信及空紙用印者，皆絞，察院、布政司、按察使、府州縣衙門者，杖一百流三千里，其餘衙門者，杖一百徒三年，未施行者，各減一等，若有規避事重者，從重論. ○ 其當該官司知而聽行，各與同罪，不知者不坐."로 되어 있다. 그리고《大明律附例》에는 "鄕本，爲從者杖流，未行增減減等，傳寫有誤，以失錯論，督府以下杖流，餘衙杖徒，未行減等."이라는 頭註가 있다.

119 僞 :《大明律》,《大明律講解》,《大明律附例》,《律條疏議》,《大明律釋義》,《大明律集解附例》,《大明律附例箋釋》에는 "爲"로 되어 있다.

120 部 : 底本에는 "府"로 되어 있다.《大明律》,《大明律講解》,《大明律附例》,《律條疏議》,《大明律釋義》,《大明律集解附例》,《大明律附例箋釋》에 근거하여 수정하였다.

121 官 :《大明律》,《大明律講解》에는 없다.

122 各 :《大明律》,《大明律講解》에는 없다.

各與同罪；不知者，不坐。

直 凡 僞造王旨爲在乙良 斬齊 爲從者 杖一百遠流遣 未施行者乙良 減一等齊 王旨加減爲在乙良 罪同齊 官司亦 行移傳書爲乎矣 誤錯爲在乙良 失錯以 論齊

(○) 都評議使司臺省六曹 及各道按廉使 及制使 文書乙 名署僞着爲㫆 印信盜用爲在乙良 杖一百遠流齊 其餘各司文書是去等 杖一百徒三年齊 爲從者乙良 各減一等遣 未施行者乙良 又各減一等齊 其矣 事乙 回避爲要爲在乙良 其事重則從重論罪齊 次知官司亦 知非行下爲在乙良 各與犯人罪同齊 不知者乙良 不坐罪爲乎事

379 詐傳詔旨

379-1 凡詐傳詔旨者，斬；皇后懿旨、皇太子令旨者，絞；親王令旨者，杖一百流三千里[124]。若詐傳一品、二品衙門官言語於各衙門，分付公事有所規避者，杖一百徒三年；三品、四品衙門官言語者，杖一百；五品以下衙門官言語者，杖八十。爲從者各減一等。若得財者，計贓，以不枉法論[125]。因而動事曲法者，以枉法，各從重論。

379-2 其當該官司知而聽行，各與同罪；不知者，不坐。

123 又：《大明律附例》,《律條疏議》,《大明律釋義》,《大明律集解附例》,《大明律附例箋釋》에는 없다.

124 皇后……千里：《大明律附例》,《律條疏議》,《大明律釋義》,《大明律集解附例》,《大明律附例箋釋》에는 "皇后懿旨、皇太子令旨、親王令旨者，絞."로 되어 있다.

125 論：《大明律》,《大明律講解》,《大明律附例》,《律條疏議》,《大明律釋義》,《大明律集解附例》,《大明律附例箋釋》에는 없다.

379-3　若各衙門追究錢糧、鞫問刑名公事，當該官吏將奏准合行事理，妄稱奉旨追問者，斬。

直 凡 詐傳詔旨爲在乙良 斬齊 皇后懿旨皇太子令旨是去等 絞死齊 親王令旨是去等 杖一百遠流齊 一品二品衙門官言語乙 各司良中 詐傳爲 公事回避爲在乙良 杖一百徒三年齊 三品四品衙門官言語者 杖一百齊 五品以下衙門官言語者 杖八十遣 爲從者 減一等齊 萬一得財物爲在乙良 計贓准不枉法齊 因此非法以 作事爲在乙良 准枉法各從重論齊

(○) 次知官司亦 知非行下爲在乙良 同罪齊 不知者乙良 不坐齊

(○) 各衙門亦 錢糧追究事 及刑名窮問等 公事乙 次知官吏亦 大內申聞爲良彙 事乙 申聞不冬 虛稱奉旨爲 推問爲在乙良 斬爲乎事

380 對制上書詐不以實

凡對制及奏事、上書，詐不以實者，杖一百徒三年。非密而妄言有密者，加一等。若奉制推、按問事報上不以實者，杖八十徒二年。事重者，以出入人罪論。

直 凡 上前對製文書果 申聞狀上等事乙 眞實以 使內不冬 詐僞爲在乙良 杖一百徒三年齊 密事不喩是去乙 虛稱密事如爲在乙良 加一等齊 奉王旨推問事狀乙 大內申報爲白乎矣 不以實者 杖八十徒二年 重事是去等 出入人罪例以 論爲乎事

381 僞造寶鈔[126]

凡僞造寶鈔，不分首從，及窩主若知情行使者，皆斬。財産幷入官。告捕者，官給賞銀二百五十兩，仍給犯人財産。里長知而不首者，杖一百；不知者，不坐。其巡捕、守把官軍知情故縱者，與同罪。若搜獲僞鈔，隱匿入己，不解官者，杖一百流三千里。失於巡捕及透漏者，杖八十，仍依强盜責限根捕。若將寶鈔挑剜、補輳、描改，以眞作僞者，杖一百流三千里。爲從及知情行使者，杖一百徒三年。其同情僞造[127]人有能悔過，捕獲同伴首告者，與免本罪，亦依常人一體給賞。

直 凡 寶鈔乙 僞造爲在乙良 不論首從爲旀 許接主人果 知情用使內在乙良 竝只 斬齊 家財乙良 竝只 沒官齊 執捉現告爲在乙良 官給賞銀二百五十兩遣 仍給犯人矣 財産齊 里長亦 知而不告爲在乙良 杖一百遣 不知者乙良 不坐罪齊 其委任巡捕官及守把官軍亦 知情 故只 放送爲在隱 罪同齊 又僞鈔乙 搜捉爲 隱藏爲遣 納官不冬爲在乙良 杖一百遠流齊 不能執捉爲旀 逃漏爲在乙良 杖八十遣 强盜執捉定日例乙用良 推尋執捉令是齊 寶鈔乙 刮取輳補[128]爲旀 摹寫改作爲旀 以眞作僞爲在乙良 杖一百遣 遠流齊 爲從及知情用使內在乙良 杖一百徒三年齊 同情僞造人亦 有能悔過 其矣 同倘乙 執捉現告爲在乙良 其矣 罪乙 免赦爲遣 他人一例以 給賞爲乎事

126 僞造寶鈔：《大明律》, 《大明律講解》, 《大明律附例》, 《律條疏議》, 《大明律釋義》, 《大明律集解附例》, 《大明律附例箋釋》에는 389條 "僞造印信曆日等"의 뒤에 배치되어 있다.

127 僞造：《大明律》, 《大明律講解》, 《大明律附例》, 《律條疏議》, 《大明律釋義》, 《大明律附例箋釋》에는 "造僞"로 되어 있다.

128 補：底本에는 "捕"로 되어 있다. 문맥을 살펴 수정하였다.

382 私鑄銅錢

凡私鑄銅錢者，絞。匠人罪同。爲從及知情買使者，各減一等。告捕者，官給賞銀五十兩。里長知而不首者，杖一百；不知者，不坐。若將時用銅錢翦[129]錯薄小，取銅以求利者，杖一百。若僞造金銀者，杖一百徒三年。爲從及知情買使者，各減一等。

直 凡 銅錢乙 私丁 鑄成爲在乙良 絞死齊 匠人罪同齊 爲從及知情買用爲在乙良 各減一等齊 告捉爲在乙良 官給賞銀五十兩齊 里長亦 知而不告爲在乙良 杖一百遣 不知者乙良 不坐罪齊 當時用使內臥乎 銅錢乙 薄小爲只爲 翦磨爲 取銅生利爲在乙良 杖一百齊 金銀乙 僞造爲在乙良 杖一百徒三年齊 爲從者果 知情買用者乙良 減一等爲乎事

383 詐假官

383-1 凡詐假官、假與人官者，斬。其知情受假官者，杖一百流三千里；不知者，不坐。

383-2 若無官而詐稱有官，有所求爲；或詐稱官司差遣而捕人；及詐冒官員姓名者，杖一百徒三年。若詐稱現[130]任官子孫、弟姪、家人、摠領，於按臨部內有所求爲者，杖一百。爲從者各減一等。若得財者，竝

129 翦 : 底本에는 "前"으로 되어 있다. 世宗板, 《大明律》, 《大明律講解》, 《大明律附例》, 《律條疏議》, 《大明律釋義》, 《大明律集解附例》, 《大明律附例箋釋》에 근거하여 수정하였다.

130 現 : 《大明律》, 《大明律講解》, 《大明律附例》, 《律條疏議》, 《大明律釋義》, 《大明律集解附例》, 《大明律附例箋釋》에는 "見"으로 되어 있다.

計贓，准竊盜，從重論。其當該官司知而聽行，與同罪；不知者，不坐。
直 凡 詐僞官職乙 假與他人爲在乙良 斬齊 知情爲 詐僞官職乙 受用爲在乙良 杖一百遠流齊 不知者乙良 不坐罪
(○) 無官職人亦 虛稱有官職爲 有所求欲爲旀 或虛稱官司差使爲 人物乙 執捉爲旀 官員姓名乙 妄冒自稱爲在乙良 杖一百徒三年齊 現任官員矣 子孫弟姪及家人是乎所乙 妄稱爲 所任在[131]部內良中 有求欲爲在乙良 杖一百遣 爲從人乙良 各減一等齊 因此得財物爲在乙良 竝只 計贓物 准竊盜從重論齊 次知官司亦 知而聽行爲在乙良 同罪齊 不知者乙良 不坐罪爲乎事

384 詐稱內使等官

384-1 凡詐稱內使及都督府·四輔·諫院等官、六部·監察御史·按察司[132]官，在外體察事務，欺誑官府，扇惑人民者，斬。知情隨行者，減一等。其當該官司知而聽行，與同罪；不知者，不坐。
384-2 若詐稱使臣乘驛者，杖一百流三千里。爲從者減一等。驛官知而應付者，與同罪；不知情，失盤詰者，笞五十。其有符驗而應付者，不坐。
直 凡 詐稱內使及都評議使司臺[133]省六曹按廉使等官是如爲 出外 事

131 在 : 世宗板에는 없다.
132 司 : 底本에는 "使"로 되어 있다. 《大明律》, 《大明律講解》, 《大明律附例》, 《律條疏議》, 《大明律釋義》, 《大明律集解附例》, 《大明律附例箋釋》에 근거하여 수정하였다.
133 臺 : 底本에서는 글자를 판독할 수 없다. 世宗板에 근거하여 확정하였다.

務乙 體察爲臥乎所乙用良 欺冒官司惑亂人民爲在乙良 斬齊 知情隨行爲在乙良 減一等齊 次知官司亦 知非聽行爲在乙良 罪同齊 不知者不坐罪齊

(○) 詐稱奉使爲 鋪馬騎持爲在乙良 杖一百遠流齊 爲從者乙良 減一等齊 驛官亦 知非給馬爲在乙良 罪同齊 知不得 推考不冬爲在乙良 笞五十齊 依例有鋪馬文字爲在乙 給馬爲在乙良 不坐罪爲乎事

385 近侍詐稱私行

凡近侍之人在外，詐稱私行，體察事務，扇惑人民者，斬。【謂如給事中·尙寶等官、奉御內使、儀鸞司官、校尉之類。】

直 凡 近侍之人亦 私行以 外方下去爲 妄稱體察事務 惑亂人民者乙良 斬爲乎事

386 詐爲瑞應

凡詐僞[134]瑞應者，杖六十徒一年。若有災祥之類，而欽天監官[135]不以實對者，加二等。

直 凡 虛事以 妄稱祥瑞爲在乙良 杖六十徒一年齊 災異祥瑞之事乙

134 僞 :《大明律》, 《大明律講解》, 《大明律附例》, 《律條疏議》, 《大明律釋義》, 《大明律集解附例》, 《大明律附例箋釋》에는 "爲"로 되어 있다.

135 欽天監官 : 底本에는 "欽天官監"으로 되어 있다. 世宗板에 근거하여 수정하였다.

書雲觀亦 眞實以 陳達不冬爲在乙良 加二等爲乎事

387 詐病死傷避事

387-1 凡官吏人等詐稱疾病，臨事避難者，笞四十。事重者，杖八十。若犯罪待對，故自傷殘者，杖一百。詐死者，杖一百徒三年。所避事重者，各從重論。若無避故自傷殘者，杖八十。其受雇倩，爲人傷殘者，與犯人同罪。因而致死者，減鬪殺罪一等。

387-2 若當該官司知而聽行，與同罪；不知者，不坐。

直 凡 官吏人等亦 詐稱疾病臨事避難爲在乙良 笞四十遣 重事是去等 杖八十齊 犯人罪對論次 故只 自身傷殘爲在乙良 杖一百齊 詐稱身故爲在乙良 杖一百徒三年齊 回避事重爲去等 從重論齊 回避緣故無亦 故只 自身傷殘爲在乙良 杖八十齊 他矣 錢物捧上爲 其人乙 傷殘爲在乙良 犯人以 同罪齊 因此致死令是在乙良 鬪殺罪良中 減一等齊

(○) 次知官司亦 知而聽行爲在乙良 同罪遣 不知者不坐爲乎事

388 詐教誘人犯法

凡諸人設計用言教誘人犯法，及和同令人犯法，却行捕告或令人捕告，欲求給賞，或欲陷害人得罪者，皆與犯法之人同罪。

直 凡 諸人亦 謀計乙用良 他人乙 教誘 犯法令是旀 或和同教誘爲犯法令是遣 反自捉告爲旀 又他人乙用良 捉告爲 賞錢乙 干求爲旀

又他人乙 陷害得罪令是乎爲 使內在乙良 犯法人罪以 同爲乎事

389 僞造印信曆日等[136]

凡僞造諸衙門印信及曆日、符驗、夜巡銅牌、茶·鹽引者，斬。有能告捕者，官給賞銀五十兩。僞造關防印記者，杖一百徒三年。告捕者，官給賞銀三十兩。爲從及知情行用者，各減一等。若造而未成者，各又減一等。其當該官司知而聽行，與同罪；不知者，不坐。

直 凡 各官司印信及曆書果 鋪馬文字及巡牌茶鹽文引等乙 僞造爲在乙良 斬齊 有能捕捉現告爲在乙 官司以 銀五十兩乙 給賞齊 凡錢物出納爲臥乎 關防印信乙 僞造爲在乙良 杖一百徒三年齊 告捉者乙良 官給賞銀三十兩齊 爲從及知情用印爲在乙良 各減一等齊 僞造爲乎矣 未畢成者乙良 各又減一等齊 其次知官司亦 知而不禁 行用令是在隱 罪同齊 不知者 不坐爲乎事

136 僞……等 :《大明律》,《大明律講解》,《大明律附例》,《律條疏議》,《大明律釋義》,《大明律集解附例》,《大明律附例箋釋》에는 381條 "僞造寶鈔"의 앞에 배치되어 있다.

犯姦

390 犯姦

390-1 凡和姦，杖八十。有夫，杖九十。刁[137]姦，杖一百。强姦者，絞；未成者，杖一百流三千里。

390-2 强[138]姦幼女十二歲以下者，雖和同强論。

390-3 其和姦、刁姦者，男女同罪。姦生男女，責付姦夫收養。姦婦，從夫嫁賣，其夫願留者，聽。若嫁賣與姦夫者，姦夫、本夫各杖八十，婦人離異歸宗，財産[139]入官。

390-4 若[140]强姦者，婦女不坐。

390-5 若媒合、容止通姦者，各減犯人罪一等。私和姦事者，減二等。

390-6 其非姦所捕獲，及指姦者，勿論。若姦婦有孕，罪坐本婦。

[直] 凡 和姦乙良 杖八十遣 有夫是去等 杖九十齊 通姦教誘引去爲在乙良 杖一百齊 强姦爲在乙良 絞死齊 未成者乙良 杖一百遠流齊

137 刁：底本에는 “刀”로 되어 있다. 晉州板，平壤板，《大明律》，《大明律講解》，《大明律附例》，《律條疏議》，《大明律釋義》，《大明律集解附例》，《大明律附例箋釋》에 근거하여 수정하였다.

138 强：《大明律》，《大明律講解》，《大明律附例》，《律條疏議》，《大明律釋義》，《大明律集解附例》，《大明律附例箋釋》에는 없다.

139 産：《大明律講解》，《大明律附例》，《律條疏議》，《大明律釋義》，《大明律集解附例》，《大明律附例箋釋》에는 “物”로 되어 있다.

140 若：《大明律》，《大明律講解》，《大明律附例》，《律條疏議》，《大明律釋義》，《大明律集解附例》，《大明律附例箋釋》에는 없다.

(○) 年十二歲以下女乙 行姦爲在乙良 必于 兩相和同是良置 强姦例以 論齊

○ 其和姦爲旀 刁姦爲在乙良 男女罪同齊 ○ 姦生男女乙良 姦夫乙准受長養遣 姦婦乙良 本夫亦中 准受嫁賣爲乎矣 本夫願留爲在乙良聽許齊 姦夫亦中 取財爲遣 賣與爲去等 姦夫果 本夫果乙 各杖八十遣 其妻乙良 離異還歸父母 財産乙良 沒官齊

(○) 强姦爲在乙良 婦女不坐

(○) 中人弋[141]只 教誘通姦令是果 許接主人等乙良 犯人罪良中 各減一等齊 犯姦事乙 私丁 和論爲在乙良 減二等齊

○ 姦所良中 執捉不得爲齊 行姦如 指說爲在乙良 勿論齊 姦婦亦 盈妊爲有去等 本婦乙 坐罪爲乎事

391 縱容妻妾犯姦

391-1 凡縱容妻妾與人通姦，本夫、姦夫、姦婦各杖九十。抑勒妻妾及乞養女，與人通姦者，本夫、義父各杖一百，姦夫杖八十，婦女不坐。竝離異歸宗。

391-2 若縱容抑勒親女及子孫之婦、妾與人通姦者，罪亦如之。

391-3 若用財買休、賣休，和娶人妻者，本夫、本婦及買休人各杖一百。婦人離異歸宗，財禮入官。若買休人與婦人用計，逼勒本夫休棄，其夫別無賣休之情者，不坐；買休人及婦人，各杖六十徒一年。婦人餘罪收贖，給付本夫，從其嫁賣。妾減一等。媒合人各減犯人罪一等。

141 弋：底本에는 "伐"로 되어 있다. 光州板, 晉州板, 樂安板, 平壤板에 근거하여 수정하였다.

直 凡 妻妾乙 故只 放縱爲 他人乙 通姦令是在乙良 本夫及姦夫果 姦婦等乙 各杖九十齊 妻妾及收養女乙 怯勑爲 他人亦中 通姦令是 在乙良 本夫義父乙 各杖一百遣 姦夫乙良 杖八十 婦女不坐遣 竝只 離異歸還本家齊

(○) 親女果 子孫矣 妻妾乙 故只 怯勑爲 他人亦中 通姦爲在乙良 罪同齊

(○) 他矣 妻乙 本夫同意 價本給交易休棄令是旀 吾矣 妻乙 他人亦 中 價本捧上放賣爲等如 和同相嫁令是在乙良 本夫本婦及買休人等 乙良 各杖一百遣 婦人乙良 離異歸還本家遣 財錢乙良 沒官爲乎矣 買休人亦 婦女茂火 用謀爲 本夫乙 侵逼 休棄令是在亦中 本夫亦 初 亦 賣休之意無去有等以 本夫乙良 不坐罪遣 買休人及婦女乙良 各 杖六十徒一年齊 婦人餘罪乙良 收贖爲遣 本夫亦中 准受 任意以 嫁 賣齊 妾是去等 減一等齊 中人乙良 犯人罪良中 減一等爲乎事

392 親屬相姦

392-1 凡姦同宗無服之親及無服親之妻者，各杖一百。若姦義女者，加一等[142]。

392-2 若姦緦麻以上親及緦麻以上親之妻，【謂內外有服之親。】 若妻前夫之女及同母異父姊妹者，各杖一百徒三年。强者，斬。若姦從祖祖

142 若姦……一等：世宗板，《大明律》，《大明律附例》，《律條疏議》，《大明律釋義》，《大明律集解附例》，《大明律附例箋釋》에는 없다. 한편 《大明律附例》의 欄上에는 鄕本에 이 구절이 있다는 설명이 있다.

母·姑、從祖伯叔母·姑、從父姊妹、母之姊妹及兄弟妻、兄弟子妻者，各絞。强者，斬。若姦父祖妾、伯叔母、姑、姊妹、子孫之婦、兄弟之女者，各斬。妾各減一等。强者，絞[143]。

直 凡 同宗無服制爲在 親屬果 無服制親族矣 妻乙 通姦爲在乙良 各杖一百齊

(○) 緦麻以上親族果 及緦麻以上親族矣 妻乙 通姦爲於 妻矣 前夫矣 女果 同母異父爲在 姊妹等乙 通姦爲在乙良 各杖一百徒三年齊 强姦爲在乙良 斬齊 同姓四寸大父妻果 四寸大母果 五寸叔父矣 妻果 五寸叔母果 四寸姊妹果 母矣 同生姊妹果 同生兄弟妻果 兄弟子矣 妻乙 行姦爲在乙良 各各絞死齊 强姦爲在乙良 斬齊 父及祖矣 妾果 同姓三寸叔妻果 三寸叔母果 同生姊妹果 子孫之妻果 兄弟之女乙 犯姦爲在乙良 各各斬齊 妾是去等 各減一等齊 强姦爲在乙良 絞[144]爲乎事

若姦乞養子孫之婦者，各減一等[145]。

143 絞 : 世宗板에는 "斬"으로 되어 있다. 《大明律》, 《大明律講解》, 《大明律附例》, 《律條疏議》, 《大明律釋義》, 《大明律集解附例》, 《大明律附例箋釋》에는 뒤에 "謂强姦親屬妾者該絞"라는 律註가 있다.

144 絞 : 世宗板에는 "斬"으로 되어 있다.

145 若姦……一等 : 公州板, 光州板, 晉州板, 樂安板, 平壤板에는 이 위치에 있고, 《大明律講解》에는 앞 구절인 "妾各減一等. 强者, 絞."의 앞에 있으며, 世宗板과 《大明律》, 《大明律附例》, 《律條疏議》, 《大明律釋義》, 《大明律集解附例》, 《大明律附例箋釋》에는 이 구절이 없다. 한편 《大明律附例》의 欄上에는 鄕本에 이 구절이 있다는 설명이 있다.

393 誣執翁姦

凡男婦誣執親翁，及弟婦誣執夫兄，欺姦者，斬。

直 凡 子矣 妻亦 虛事以 夫矣 父亦 女矣 身乙 行姦爲行如 妄說爲旀 弟矣 妻亦 夫矣 兄乙 虛事以 女矣 身乙 行姦爲行臥乎如 妄說爲在乙良 斬爲乎事

394 奴及雇工人姦家長妻

394-1 凡奴及雇工人姦家長妻、女者，各斬。

394-2 若姦家長之期親若期親之妻者，絞。婦女減一等。若姦家長之緦麻以上親及緦麻以上親之妻者，各杖一百流三[146]千里。强者，斬。妾各減一等。强者，亦斬。

直 凡 奴及家內受工錢傭役人等亦 家長妻及女子乙 犯姦爲在乙良 各斬齊

(○) 家長矣[147] 期親果 期親矣 妻乙 犯姦爲在乙良 絞死遣 婦女乙良 減一等齊 家長矣 緦麻以上親果 緦麻以上親族矣 妻乙 犯姦爲在乙良 各杖一百遠流齊 强姦爲在乙良 斬齊 妾是去等 各減一等遣 强姦爲在乙良 斬爲乎事

146 三：《大明律》, 《大明律講解》, 《大明律附例》, 《律條疏議》, 《大明律釋義》, 《大明律集解附例》, 《大明律附例箋釋》에는 "二"로 되어 있다.

147 各斬……長矣：底本에서는 글자를 판독할 수 없다. 世宗板, 光州板, 晉州板, 樂安板, 平壤板에 근거하여 확정하였다.

395 姦部民妻女

395-1 凡軍民官吏姦所部妻、女者，加凡姦罪二等。各罷職役不敍。婦女以凡姦論。

395-2 若姦囚婦者，杖一百徒三年。囚婦止坐元[148]犯罪名。

直 凡 軍民官吏等亦 所掌人矣 妻及女乙 犯姦爲在乙良 凡姦罪良中 加二等遣 停職不用齊 婦女乙良 凡姦以 論齊

○ 囚禁婦女乙 犯姦爲在乙良 杖一百徒三年遣 囚婦乙良 本罪分乙 論爲乎事

396 居喪及僧道犯姦

凡居父母及夫喪若僧、尼、道士、女冠犯姦者，各加凡姦罪二等。相姦之人以凡姦論。

直 凡 居父母喪果 夫喪果 僧尼道士女冠等亦 犯姦爲在乙良 凡姦罪良中 各加二等爲遣 相姦爲在乙良 凡姦例以 論爲乎事

397 良賤相姦

凡奴姦良人婦女者，加凡姦罪一等。良人姦他人婢者，減一等。奴婢

148 元 :《大明律附例》,《律條疏議》,《大明律集解附例》,《大明律附例箋釋》에는 "原"으로 되어 있다.

相姦者，以凡姦論。

直 凡 奴子亦 良人矣 婦女乙 犯姦爲在乙良 凡姦罪良中 加一等齊 良人亦 他矣 婢子乙 行姦爲在乙良 減一等齊 奴婢亦 相姦爲在乙良 凡姦例以 論爲乎事

398 官吏宿娼

凡官吏宿娼者，杖六十。媒合人，減一等。官[149]員子孫宿娼者，罪亦如之。附過，候蔭襲之日，降一等，於邊遠敍用。

直 凡 官吏亦 伎女及娑女家良中 宿爲在乙良 杖六十遣 中人乙良 減一等齊 官員子孫亦 娼家良中 宿爲在隱 罪亦如之 過名施行爲有如可 受職之日降一等 遠方良中 敍用爲乎事

399 買良爲娼

凡娼優、樂人買良人子女爲娼優，及娶爲妻妾，或乞養爲子女者，杖一百。知情嫁賣者，同罪。媒合人減一等。財禮入官，子女歸宗。

直 凡 女妓才人樂工等亦 良人子女乙 交易 作娼優爲旀 妻妾爲 交嫁爲旀 或侍[150]養作子女爲在乙良 杖一百齊 知情交嫁放賣爲在乙良

149 官：《大明律》，《大明律講解》，《大明律附例》，《律條疏議》，《大明律釋義》，《大明律集解附例》，《大明律附例箋釋》에는 앞에 "○ 若"이 더 있다.

150 侍：문맥상 "收"의 誤字인 듯하다.

罪同齊 中人乙良 減一等遣 財錢乙良 沒官齊 女子乙良 歸還父母爲乎事

雜犯

400 拆毁申明亭

凡拆毁申明亭房屋, 及毁板榜者, 杖一百流三千里。

直 凡 申明亭房屋乙 破毁爲旀 板榜乙 毁破爲在乙良 杖一百遠流

【申明亭, 謂鄕、社、里長所坐公廳[151]。】

401 夫匠軍士病給醫藥

凡軍士在鎭守之處, 丁夫、雜匠在工役之所, 而有疾病, 當該官司不爲請給醫藥救療者, 笞四十。因而致死者, 杖八十。若已行移所司, 而不差撥良醫及不給對證藥餌醫治者, 罪同。

直 凡 軍士 在防禦所爲旀 丁夫及雜匠人等 在立役所爲有如可 有疾病爲去等 次知官司亦 醫藥乙 傳請救病不冬爲在乙良 笞四十齊 因此致死爲在乙良 杖八十齊 所任官良中 已行移爲良在乙 大醫乙 發送不冬爲旀 病證良中 對治爲在 藥餌乙 許給 理病不冬爲在乙良 同罪論爲乎事

151 申明……公廳 :《大明律》,《大明律講解》,《大明律附例》,《律條疏議》,《大明律釋義》,《大明律集解附例》,《大明律附例箋釋》에는 없다.

402 賭博

凡賭博財物者，皆杖八十。攤場錢物入官。其開張賭坊之人同罪。止據見發爲坐。職官加一等。若賭飮食者，勿論。

直 凡 奕碁以 錢物乙 賭取爲在乙良 杖八十齊 排置錢物乙 沒官齊 主人以 開場爲在乙良 罪同齊 唯只 現捉爲在乙用良 坐罪爲乎矣 職官是去等 加一等齊 飮食乙 賭取爲在隱 勿論爲乎事

403 閹割火者

凡官民之家，不得乞養他人之子閹割火者。違者，杖一百流三千里。其子給親。

直 凡 官民之家亦 乞養他人之子乙用良 割爲火者爲在乙良 杖一百遠流遣 其子乙良 還給父母爲乎事

404 囑託公事

404-1 凡官吏、諸色人等曲法囑託公事者，笞五十。但囑卽坐。

直 凡 官吏諸色人等亦 非理以 公事乙 付囑爲在乙良 笞五十齊

【謂所囑曲法之事，不問[152]從與不從、行與不行，但囑卽得此罪。】

直 付囑爲乎 非理公事乙 從不從行不行乙 不問爲遣 付囑爲在如中 卽得此罪齊

152 問：《大明律附例》，《大明律集解附例》，《大明律附例箋釋》에는 “分”으로 되어 있다.

當該官吏聽從者，與同罪；不從者，不坐。若事已施行者，杖一百。所枉罪重者，以[153]故出入人罪論。若爲他人及親屬囑託者，減官吏罪三等。自囑託己事者，加本罪一等。若監臨、勢要爲人囑託者，杖一百。所枉重者，與官吏同罪。至死者，減一等。

直 次知官吏亦 依從爲在乙良 罪同齊 不從爲在乙良 不坐罪齊 萬一其事已行移爲在乙良 杖一百齊 付囑枉法事亦 罪重爲在乙良 官吏乙 故出入人罪例以 論齊 他人及親族人等矣 所請以 付囑爲在乙良 減官吏罪三等齊 其矣 身上事乙 付囑爲在乙良 加本罪一等齊 監臨官及勢要之人亦 他人矣 所請以 付囑爲在乙良 杖一百遣 其事亦 重爲在乙良 官吏罪同齊 至死者乙良 減一等

【謂監臨、勢要之人，但囑託，卽杖一百。官吏聽從者，仍笞五十。已施行者，亦杖一百。所枉之罪，重於杖一百者，官吏與監臨、勢要之人皆得故出入人[154]罪。官吏依律合死者，監臨、勢要之人，合減死一等。】

直 監臨勢要之人亦 付囑爲在乙良 卽杖一百遣 官吏亦 依從爲在乙良 笞五十齊 聽從行移爲在乙良 杖一百齊 所枉之罪亦 杖一百良中 重爲在乙良 官吏及監臨勢要之人等乙 故出入人罪例以 論爲乎矣 官吏亦 律文內死罪良中 合當爲去等 監臨勢要之人乙良 官吏矣 合死罪良 減一等齊

若受贓者，並計贓，以枉法論。

404-2 若官吏不避監臨、勢要，將囑託公事實迹赴上司首告者，陞一等。

直 受財爲在乙良 贓物乙 計爲 枉法例以 論齊

153 以：《大明律》，《大明律講解》，《大明律附例》，《律條疏議》，《大明律釋義》，《大明律集解附例》，《大明律附例箋釋》에는 앞에 "官吏"가 더 있다.

154 人：《大明律》，《大明律講解》，《大明律附例》，《律條疏議》，《大明律釋義》，《大明律集解附例》，《大明律附例箋釋》에는 뒤에 "之"가 더 있다.

(○) 官吏亦 監臨勢要乙 疑畏不冬 付囑公事事狀乙 上司官良中 傳報爲在乙良 加一等賞職爲乎事

405 私和公事

凡私和公事者，減犯人罪二等，罪止笞五十。

直 凡 已告公事乙 私丁 和論爲在乙良 犯人罪良中 減二等遣 笞五十爲限爲乎事

406 失火

406-1 凡失火燒自己房屋者，笞四十；延燒官民房屋者，笞五十。因而致傷人命者，杖一百。罪坐失火之人。若延燒宗廟及宮闕者，絞；社，減一等。

406-2 若於山陵兆域內失火者，杖八十徒二年；延燒林木者，杖一百流二千里。若於官府公廨及倉庫內失火者，亦杖八十徒二年。主守之人，因而侵欺財物者，計贓，以監守自盜論。其在外失火而延燒者，各減三等。

406-3 若庫[155]藏及倉廒內燃火者，杖八十。其守衛宮殿及倉庫，若掌囚者，但見火起，皆不得離所守。違者，杖一百。

155 庫 : 《大明律》, 《大明律講解》, 《大明律附例》, 《律條疏議》, 《大明律釋義》, 《大明律集解附例》, 《大明律附例箋釋》에는 앞에 "於"가 더 있다.

直 凡 失火爲 其矣 家舍乙 燒亡爲在乙良 笞四十 官民家舍良中 連及燒亡令是在乙良 笞五十齊 因此人命乙 致傷令是在乙良 杖一百爲乎矣 初亦 失火之人乙 坐罪齊 宗廟及宮闕良中 連及燒亡爲在乙良 絞死遣 社乙良 減一等齊

○ 山陵兆域內良中 失火爲在乙良 杖八十徒二年齊 林木乙 延燒爲在乙良 杖一百遠流齊 ○ 官府公廨及倉庫內 失火爲在乙良 杖八十徒二年齊 主守人亦 因此財物乙 侵奪爲在乙良 贓物乙 計爲 監守自盜例以 論齊 自外失火延燒爲在乙良 各減三等齊

○ 倉庫及外庫內良中 燃火爲在乙良 杖八十齊 宮闕乙 守衛人果 倉庫看直人果 囚人主掌人等亦 失火爲臥乎所乙 見遣 守直之處乙 不離爲乎矣 違者乙良 杖一百爲乎事

407 放火故燒人房屋

407-1 凡放火故燒自己房屋者，杖一百。若延燒官民房屋及積聚之物者，杖一百徒三年。因而盜取財物者，斬。殺傷人者，以故殺傷論。

407-2 若放火故燒官民房屋及公廨、倉庫、係官積聚之物者，皆斬。

直 凡 放火爲 其矣 家舍乙 故只 燒亡令是在乙良 杖一百齊 官民房屋及積置錢物乙 連燒爲在乙良 杖一百徒三年齊 因此財物乙 偸取爲在乙良 斬齊 人命乙 殺傷爲在乙良 故殺例以 論齊

(○) 放[156]火爲 官民房屋果 及公廨倉庫果 官司積置之物乙 故只 燒亡爲在乙良 竝只 斬爲乎事

156 放 : 光州板, 晉州板, 樂安板, 平壤板에는 "故"로 되어 있다.

【須於放火處捕獲，有現[157]迹證驗明白者，乃坐。】

直 須只 放[158]火處良中 執捉爲 形迹明白爲在乙沙 坐罪齊

其故燒人空閑房屋及田場積聚之物者，各減一等。竝計所燒之物減價，儘犯人財產折剉陪償，還官給主。

直 故只 他人矣 空閑家舍及田場良中 積聚之物乙 放火燒亡爲在乙良 各減一等 竝只 所燒之物乙 計數 本[159]價良中 減數爲 犯人矣 所畜財產乙用良 計折生徵爲 還官給主爲乎事

408 搬做雜劇

凡樂人搬做雜劇、戲文，不許粧扮歷代帝王、后妃、忠臣、烈士、先聖、先賢神像。違者，杖一百。官民之家容令粧扮者，與同罪。其神仙道扮及義夫、節婦、孝子、順孫，勸人爲善者，不在禁限。

直 凡 樂工等亦 雜戲乙 造作爲乎矣 歷代帝王后妃忠臣烈士先聖先賢神像乙 粧飾戲弄爲在乙良 杖一百齊 官民之家亦 故只 禁止不冬粧飾令是在隱 罪同齊 神仙道像及義夫節婦孝子順孫如爲在乙 粧飾勸人爲在乙良 不在禁限爲乎事

157 現 : 《大明律》, 《大明律講解》, 《大明律附例》, 《律條疏議》, 《大明律釋義》, 《大明律集解附例》, 《大明律附例箋釋》에는 "顯"으로 되어 있다.

158 放 : 光州板, 晉州板, 樂安板, 平壤板에는 "故"로 되어 있다.

159 本 : 底本에는 "木"으로 되어 있다. 世宗板에 근거하여 수정하였다.

409 違令

凡違令者，笞五十。【謂令有禁制，而律無罪名者。】

直 凡 違犯禁令爲在乙良 笞五十爲乎事

410 不應爲

凡不應得爲而爲之者，笞四十。【謂律令無條，理不可爲者。事理重者，杖八十[160]。】

直 凡 於理不合行之事乙 行爲在乙良 笞四十 事理重爲在乙良 杖八十爲乎事

160 事理……八十：《大明律》,《大明律講解》,《大明律附例》,《律條疏議》,《大明律釋義》,《大明律集解附例》,《大明律附例箋釋》에는 律文으로 되어 있다.

捕亡

411 應捕人追捕罪人

凡應捕人承差追捕罪人，而推故不行，若知罪人所在而不捕者，減罪人罪一等。限三十日內，能自捕得一半以上，雖不及一半，但所獲者最重，皆免其罪。雖一人捕得，餘人亦同。若罪人已死及自首各盡者，亦免罪。不盡者，止以不盡之人爲坐。其非應捕人臨時差遣者，各減應捕人罪一等。受財故縱者，不給捕限，各與囚同罪。贓重者，計贓，以枉法，從重論。

直 凡 全委 罪人乙 捕捉人亦 承差爲 罪人捕捉爲乎矣 緣故推遣 進去不冬爲旀 罪人矣 在處乙 知遣 捕捉不冬爲在乙良 罪人罪良中 減一等齊 限三十日內良中 一半以上乙 能捉爲在乙良[161] 必于 一半亦不足爲良置 捕捉爲乎 罪人亦 重罪人是去等 免罪齊 必于 一人亦 捕得爲良置 他人乙 幷以 免罪齊 罪人亦 已死爲旀 同倘人亦 竝只 首告爲在乙良 免罪爲乎矣 同倘人乙 除除 現告不冬爲在乙良 唯只 不盡告之人矣 罪以 坐罪齊 所任差使外 他人乙 發送爲在乙良 應捕人矣 罪良中 減一等齊 受財遣 故只 放縱爲在乙良 依例捕限乙 不論遣罪囚以 同坐罪爲乎矣 贓物重爲在乙良 贓數乙 計爲 枉法例以 從重論爲乎事

161 爲在乙良 : 문맥상 "爲旀"의 誤字인 듯하다.

412 罪人拒捕

412-1 凡犯罪逃走，拒捕者，各於本罪上，加二等，罪止杖一百流三千里。毆人至折傷以上者，絞；殺人者，斬。爲從者，各減一等。

412-2 若罪[162]人持杖[163]拒捕，其捕者格殺之；及囚逃走，捕者逐而殺之；若囚窘迫而自殺者，皆勿論。

412-3 若已就拘執及不拒捕，而殺或折傷者，各以鬪殺傷論。罪人本犯應死而擅殺者，杖一百。

直 凡 犯罪逃走人亦 執捉差使乙 拒逆爲在乙良 本罪上良中 加二等 杖一百爲限 遠流齊 差使人乙 毆打 折傷以上乙良 絞死齊 殺人爲在乙良 斬齊 爲從者乙良 減一等齊

(○) 罪人亦 持杖拒逆爲去乙 差使人亦 擊殺爲旀 罪人亦 逃走爲去乙 差使亦 追逐殺之爲旀 罪囚亦 窘迫 逃避不得 自殺爲在乙良 竝只勿論罪齊

(○) 已執捉爲旀 拒逆不冬爲在 罪人乙 或殺傷爲旀 或折傷爲在乙良 鬪殺傷罪例以 論齊 死罪良中 合當爲在 罪人乙 自擅殺爲在乙良 杖一百爲乎事

162 罪：底本에는 "犯"으로 되어 있다. 世宗板,《大明律》,《大明律附例》,《律條疏議》,《大明律釋義》,《大明律集解附例》,《大明律附例箋釋》에 근거하여 수정하였다.

163 杖：《大明律》,《大明律附例》,《大明律集解附例》,《大明律附例箋釋》에는 "仗"으로 되어 있다.

413 獄囚脫監及反獄在逃

413-1 凡犯罪被囚禁，而脫監及解脫自帶枷、鎖越獄在逃者，各於本罪上加二等。因而竊放他囚罪重者，與囚同罪。竝罪止杖一百流三千里。本犯應死者，依常律。

413-2 若罪囚反獄在逃者，皆斬。同牢囚人不知情者，不坐。

直 凡 犯罪人亦 被囚爲有如可 逃亡爲旀 着枷着鎖乙 趣便以 脫去越獄在逃爲在乙良 本罪良中 加二等齊 因此他罪囚乙 隱放爲在乙良罪重者是去等 囚人以 同罪遣 杖一百爲限 遠流齊 死罪良中 合當爲在乙良 依常律論齊

(○) 罪囚亦 破獄逃走爲在乙良 竝只 斬齊 獄內同囚亦 不知者乙良不坐罪爲乎事

414 徒流人逃

414-1 凡徒、流、遷徙囚人役限內而逃者，一日笞五十，每三日加一等，罪止杖一百，仍發配所。其徒囚照依元[164]犯徒年，從新拘役，役過日月[165]竝不准理。

414-2 若起發已斷決徒、流、遷徙、充軍囚徒，未到配所中途在逃者，罪亦如之。

164 元 :《大明律講解》,《大明律附例箋釋》에는 "原"으로 되어 있다.

165 日月 :《大明律》,《大明律講解》,《大明律附例》,《律條疏議》,《大明律釋義》,《大明律集解附例》,《大明律附例箋釋》에는 "月日"로 되어 있다.

414-3 主守及押解人不覺失囚者, 一名杖六十, 每一名加一等, 罪止杖一百。 皆聽一百日內追捕。 提調官及長押官減主守及押解人罪三等。限內能自捕得, 或他人捕得, 若囚已死及自首, 皆免罪。故縱者, 各與囚同罪。受財者, 計贓, 以枉法, 從重論。

直 凡 徒流遷徙囚人亦 定役限內良中 逃走者乙良 一日笞五十 每三日加一等 杖一百爲限遣 定處良中 依例還送爲乎矣 徒囚乙良 原犯徒年乙 退是 計數 新丁 定役遣 已過日月乙良 不准齊

(◯) 已定發送徒流人果 遷徙充軍囚徒人等亦 定處良中 不到爲遣 中路在逃爲在乙良 竝只 罪同齊

(◯) 看直押送人等亦 不覺中逃亡令是在乙良 一名是去等 杖六十 每一名加一等 杖一百爲限遣 一百日內定限追捉爲乎矣 提調官及逢受官乙良 看直押送人矣 罪良中 減三等齊 限內良中 能亦 執捉爲旀 或他人亦 執捉爲旀 罪囚亦 已死爲旀 及自告爲在乙良 免罪齊 故只 放縱者乙良 囚人以 罪同齊 受財者乙良 贓物數乙 計爲 枉法例以 論罪爲乎事

415 稽留囚徒

415-1 凡應徒、流、遷徙、充軍囚徒斷決後, 當該官司限一十日內如法枷、杻, 差人管押, 牢固關防, 發遣所擬地方交割。若限外無故稽留不送者, 三日笞二十, 每三日加一等, 罪止杖六十。因而在逃者, 就將提調官吏抵犯人本罪發遣, 候捕獲犯人到官替役, 至日疏放別敍。

直 凡 徒流人果 遷徙人果 充軍人果 囚徒人等乙 決斷後良 次知官司亦 限一十日內良中 着枷着鎖 差人委曲押領 定處良中 發送准受爲

乎矣 定日外良中 無緣故延留 發送不冬爲在乙良 三日是去等 笞二十 每三日加一等 杖六十爲限齊 因此逃亡令是在乙良 次知使內在官吏乙 所犯人矣 本罪[166]良中 發送爲乎矣 所犯[167]人乙 捕捉到官爲去等沙 遞役遣 卽日放送 他職良中 敍用爲乎事

【抵犯人本罪，謂將提調官吏照依犯人所犯，該徒者抵徒，該流者抵流，該遷徙者抵遷徙，該充軍者抵充軍。候根捕犯人得獲，至日將官吏疏放，別行敍用。】

直 次知官吏乙 犯人矣 所犯罪良中 依准爲臥乎事段 徒罪是去等 徒令是遣 流是去等 流令是遣 遷徙是去等 遷徙令是遣 充軍者是去等 充軍令是乎矣 所犯人乙 推考執捉到付爲去等 卽日官吏乙 放送 他職良中 敍用

若隣境官司囚到，稽留不卽遞送者，罪亦如之。

415-2 若發遣之時，提調官吏不行如法枷、杻，以致囚徒中途解脫自帶枷、杻在逃者，與押解人同罪。竝罪坐所由。受財者，計贓，以枉法，從重論。

直 隣境官司亦 囚人到付爲去等 延留爲 卽時傳送不冬爲在乙良 罪同齊

(○) 發送之日良中 次知官吏亦 委曲 着枷着鎖不冬爲 中路良中 逃亡令是在乙良 押領遞送人矣 罪以 同爲乎矣 竝只 遲錯人亦中 坐罪齊 受財爲在乙良 計贓數 枉法例以 論罪爲乎事

166 本罪 : 底本에는 "罪本"으로 되어 있다. 律文에 근거하여 수정하였다.

167 犯 : 底本에서는 글자를 판독할 수 없다. 世宗板, 光州板, 晉州板, 樂安板, 平壤板에 근거하여 확정하였다.

416 主守不覺失囚

416-1 凡獄卒不覺失囚者，減囚罪二等。若囚自內反獄在逃，又減二等。聽給限一百日追捕，限內能自捕得，及他人捕得，若囚已死及自首，皆免罪。司獄官、典減獄卒罪三等。其提牢官曾經躬親逐一點視罪囚，枷、鎖、杻俱已如法，取責獄官、獄卒牢固收禁文狀者，不坐。若不曾點視以致失囚者，與獄官罪同。故縱者，不給捕限，各與囚同罪。未斷之間，能自捕得，及他人捕得，若囚已死及自首，各減一等。受財者，計贓，以枉法，從重論。

416-2 若賊自外入劫囚，力不能敵者，免罪。

416-3 若押解罪囚，中途不覺失囚者，罪亦如之。

直 凡 獄卒亦 知不得爲 囚人乙 逃走令是在乙良 囚罪例良中 減二等齊 囚人亦 獄內良中 自反在逃爲在乙良 又減二等遣 一百日乙 定爲執捉爲乎矣 定日內良中 能亦 執捉爲旀 又他人亦 捕捉爲去乃 罪人已死爲旀 及自告爲在乙良 免罪齊 典獄官員令史乙良 獄卒矣 罪良中 減三等齊 主掌官員亦 曾只 親亦 囚人乙 一一[168]點檢爲旀 委曲着枷着鎖爲 令史獄卒乙 准受爲遣 文字捧上爲在乙良 不坐罪齊 曾只點檢不冬 囚人乙 逃亡令是在乙良 令史罪以 同齊 故只 放縱逃亡爲在乙良 不給捕限 囚人罪以 同齊 未決斷之間良中 能亦 捕捉爲旀 他人亦 捕捉爲去乃 囚人亦 已死爲旀 自告爲在乙良 減一等齊 受財爲在乙良 贓物乙 計爲 枉法例以 從重論齊

○ 賊人亦 自外以 獄中良中 直入爲 囚人乙 劫奪爲去乙 對敵不得被奪令是在乙良 免罪齊

168 一一 : 底本에는 "二"로 되어 있다. 世宗板에 근거하여 수정하였다.

○ 罪囚乙 押送爲如可 中路良中 知不得 逃亡令是在乙良 罪亦如之爲乎事

417 知情藏匿罪人

417-1 凡知人犯罪事發，官司差人追喚，而藏匿在家，不行捕告，及指引道路，資給衣糧，送令隱避者，各減罪人罪一等。其展轉相送而隱藏罪人，知情者，皆坐；不知者，勿論。

417-2 若知官司追捕罪人，而漏泄其事，致令罪人得以逃避者，減罪人罪一等。未斷之間，能自捕得者，免罪。若他人捕得，及罪人已死若自首，各[169]減一等。

直 凡 犯罪人亦 事發爲 官司以 差人執捉令是去乙 他人亦 家內良中隱藏告捉不冬爲旀 去處道路乙 指揮爲旀 衣糧乙 准備許給 起送隱藏令是在乙良 罪人罪良中 減一等齊 傳傳以 遞送隱藏令是在 人亦知情者乙良 坐罪遣 不知者乙良 勿論罪齊

(○) 官司亦 罪人乙 追捉爲臥乎所乙 知遣 其事乙 漏通爲 罪人乙逃亡令是在乙良 罪人矣 罪良中 減一等齊 未決斷之間 能亦 捕捉爲在乙良 免罪齊 他人亦 捕捉爲旀 及罪人已死爲旀 及自告爲在乙良各減一等爲乎事

169 各：《大明律》，《大明律講解》，《大明律附例》，《律條疏議》，《大明律釋義》，《大明律集解附例》，《大明律附例箋釋》에는 앞에 "又"가 더 있다.

418 盜賊捕限

418-1 凡捕强、竊盜賊，以事發日爲始，當該應捕弓兵一月不獲强盜者，笞二十，兩月笞三十，三月笞四十；捕盜官罰俸錢兩月。弓兵一月不獲竊盜者，笞一十，兩月笞二十，三月笞三十；捕盜官罰俸錢一月。限內獲賊及一[170]半者，免罪。

418-2 若經隔二十日以上告官者，不拘捕限。捕殺人賊與捕强盜限同。

直 凡 强盜果 竊盜果乙 捕捉爲乎矣 事發日以 爲始 所任巡捕軍兵亦 一月內 强盜乙 捕捉不得爲在乙良 笞二十齊 兩朔是去等 笞三十齊 三朔是去等 笞四十齊 捕盜官乙良 罰俸錢兩朔遣 一朔內良中 竊盜乙 捕捉不得爲在乙良 軍兵乙 一朔是去等 笞一十 兩朔是去等 笞二十 三朔是去等 笞三十 捕盜官乙良 罰俸[171]錢一月齊 限日內良中 賊人乙 捕捉爲乎矣 一半乙 捕捉爲良置 免罪齊

(○) 二十日以上已過爲去沙 告官爲在乙良 不論限日爲乎矣 殺人賊乙 捕捉爲乎第亦中 强盜捕捉限以 同

170 一：世宗板, 《大明律》, 《大明律附例》, 《律條疏議》, 《大明律釋義》, 《大明律集解附例》, 《大明律附例箋釋》에는 없다.

171 俸：底本에는 "捧"으로 되어 있다. 世宗板에 근거하여 수정하였다.

斷獄

419 囚應禁而不禁

419-1 凡獄囚應禁而不禁，應枷、鎖、杻而不枷、鎖、杻及脫去者，若囚該杖罪笞三十，徒罪笞四十，流罪笞五十，死罪杖六十。若應枷而鎖，應鎖而枷者，各減一等。

419-2 若囚自脫去，及司獄官典、獄卒私與囚脫去枷、鎖、杻者，罪亦如之。提牢官知而不擧者，與同罪；不知者，不坐。

419-3 其不應禁而禁，及不應枷、鎖、杻而枷、鎖、杻者，各杖六十。

419-4 若受財者，竝計贓，以枉法，從重論。

直 凡 獄囚亦 囚禁合當爲在乙 囚禁不冬爲旀 枷鎖杻合當爲在乙 枷鎖杻不冬爲旀 及脫去爲在乙良 囚人亦 杖罪去等 笞三十 徒罪去等 笞四十 流罪去等 笞五十 死罪去等 杖六十齊 着枷合當爲在乙 着鎖爲旀 着鎖合當爲去乙 着枷爲良在等 各減一等齊

(○) 囚人亦 趣便以 脫鎖 及典獄官果 獄卒等亦 私情以 枷鎖杻乙 脫去爲在乙良 罪同齊 獄官知而不問爲在乙良 罪同齊 不知者不坐罪齊

(○) 不合囚禁爲在乙 囚禁爲旀 不合枷鎖杻爲在乙 枷鎖杻爲去等 各杖六十齊

○ 受財爲在乙良 贓物乙 計數爲 枉法例以 論罪爲乎事

420 故禁故勘平人

420-1 凡官吏懷挾私讐，故禁平人者，杖八十。因而致死者，絞。提牢官及司獄官典、獄卒知而不擧首者，與同罪。至死者，減一等。不知者，不坐。若因公事干連平人，在官無招，誤禁致死者，杖八十。有文案應禁者，勿論。

420-2 若故勘平人者，杖八十。折傷以上，依凡鬪傷論，因而致死者，斬。同僚官及獄卒知情共勘者，與同罪。至死者，減一等。不知情及依法拷訊者，不坐。

420-3 若因[172]公事干連平人，在官事須鞫問，及罪人贓狀[173]證佐明白，不服招承，明立文案，依法拷訊，邂逅致死者，勿論。

直 凡 官吏亦 私讐乙 挾恨爲 故只 無罪平人乙 囚禁爲在乙良 杖八十齊 因此致死爲在乙良 絞死齊 獄官果 及司獄令史獄卒等亦 知而現告不冬爲在隱 罪同爲乎矣 官吏等亦 死罪良中 進去等 減一等遣 不知者乙良 不坐罪齊 因公事干連平人乙 官司良中 進來 招服無亦 誤囚致死爲在乙良 杖八十齊 有明文爲旀 囚禁合當爲在乙良 勿論齊 ○ 無罪平人乙 故只 推問爲在乙良 杖八十齊 折傷爲在乙良 凡鬪傷例以 依律論齊 因此致死爲在乙良 斬齊 同僚官果 獄卒等亦 知情爲 一同推問爲在乙良 罪同齊 官吏罪至於死爲在乙良 減一等齊 知情不冬爲旀 依法推問爲在乙良 不坐齊

(○) 因公事爲 干連人乙 官司進來 須只 窮問爲良如 人果 罪人亦

172 因 : 底本에는 "囚"로 되어 있다. 直解, 世宗板, 《大明律》, 《大明律講解》, 《大明律附例》, 《律條疏議》, 《大明律釋義》, 《大明律集解附例》, 《大明律附例箋釋》에 근거하여 수정하였다.

173 狀 : 《大明律附例》, 《大明律集解附例》, 《大明律附例箋釋》에는 "仗"으로 되어 있다.

現狀文案及證見 明白爲在 人亦 拒逆 招服不冬爲在乙 文案明白施行爲旀 依例推問爲如可 因傷 逢音 致死爲在乙良 勿論爲乎事

421 淹禁

凡獄囚情犯已完，監察御史、提刑按察司審錄無冤，別無追勘事理，應斷決者，限三日內斷決。應起發者，限一十日內起發。若限外不斷決不起發者，當該官吏三日笞二十，每三日加一等，罪止杖六十。因而淹禁致死者，若囚該死罪杖六十，流罪杖八十，徒罪杖一百，杖罪以下杖六十徒一年。

直 凡 獄囚亦 所犯情狀乙 推問已畢爲在乙 司憲府及按廉使亦 審問招服 更良 推考爲乎所無去等 決斷合當爲在乙良 限三[174]日內 決斷爲旀 發送合當爲在乙良 限十日內 發送爲乎矣 限外良中 決斷不冬爲旀 發送不冬爲在乙良 次知官吏乙 三日是去等 笞二十 每三日加一等 杖六十爲限齊 因此淹禁致死爲在乙良 囚人亦 當死罪是去等 杖六十遣 當流罪是去等 杖八十 當徒罪是去等 杖一百 杖罪以下乙良 杖六十徒一年爲乎事

174 三 : 底本에서는 글자를 판독할 수 없다. 世宗板, 光州板, 晉州板, 樂安板, 平壤板에 근거하여 확정하였다.

422 陵虐罪囚

凡獄卒非理在禁陵虐毆傷罪囚者，依凡鬪傷論。剋減衣糧者，計贓，以監守自盜論。因而致死者，絞。司獄官、典及提牢官知而不擧者，與同罪。至死者，減一等。

直 凡 獄卒亦 非理以 囚禁罪人乙 侵勞毆傷爲去等 凡鬪傷例乙 依准論罪齊 衣服糧食乙 漏落減給爲在乙良 贓物乙 計爲 監守自盜例以 論齊 因此致死爲在乙良 絞死齊 司獄官員令史及提牢官亦 知而不問爲在乙良 罪同爲乎矣 罪至於死爲在乙良 減一等爲乎事

423 與囚金刃解脫

423-1 凡獄卒以金刃及他物可以自殺及解脫枷鎖之具而與囚者，杖一百。因而致囚在逃及自傷或傷人者，竝杖六十徒一年；若囚自殺者，杖八十徒二年；致囚反獄及殺人者，絞。其囚在逃，未斷之間，能自捕得及他人捕得若囚已死及自首者，各減一等。

423-2 若常人以可解脫之物與人，及子孫與祖父母、父母，奴婢、雇工人與家長者，各減一等。

423-3 若司獄官、典及提牢官知而不擧者，與同罪。至死者，減一等。

423-4 若受財者，計贓，以枉法，從重論。

423-5 若獄囚失於點檢，致囚自盡者，獄卒杖六十，司獄官典各笞五十，提牢官笞四十。

直 凡 獄卒亦 刀刃及可以自殺爲良音可爲旀 枷鎖乙 脫去爲良音可爲在 他物等乙 囚人亦中 許給爲良在乙良 杖一百齊 因此爲 囚人亦

在逃爲旀 自己乙 害傷爲旀 或他人乙 有傷令是在乙良 竝只 杖六十徒一年齊 囚人乙 自殺令是在乙良 杖八十徒二年齊 囚人亦 在獄中反亂爲旀 他人乙 殺傷令是在乙良 絞死爲乎矣 囚人亦 在逃 未斷決之前 能亦 捕捉爲去乃 他人捕捉爲去乃 囚人亦 已死爲去乃 自告現出爲在乙良 各減一等齊

(○) 常人亦 枷鎖乙 脫去爲音可爲在 他物乙 囚人亦中 許給爲是果子孫亦 祖父母父母亦中 許給爲是果 奴婢果 身役人亦 本主及家長亦中 許給爲在乙良 各減一等齊

(○) 獄官及提調官亦 知而不問爲在乙良 罪同爲乎矣 罪至於死爲在隱 減一等齊

(○) 受財者乙良 贓物乙 計 枉法例以 從重論齊

(○) 囚人乙 遲慢檢察所致以 囚人亦 自己盡命死亡爲在乙良 獄卒是去等 杖六十 司獄令史是去等 笞五十 提調[175]官 笞四十爲乎事

424 主守教囚反異

424-1 凡司獄官典、獄卒教令罪囚反異，變亂事情，及與通傳言語，有所增減其罪者，以故出入人罪論。外人犯者，減一等。

424-2 若容縱外人入獄，及走泄事情，於囚罪無增減者，笞五十。

424-3 若受財者，竝計贓，以枉法，從重論。

直 凡 典獄令史獄卒等亦 囚人乙 教誘爲 其矣 罪狀乙 反作變亂令是旀 言語乙 傳通爲旀 所犯罪乙 加減爲在乙良 故出入人罪例以 論齊

175 調 : 世宗板에는 "牢"로 되어 있다.

外人亦 右如 干犯爲在乙良 減一等齊
(○) 外人乙 放縱 獄中良中 出入令是旀 事狀乙 囚人亦中 漏通令是乎矣 其罪亦 增減無在乙良 笞五十齊
(○) 受財者乙良 贓物乙 計 枉法例以 從重論爲乎事

425 獄囚衣糧

425-1 凡獄囚應請給衣、糧、醫、藥而不請給，患病應脫[176]枷、鎖、杻而不脫去，應保管出外而不保管，應聽家人入視而不聽，司獄官典、獄卒笞五十。因而致死者，若囚該死罪杖六十，流罪杖八十，徒罪杖一百，杖罪以下杖六十徒一年。提牢官知而不擧者，與同罪。

425-2 若已申稟上司，不卽施行者，一日笞一十，每一日加一等，罪止笞四十。因而致死者，若囚該死罪杖六十，流罪杖八十，徒罪杖一百，杖罪以下杖六十徒一年。

直 凡 獄囚亦中 衣糧醫藥乙 理合請給爲在乙 請給不冬爲旀 病囚亦 枷鎖杻乙 脫去爲良音可爲在乙 脫去不冬爲旀 取保准受出外爲良音可爲在乙 取保出外不冬爲旀 同家人乙 入獄中視養爲良音可爲在乙 入視養不冬爲在乙良 典獄官員令史獄卒等乙 笞五十齊 因此致死爲在乙良 囚人亦 當死罪去等 杖六十 流罪去等 杖八十 徒罪是去等 杖一百 杖罪以下 杖六十徒一年齊 提牢官亦 知而不問爲在乙良 罪同齊
(○) 上司官良中 曾只 啓課爲在 事乙 卽時決絶施行不冬爲在乙良

176 脫：《大明律》，《大明律講解》，《大明律附例》，《律條疏議》，《大明律釋義》，《大明律集解附例》，《大明律附例箋釋》에는 뒤에 "去"가 더 있다.

一日是去等 笞一十 每一日加一等 笞四十爲限齊 因此致死爲在乙良 囚人亦 當死罪是去等 杖六十 流罪是去等 杖八十 徒罪是去等 杖一百 杖罪以下 杖六十徒一年爲乎事

426 功臣應禁親人入視

凡功臣及五品以上官犯罪應禁者，許令親人入視。徒流者竝聽親人隨行。若在禁及至配所或中途病死者，在京元[177]問官、在外隨處官司開具致死緣由，差人引領親人詣闕，面奏發放。違者，杖六十。

直 凡 功臣及五品以上官員亦 犯罪 合當在囚爲在乙良 親人乙 入視養令是旀 徒流罪是去等 親人乙用良 行次隨去令是齊 在囚爲去乃[178]在配所爲去乃 中路良中 病死爲在乙良 京中是去等 初亦 問罪官果外方是去等 所在官司亦 致死緣故乙 開坐爲旀 全委差人爲 犯者矣親人乙 率良旀 大內良中 進叱 面啓爲白遣 放送爲乎矣 違者乙良 杖六十爲乎事

427 死囚令人自殺

427-1 凡死罪囚已招服罪而囚，使令親戚、故舊自殺，或令雇倩人殺之者，親、故及下手之人各依本殺罪減二等。若囚雖已招服罪，不曾

177 元：《大明律講解》，《大明律附例》，《大明律附例箋釋》에는 "原"으로 되어 있다.

178 乃：底本에는 뒤에 "乃"가 더 있다. 世宗板에 근거하여 삭제하였다.

令親、故自殺, 及雖曾令自殺而未招服罪, 輒殺訖或雇倩人殺之者, 親、故及下手之人各以鬪殺傷論。

427-2 若囚[179]已招服罪, 而囚之子孫爲祖父母、父母, 及奴婢、雇工人爲家長者, 皆斬。

直 凡 死罪囚人亦 已招服在囚爲 親族故交乙用良 自殺令是旀 他人乙 錢物許給 自殺令是在乙良 親族故交 及下手爲在 人等乙 本殺罪良中 減二等論罪齊 囚人亦 必于 已招服爲在乃 親族故交亦中 自請不冬爲是果 必于 親故亦中 自請爲良置 未招服前良中 殺害爲旀 他人乙 錢物許給 致殺令是在乙良 親故 及下手爲在 人等乙 鬪殺傷例以 論齊

(○) 囚人亦 在囚 死罪良中 已招服爲良置 子孫亦 祖父母父母乙 殺害爲旀 奴婢身役人亦 家主乙 殺害爲在乙良 竝只 斬爲乎事

428 老幼不拷訊

凡應八議之人及年七十以上、十五以下若廢疾者, 竝不合拷訊, 皆據衆證定罪。違者, 以故失入人罪論。其於律得相容隱之人及年八十以上、十歲以下若篤疾, 皆不得令其爲證。違者, 笞五十。

直 凡 八議良中 應當爲在 人 及年七十以上十五以下果 廢疾爲在乙良 於理良中 打傷推問不合爲去有等以 竝只 衆證明白爲去沙 定罪

179 囚 :《大明律》,《大明律講解》,《大明律附例》,《律條疏議》,《大明律釋義》,《大明律集解附例》,《大明律附例箋釋》에는 "雖"로 되어 있고,《大淸律輯註》에는 "死囚雖"로 되어 있다.

爲乎矣 違者 故失入人罪例以 論齊 於律良中 互相隱諱爲良音可 人果 年八十以上十歲以下 及篤疾成病之人乙良 竝只 不許爲證爲乎矣違者乙良 笞五十爲乎事

429 鞫獄停囚待對

429-1 凡鞫獄官推問罪囚，有起內人件見在他處官司，停囚待對者，雖職分不相統攝，皆聽直行拘取。文書到後限三日內發遣。違限不發者，一日笞二十，每一日加一等，罪止杖六十。仍行移本管上司，問罪督發。

429-2 若起內應合對問同件罪囚，已在他處州縣事發見問者，聽輕囚就重囚，少[180]囚從多囚。若囚數相等者，以後發之囚送先發官司幷問。若兩縣相去三百里之外者，各從事發處歸斷。違者，笞五十。違[181]法將重囚移就輕囚，多囚移就少[182]囚者，當處官司隨卽收問，仍申達所管上司，究問所屬違法移囚之罪。若囚到不囚[183]者，一日笞二十，每一日加一等，罪止杖六十。

直 凡 問囚獄官亦 罪囚乙 推問爲乎矣 黨內同類人亦 他處官司良中

180 少 : 底本에는 "小"로 되어 있다. 《大明律》, 《大明律講解》, 《大明律附例》, 《律條疏議》, 《大明律釋義》, 《大明律集解附例》, 《大明律附例箋釋》에 근거하여 수정하였다.

181 違 : 《大明律》, 《大明律講解》, 《大明律附例》, 《律條疏議》, 《大明律釋義》, 《大明律集解附例》, 《大明律附例箋釋》에는 앞에 "若"이 더 있다.

182 少 : 底本에는 "小"로 되어 있다. 《大明律》, 《大明律講解》, 《大明律附例》, 《律條疏議》, 《大明律釋義》, 《大明律集解附例》, 《大明律附例箋釋》에 근거하여 수정하였다.

183 囚 : 《大明律》, 《大明律講解》, 《大明律附例》, 《律條疏議》, 《大明律釋義》, 《大明律集解附例》, 《大明律附例箋釋》에는 "受"로 되어 있다.

現在爲有去等 一處進來對論爲良音可 人等乙良 必于 所掌外 管屬不得爲在 官司是良置 直亦 出差使捉來爲去等 公貼到付後 限三日內 發送爲乎矣 限日違期 發送不冬爲在乙良 一日是去等 笞二十 每一日加一等 杖六十爲限遣 仰屬上司官良中 申報問當 催促發送齊(○) 同倘內良中 對論合當爲在 同類罪囚亦 他州縣良中 事發在囚爲有去等 輕罪囚人乙良 重[184]罪囚人在處良中 進來旀 數小[185]囚人乙良 數多囚人在處良中 進來齊 因人矣 數爻亦 相等爲在乙良 後發被捉爲在 囚人乙 先發推考爲臥乎 官司良中 起送 一處憑問爲乎矣 兩縣亦 相去三百里是去等 初亦 事發處良中 起送決斷爲乎矣 違者乙良 笞五十齊 重囚乙沙 輕囚在處良中 起送爲旀 多囚乙沙 小[186]囚在處良中 起送爲在乙良 所在官司亦 卽時事意推考爲 仰屬上司良中 申報爲良在等 仰屬官亦 違法移囚之罪乙 推問齊 囚人亦 到付爲去等不囚爲在乙良 一日是去等 笞二十 每一日加一等 杖六十爲限爲乎事

430 依告狀鞫獄

凡鞫獄須依所告本狀推問。若於狀外，別求他事，摭拾人罪者，以故入人罪論。同僚不署文案者，不坐。若因其告狀，或應掩捕搜檢，因而檢得別罪，事合推理者，不在此限。

直 凡 獄囚乙 推問爲乎第亦中 訴告狀內乙用良 推問爲乎矣 告狀外

184 重 : 底本에는 없다. 世宗板에 근거하여 보충하였다.

185 小 : 문맥상 “少”의 誤字인 듯하다.

186 小 : 문맥상 “少”의 誤字인 듯하다.

良中 他事乙用良 他矣 罪乙 搜出爲在乙良 故入人罪例以 論爲乎矣 同僚官亦 文案良中 着署不冬爲在乙良 不坐罪齊 告狀乙用良 罪人 捕捉乙因于 別罪現露爲 理合推考爲在 事乙良 不在此限爲乎事

431 元[187]告人事畢不放回

凡告詞訟，對問得實，被告已招服罪，原[188]告人別無待對事理，隨卽放回。若無故稽留，三日不放者，笞二十。每三日加一等，罪止笞四十。

直 凡 爭訟事乙 告狀爲良在等 兩邊乙 對論爲乎矣 被告人亦 已招服爲乎等用良 原告人亦中 更良 對論令是乎所無去等 卽時放還爲乎矣 無緣故延留 三日已只 不放還爲在乙良 笞二[189]十 每三日加一等 笞四十爲限爲乎事

432 獄囚誣指平人

432-1 凡囚在禁，誣指平人者，以誣告人論。其本犯罪重者，從重論。

432-2 若官吏鞫問獄囚，非法拷訊，故行教令誣指平人者，以故入人罪論。

187 元 : 《大明律講解》, 《大明律附例箋釋》에는 "原"으로 되어 있다.

188 原 : 《大明律》, 《大明律附例》, 《律條疏議》, 《大明律釋義》, 《大明律集解附例》에는 "元"으로 되어 있다.

189 二 : 底本에서는 글자를 판독할 수 없다. 世宗板, 光州板, 晉州板, 樂安板, 平壤板에 근거하여 확정하였다.

432-3 若追徵錢糧，逼令誣指平人代納者，計所枉徵財物，坐贓論，其物給主。

432-4 其被誣之人，無故稽留，三日不放回者，笞二十。每三日加一等，罪止杖六十。

432-5 若鞫囚而證佐之人不言實情，故行誣證，及化外人有罪，通事傳譯蕃[190]語不以實對，致罪有出入者，證佐人減罪人罪二等。

直 凡 罪囚亦 在囚爲 虛事以 無罪平人乙 指引爲在乙良 誣告人例以 論齊 所犯本罪重爲在乙良 從重論齊

(○) 官吏亦 獄囚乙 非法以 拷打推問爲 故只 罪囚乙 敎誘 平人乙 虛事乙用良 指引令是在乙良 故入人罪例以 論齊

(○) 錢糧生徵次 逼令罪囚爲 平人乙 虛事以 指引爲 代納令是在乙良 非法以 生徵財物數爻乙用良 坐贓以 論罪遣 其物乙良 給主齊

(○) 虛事乙 被告令是在 平人乙 無緣故延留 三日巴只 放還不冬爲在乙良 笞二十 每三日加一等 杖六十爲限齊

(○) 罪囚乙 推考次 證保人等亦 事實乙良 不言爲遣 故只 虛事以 證保爲㫆 彼[191]國之人亦 有罪爲去等 通事亦 飜譯傳言次良中 不以實對爲 人罪乙 出入爲在乙良 證佐人乙良 減罪人罪二等

【謂證佐人不說實情，出脫犯人全罪者，證佐人減罪[192]人全罪二等。若增減其罪者，亦減犯人所得增減之罪二等之類。】

直 謂 證佐人亦 實情乙 不說 犯人矣 本罪乙 免脫爲在乙良 證佐之人乙 所犯人矣

190 蕃：世宗板，晉州板，《大明律》，《大明律講解》，《大明律附例》，《律條疏議》，《大明律釋義》，《大明律集解附例》，《大明律附例箋釋》에는 “番”으로 되어 있다.

191 彼：底本에는 “被”로 되어 있다. 世宗板，樂安板，平壤板에 근거하여 수정하였다.

192 罪：《大明律講解》，《大明律附例》，《律條疏議》，《大明律釋義》，《大明律集解附例》，《大明律附例箋釋》에는 “犯”으로 되어 있다.

全罪良中 減二等齊 所犯人矣 罪乙 加減爲在乙良 犯罪人矣 所犯爲乎 加減之罪良中 減二等齊

通事與同罪。【謂化外人本有罪，通事符同傳說，出脫全罪者，通[193]事與犯人同得全罪。若將化外人罪名增減傳說[194]者，以所增減之罪坐通事。謂如化外人本招承杖六十，通事傳譯增作杖一百，卽坐通事杖四十。又如化外人本招[195]杖一百，通事傳譯減作笞五十，卽坐通事杖[196]五十之類。】

直 謂 彼國之人 本有罪爲去乙 通事亦 同意傳說爲 全罪免脫爲在乙良 通事乙 犯人矣 全罪以 同論齊 彼國人矣 罪狀乙 加減爲 傳說爲在乙良 其矣 加減之罪以 通事乙 坐罪齊 彼國人亦 已招服杖六十罪乙 通事亦 飜譯爲 杖一百罪良中 加作爲在乙良 通事乙 杖四十齊 彼國人亦 已招服杖一百罪乙 通事亦 飜譯 笞五十乙 減作爲在乙良 通事乙 杖五十坐罪爲乎事

433 官司出入人罪

433-1 凡官司故出入人罪，全出全入者，以全罪論。

直 凡 官司亦 他人矣 罪乙 故只 入出爲去等 全出全入爲在乙良 全罪例以 論齊

193 通：底本에서는 글자를 판독할 수 없다. 世宗板, 光州板, 晉州板, 樂安板, 平壤板에 근거하여 확정하였다.

194 說：底本에서는 글자를 판독할 수 없다. 世宗板, 光州板, 晉州板, 樂安板, 平壤板에 근거하여 확정하였다.

195 招：《大明律附例》, 《大明律釋義》, 《大明律集解附例》, 《大明律附例箋釋》에는 뒤에 "承"이 더 있다.

196 杖：《大明律集解附例》, 《大明律附例箋釋》에는 "笞"로 되어 있다.

【謂官吏因受人財及法外用刑，將本應無罪之人而故加以罪，及應有罪之人而故出脫之者，竝坐官吏以全罪。法外用刑，如用火燒烙鐵烙人，或冬月用冷水澆淋身體之類。】

直 謂 官吏亦 他矣 財物乙 受贈爲旀 法律外良中 用刑爲 本來無罪人乙 故只 加罪爲旀 本來有罪人乙 故只 免脫令是在乙良 竝只 全罪以 坐罪齊 法外用刑 謂如用火燒烙爲旀 用鐵烙人爲旀 或冬月良中 冷水乙 罪人矣 身體良中 流注爲臥乎事

若增輕作重，減重作輕，以所增減論。至死者，坐以死罪。

直 輕罪乙 重罪如爲旀 重罪乙 輕罪如爲在乙良 其矣 加減罪以 論齊 至死令是在乙良 坐以死罪齊

【謂如其人犯罪應決一十而增[197]二十之類，謂之增輕作重，則坐以所增一十之罪。其人應決五十而減作三十之類，謂之減重作輕，則坐以所減二十之罪。餘准此。若增輕作重，入至徒罪者，每徒一等折杖二十；入至流罪者，每流一等折徒半年；入至死罪已決者，坐以死罪。若減重作輕者，亦如之。】

直 謂 其人矣 犯罪亦 決笞一十是去乙 加作二十是如爲在乙良 加作爲乎 一十乙 笞決爲齊 其人亦 笞決五十是去乙 減作三十是如爲在乙良 所減二十乙 笞決爲齊 萬一增輕作重爲乎矣 至徒罪者乙良 每徒一等 折杖二十齊 入至流罪者乙良 每流一等 折徒半年齊 入至死罪已決者乙良 坐以死罪齊 萬一重罪乙 輕罪良中 出者置 亦如之齊

若斷罪失於入者，各減三等；失於出者，各減五等。

直 斷罪爲乎矣 知不得 入於罪爲在乙良 各減三等爲遣 知不得 出於罪爲在乙良 各減五等齊

【謂鞫問罪[198]囚，或證佐誣指，或依法拷訊以致招承，及議刑之際，所見錯誤，別無受贓情弊及法外用刑致罪有輕重者，若從輕失入重，從重失出輕者，亦以所剩罪論。】

197 增：《大明律講解》，《大明律附例》，《律條疏議》，《大明律釋義》，《大明律集解附例》，《大明律附例箋釋》에는 뒤에 "作"이 더 있다.

198 罪：《大明律講解》，《大明律附例》，《律條疏議》，《大明律釋義》，《大明律集解附例》，《大明律附例箋釋》에는 "獄"으로 되어 있다.

直 謂 罪囚乙 推考次 或證人亦 虛指爲旀 或依法推問取招服爲旀 及刑罰乙 議論次 所見錯誤分是遣 受贓物爲乎 情狀無齊 及法外用刑罪狀加減無齊 從輕失入重爲去乃 從重失出輕者乙良 各以所剩罪以 論齊

竝以吏典爲首，首領官減吏典一等，佐貳官減首領官一等，長官減佐貳官一等，科罪。

433-2 若囚未決、放，及放而還獲，若囚自死，各聽減一等。

直 竝只 令史色員乙 爲先論罪爲遣 郎廳乙良 令史色員罪良中 減一等齊 之次員乙良 郎廳罪良中 減一等齊 長官乙良 之次員罪良中 減一等科罪齊

○ 囚人乙 決放不冬爲旀 放送爲有如可 更良 執捉爲旀 囚人亦 自死爲在乙良 減一等爲乎事

【謂故入及失入人笞、杖、徒、流、死罪，未決；其故出及失出人笞、杖、徒、流、死罪，未放及放而更獲，若囚人自死者，於故出入及失出入人罪上，各聽減一等。】

直 謂 囚人矣 笞杖果 徒流果 死罪乙 故只 入於罪爲去乃 知不得 入於罪爲去乃 決絶不冬爲是果 又他人矣 笞杖徒流死罪等乙 故只 出於罪爲去乃 知不得 出於罪爲去乃 放出不冬爲是果 已放爲有如可 更良 執捉爲是果 囚人亦 自死爲在乙良 故出入及失出入人罪良中 各減一等

434 辯明冤枉

434-1 凡監察御史、按察司辯明冤枉，須要開具所枉事迹，實封奏聞。委官追問得實，被誣之人依律改正，罪坐原[199]告、原[200]問官吏。

199 原：《律條疏議》,《大明律釋義》,《大明律集解附例》에는 "元"으로 되어 있다.

434-2 若事無冤枉，朦朧辯明者，杖一百徒三年。若所誣罪重者，以故出入人罪論。所辯之人知情，與同罪；不知者，不坐。

直 凡 司憲府按廉使亦 冤枉事乙 辯明爲乎第亦中 須只 冤枉事狀乙 開坐具錄爲 實封以 大內良中 申聞爲良在等 委官乙 差送推問爲乎矣 事狀的是去等 虛事乙 被告之人乙良 依律改正遣 初亦 言告人果 初亦 推問官吏乙 坐罪齊

○ 冤枉事無去乙 朦朧辯明爲行 人乙良 杖一百徒三年 誣告罪重爲在乙良 故出入人罪例以 論齊 次知辯正人亦 知情者罪同齊 不知者 不坐

435 有司決囚[201]

435-1 凡獄囚鞫問明白，追勘完[202]備，徒流以下，從各府、州、縣決配。至死罪者，在內聽監察御史、在外聽提刑按察司審錄無冤，依律議擬，轉達刑部。定擬[203]奏聞迴報，直隷去處，從刑部委官與監察御史；在外去處，從布政司委官與按察司官，公同審決。

435-2 若犯人反異，家屬稱冤，即便推鞫。事果違枉，同將原[204]問、

200 原：《律條疏議》，《大明律釋義》，《大明律集解附例》에는 "元"으로 되어 있다.

201 囚：《大明律講解》，《大明律附例》，《律條疏議》，《大明律釋義》，《大明律集解附例》，《大明律附例箋釋》에는 뒤에 "等第"가 더 있다.

202 完：《大明律附例》에는 "追"로 되어 있다.

203 擬：《大明律附例》，《大明律集解附例》，《大明律附例箋釋》에는 "議"로 되어 있다.

204 原：《大明律附例》，《律條疏議》，《大明律釋義》，《大明律集解附例》에는 "元"으로 되어 있다.

原[205]審官吏通問改正。

435-3 其審錄無冤，故延不決者，杖六十。若明稱冤抑，不爲申理者，以入人罪故失論。

直 凡 獄囚乙 推問明白爲旀 事狀乙 推考圓備爲去等 徒流以下人乙良 各州府郡縣亦 任意以 決斷配流齊 至於死罪爲在乙良 在內 司憲府果 在外 按廉使弋只 字細推問爲 冤枉無在乙良 依律議罪爲旀 轉達都評議使及刑曹爲 擬罪後大內申聞爲遣 都評議使及刑曹等亦 司憲府按廉使良中 回答文字行移齊 京畿直屬各處乙良 都評議使司憲府刑曹果 外方各村乙良 按廉使亦 公道以 字細推問決斷齊

○ 犯罪人亦 反亦 他條以 訴告爲旀 其矣 家屬置 冤枉事乙 哀告爲去等 卽時推問爲乎矣 事狀亦 違枉丁寧爲去等 初亦 推問官員及審問爲在 官吏乙 一處良中 究問改正齊

(○) 審問辯正爲 冤恨無在事乙 故只 延留不決爲在乙良 杖六十齊 冤恨屈抑事乙 明白稱說爲去乙 推明決斷不冬爲在乙良 入人罪及故失例以 論爲乎事

436 檢驗屍傷不以實

436-1 凡檢驗屍傷，若牒到托故不卽檢驗，致令屍變，及不親臨監視，轉委吏卒；若初、復[206]檢官吏相見，符同屍狀，及不爲用心檢驗，移

205 原：《大明律附例》,《律條疏議》,《大明律釋義》,《大明律集解附例》에는 "元"으로 되어 있다.

206 復：《大明律講解》,《大明律釋義》,《大明律集解附例》에는 "覆"으로 되어 있다.

易、輕重、增減屍傷不實，定執致死根因不明者，正官杖六十，首領官杖七十，吏典杖八十。仵作、行人檢驗不實，符同屍狀者，罪亦如之。因而罪有增減者，以失出入人罪論。

436-2 若受財故檢驗不以實者，以故出入人罪論。贓重者，計贓，以枉法，各從重論。

直 凡 屍體傷處乙 檢察爲乎矣 文字到付爲去等 緣故[207]推旀 卽時檢察不冬 屍體變色令是旀 及親亦 監檢不冬 令史色員亦中 傳付檢屍爲旀 初亦 檢屍官吏果 二次檢屍官吏等亦 相見爲 屍體事狀乙 同意爲 用心檢察不冬 輕重乙 改易爲旀 屍體傷處乙 加減不實爲旀 致死事狀乙 明白辨檢不冬爲在乙良 長官乙 杖六十 郎廳是去等 杖七十 令史色員乙良 杖八十 原屬檢屍仵作人亦 屍體乙 檢察爲乎矣 不以實爲在 屍體事狀乙 同情爲在乙良 罪同齊 因此爲 犯罪人矣 罪狀乙 增減爲在乙良 失出入人罪例以 論齊

(○) 受財物遣 檢屍不以實爲在乙良 故出入人罪例以 論齊[208] 贓物亦 重爲在乙良 贓物數以 計爲 枉法例以 從重論爲乎事

437 決罰不如法

437-1 凡官司決人不如法者，笞四十。因而致死者，杖一百。均徵埋葬銀一十兩。行杖之人各減一等。

207 故 : 底本에서는 글자를 판독할 수 없다. 世宗板, 光州板, 晉州板, 樂安板, 平壤板에 근거하여 확정하였다.

208 受財……論齊 : 底本에는 없다. 世宗板에 근거하여 보충하였다.

直 凡 官司亦 人罪乙 決斷爲乎矣 不如法爲在乙良 笞四十齊 因而致死者 杖一百遣 燒埋銀一十兩乙 別乎 生徵齊 執杖人乙良 各減一等

【不如法，謂應用笞而用杖，應用杖而用訊，應決臀而決腰，應決腿而鞭背。】

直 不如法 謂決笞合當爲在乙 用杖爲旀 用杖合當人乙 亂杖爲旀 打臀合當人乙 打腰爲旀 打腿合當人乙 打背之類

其行杖之人，若決不及膚者，依驗所決之數抵罪。竝罪坐所由。若受財者，計贓，以枉法，從重論。

437-2 若監臨之官因公事，於人虛怯去處，非法毆打，及自以大[209]杖或金刃、手足毆人，至折傷以上者，減凡鬪傷罪三[210]等；至死者，杖一百徒三年，追埋葬銀一十兩。其聽使下手之人，各減一等。竝罪坐所由。

直 打杖人亦 不及肌膚爲在乙良 決杖數以 反罪遣 受財者乙良 贓物乙 計爲 枉法例以 從重論齊

○ 監臨官員亦 因公事爲 人矣 身上要害爲在 虛處乙 非法以 毆打爲旀 大杖及刀刃手足等物以 毆打爲 折傷爲在乙良 凡鬪傷罪良中 減三等 至於死爲在乙良 杖一百徒三年遣 燒埋葬銀一十兩 徵給齊 聽使下手人乙良 各減一等遣 罪在所作人齊

【謂情不挾私，非梯己事者。如有司官催徵錢糧，鞫問公事，提調造作，監督工程，打所屬官吏、夫匠之類；及管軍官操鍊軍馬，演習武藝，督軍征進，修理城池，打摠旗[211]、小旗、軍人之類。】

209 大：底本에는 "太"로 되어 있다. 世宗板，光州板，晉州板，樂安板，平壤板，《大明律講解》，《大明律附例》，《律條疏議》，《大明律釋義》，《大明律集解附例》，《大明律附例箋釋》에 근거하여 수정하였다.

210 三：《大明律附例》，《律條疏議》，《大明律釋義》，《大明律集解附例》，《大明律附例箋釋》에는 "二"로 되어 있다.

直 謂 情不挾私爲旀 私事不喩在所乙用良 所任官亦 錢糧催徵 及推問公事果 次知造作令是臥乎 功課乙 監督等事以 官吏工匠等乙 打傷爲旀 管軍官亦 軍馬乙 操練爲旀 武藝乙 慣習爲旀 軍行乙 催促爲旀 城郭乙 修理等事以 百戶統主軍人等乙 打傷之類

若於人臀、腿受刑去處，依法決打，邂逅致死，及自盡者，各勿論。

直 人矣 依例受刑爲臥乎 臀腿良中 依法決打爲良在乙 逢音 致死爲旀 及自盡而死者 各勿論爲乎事

438 長官使人有犯

凡在外各衙門長官及出使人員於所在去處有犯者，所部屬官等不得輒便推問，皆須申覆上司區處。若犯死罪，收管聽候迴報。所掌印信、鑰發付次官收掌。若無長官，次官掌印者，亦同長官。違者，笞四十。

直 凡 各司及州縣長官 及出使人員亦 所在去處良中 有犯罪爲去等 在下所屬官亦 卽便推問爲乎不喩是去有等以 京中是去等 都評議使 外方是去等 按廉使良中 須只 申報受決爲乎矣 死罪乙 犯爲去等 所在官司 收直待決爲遣 所掌印信文書鑰等乙良 次官亦[212]中 傳付准受爲乎矣 長官無去等 次官弋只 掌印者 亦同長官 違者乙良 笞四十爲乎事

211 旗：《大明律講解》,《大明律附例》,《律條疏議》,《大明律釋義》,《大明律集解附例》,《大明律附例箋釋》에는 없다.

212 亦：底本에서는 글자를 판독할 수 없다. 世宗板, 光州板, 晉州板, 樂安板, 平壤板에 근거하여 확정하였다.

439 斷罪引律令

439-1　凡斷罪，皆須具引律令。違者，笞三十。若數事共條，止引所犯罪者聽。

439-2　其特旨斷罪，臨時處治，不爲定律者，不得引比爲律。若輒引比致罪有出入者，以故失論。

直 凡 罪人乙 須只 律令比引決斷爲乎矣 違者笞三十齊 律文比照 數條是去等 所犯切當爲在 條乙 聽從齊

(○) 王旨以 決斷敎是臥乎 定律不得爲乎 罪囚隱 不敢比引是去有乙 卽自比律爲 罪囚乙 入於罪爲旀 出於罪爲在乙良 故失例以 論爲乎事

440 獄囚取服辯

440-1　凡獄囚徒、流、死罪，各喚囚及其家屬，具告所斷罪名，仍取囚服辯文狀。若不服者，聽其自理，更爲詳審。違者，徒、流罪笞四十，死罪杖六十。

440-2　其囚家屬在三百里之外，止取囚服辯文狀，不在具告家屬罪名之限。

直 凡 囚人矣 徒果 流果 死罪等乙 決斷爲乎矣 囚人乙 呼喚爲旀 其矣 妻子息等乙 竝只 一處進來 決斷罪名乙 告說爲遣沙 囚人矣 明辨降伏爲乎 文字乙 捧上爲乎矣 降伏不冬爲在乙良 許聽自理爲遣 更良 字細窮問爲齊 違者乙良 徒流罪是去等 笞四十 死罪是去等 杖六十齊

(○) 囚人矣 妻子息亦 三百里外良中 遠在爲在乙良 唯只 囚人矣 服辨文字乙 捧上爲遣 遠在爲在 妻子息亦中乙良 不在告說罪名之限爲乎事

441 赦前斷罪不當

凡赦前處斷刑名，罪有不當，若處輕爲重者，當改正從輕；處重爲輕，其常赦所不免者，依律貼斷。若官吏故出入者，雖會赦，竝不原宥。

直 凡 赦前刑名乙 決斷爲乎矣 罪狀適當不得 輕罪乙 重罪良中 決斷爲在乙良 更良 改正從輕爲旀 重罪乙 輕罪良中 決斷爲良在等 必于宥旨良置 免赦不得爲在乙良 依律准斷齊 官吏 故只 出入其罪爲在乙良 逢音 宥旨良置 竝只 不赦爲乎事

442 聞有恩赦而故犯

442-1 凡聞知有恩赦而故犯罪者，加常犯一等。雖會赦，竝不原宥。

442-2 若官司聞知有恩赦而故論決囚罪者，以故入人罪論。

直 凡 近有宥旨敎所乙 聞知爲遣 故只 犯罪爲在乙良 常犯例良中 加一等爲乎矣 必于 赦良置 竝只 不赦齊

(○) 官司亦 近有宥旨敎所乙 聞知爲遣 故只 罪囚乙 論決爲在乙良 故入人罪例以 論爲乎事

443 徒囚不應役

443-1　凡鹽場、鐵冶拘役徒囚，應入役而不入役，及徒囚因病給暇，病已痊可，不令計日貼役者，過三日笞二十，每三日加一等，罪止杖一百。

443-2　若徒囚年限未滿，監守之人故縱逃迴及容令雇人代替者，照依囚人應役月日，抵數徒役。竝罪坐所由。受財者，計贓，以枉法，從重論。仍拘徒囚，依律論罪，貼役。

直 凡 鹽場炊鍊所良中 赴役徒囚等乙 赴役合當爲在乙 赴役不冬令是旀 及徒囚亦 因病給由爲有如可 病差爲去等 給由限日乙 計爲 更良 赴役不冬爲在乙良 過三日笞二十 每三日加一等 杖一百爲限齊 ○ 徒囚人等矣 限年亦 未滿爲有去等 監臨員亦 故只 放縱逃亡令是旀 及工錢捧上 代役人乙用良 遞立令是在乙良 囚人矣 依例赴役日月乙 計數爲 同數以 當役人矣 本充立齊 受財者乙良 贓物乙 計數枉法例以 從重論齊 限滿徒囚乙 仍執赴役令是在乙良 依律論罪貼役爲乎事

444 婦人犯罪

444-1　凡婦人犯罪，除犯姦及死罪收禁外，其餘[213]雜犯責付本夫收管。如無夫者，責付有服親屬、隣里保管，隨衙聽候。不許一概監禁。違

213 餘：底本에서는 글자를 판독할 수 없다. 世宗板, 光州板, 晉州板, 樂安板, 平壤板에 근거하여 확정하였다.

者，笞四十。

444-2　若婦人懷孕犯罪，應拷決者，依上保管，皆待產後一百日拷決。若未產而拷決，因而墮胎者，官吏減凡鬪傷罪三等；致死者，杖一百徒三年。產限未滿而拷決者，減一等。

444-3　若犯死罪，聽令穩婆入禁看視，亦聽產後百日乃行刑。未產而決者，杖八十；產訖限未滿而決者，杖七十；其過限不決者，杖六十。

444-4　失者，各減三等。

直 凡 婦人犯罪爲在乙良 姦犯及死罪乙 囚禁遣 他餘雜犯罪乙良 本夫亦中 堅固准受爲乎矣 無夫爲在乙良 有服制親族及切隣乙 作保准受爲有如可 官員仕官日隨乎 聞見待候遣 不許囚禁爲乎矣 違者乙良 笞四十

○ 盈孕婦人亦 犯罪爲去等 打傷推問合當爲在乙良 如前保人准受爲有如可 產後一百日第 待候爲良沙 依例推問爲齊 未產前良中 推問爲 因此落胎爲在乙良 官吏乙 凡鬪傷例良中 減二等齊 致死爲在乙良 杖一百徒三年齊 產限亦 未滿爲有去等 打決[214]爲在乙良 減一等齊

(○) 犯死罪爲在乙良 守護女人乙用良 入獄看審令是如可 產後百日是去等 依例行刑遣 未產前決斷爲在乙良 杖八十齊 產後良置 限日亦 未滿爲有去等 決斷者乙良 杖七十齊 限日亦 已過爲巴只[215] 決斷不冬爲在乙良 杖六十齊

(○) 失者乙良 各減三等爲乎事

214 決：底本에는 "失"로 되어 있다. 世宗板, 樂安板, 平壤板에 근거하여 수정하였다.

215 爲巴只：世宗板에는 "巴只"으로 되어 있고, 公州板, 光州板, 晉州板, 樂安板에는 "爲巴只"으로 되어 있고, 平壤板에는 "爲已只"으로 되어 있다.

445 死囚覆奏待報

445-1　凡死罪囚，不待覆奏迴報而輒處決者，杖八十。若已覆奏迴報應決者，聽三日乃行刑。若限未滿而行刑，及過限不行 刑者，各杖六十。

445-2　若立春以後、秋分以前決死刑者，杖八十。

445-3　其犯十惡之罪應死及强盜者，雖決不待時，若於禁刑日而決者，笞四十。

直 凡 死罪囚人乙 覆奏行下乙 待候不冬 卽便決斷爲在乙良 杖八十齊 必于 覆奏行下爲 理合決斷爲在乙良置 三日第亦中沙 行刑齊 限日亦 未滿爲在乙 行刑爲旀 限日亦 已過爲巴只 行刑不冬爲在乙良 各杖六十齊

○ 立春已後秋分以前良中 死罪乙 決斷爲在乙良 杖八十齊

(○) 合於死爲在 十惡罪囚杲 及强盜乙良 必于 無時決斷爲乎喩乃 禁刑日良中 決斷爲在乙良 笞四十爲乎事

446 斷罪不當

446-1　凡斷罪，應決配而收贖，應收贖而決配，各依出入人罪，減故失一等。

446-2　若應絞而斬，應斬而絞者，杖六十。失者，減三等。其已處決訖，別加殘毀死屍者，笞五十。

446-3　若反逆緣坐人口，應入官而放免，及非應入官而入官者，各以出入流[216]罪故失論。

直 凡 斷罪爲乎矣 理合流配爲在乙良 贖罪令是旀 理合贖罪爲在乙流配爲在乙良 出入人罪例乙 依准爲 故失例良中 減一等齊

○ 合理[217]絞死爲在乙 斬爲旀 理合斬爲在乙 絞死爲在乙良 杖六十知不得 失錯爲在乙良 減三[218]等齊 已決斷後 更良 屍體乙 殘毁爲在乙良 笞五十齊

○ 反逆罪人矣 坐罪良中 干連人口乙 理合沒官爲在乙 放免爲旀 入官理合不得爲在乙 入官爲在乙良 各各出入流罪及故失例以 論爲乎事

447 吏典代寫招草[219]

凡諸衙門鞫問刑名等項，若吏典人等爲人改寫及代寫招草，增減情節，致罪有出入者，以故出入人罪論。若犯人果不識字，許令不干礙之人代寫。

216 流 :《大明律附例》,《大明律集解附例》,《大明律附例箋釋》에는 앞에 "人"이 더 있다.

217 合理 : 直解의 대부분은 "理合"으로 되어 있다.

218 三 : 底本에는 "二"로 되어 있다. 世宗板, 光州板, 晉州板, 樂安板, 平壤板에 근거하여 수정하였다.

219 吏……草 : 이 조문은 底本인 公州板을 비롯하여 世宗板, 光州板, 晉州板에는 없고, 樂安板의 일부와 平壤板에만 추가되어 있다.

大明律直解

卷29~30 工律

營造

448 擅造作

448-1 凡軍民官司有所營造，應申上而不申上，應待報而不待報，而擅起差人工者，各計所役人雇工錢，坐贓論。

448-2 若非法營造，及非時起差人工營造者，罪亦如之。

448-3 其城垣坍倒，倉庫、公廨損毁[1]，一時起差丁夫、軍人修理者，不在此限。

448-4 若營造計料申請財物及人工多小不實者，笞五十。若已損財物，或已費人工，各幷計所損物價及所費雇工錢，重者，坐贓論。

直 凡 京外軍民官司亦 公家造作爲乎第亦中 須只 申報爲乎 事乙 申報不冬爲旀 須只 回報乙 待候爲乎 事乙 待候不冬爲遣 趣便以 人巭乙 起役爲在乙良 赴役人矣 每日功價乙 計數爲 坐贓例以 論齊

○ 非法以 營造爲旀 及非時起役造成爲在乙良 罪同齊

(○) 其城垣亦 頹落爲旀 倉庫公家亦 壞破爲乎等用良 一時民巭抄出 依例修理爲在隱 不在此限齊

(○) 營造入糧料物色果 及傳請財物果 人巭多小等乙 實亦 開坐辨報不冬爲在乙良 笞五十爲乎矣 已損爲乎 財物果 已費爲乎 人功等乙良 損失爲乎 物價 及費用爲乎 人巭功錢等乙 計數爲 重是去等 坐

1 毁：《大明律》，《大明律講解》，《大明律附例》，《律條疏議》，《大明律釋義》，《大明律集解附例》，《大明律附例箋釋》에는 "壞"로 되어 있다.

贓論爲乎事

449 虛費功[2]力採取不堪用

凡役使人工，採取木石材料，及燒造磚瓦之類，虛費功[3]力而不堪用者，計所費雇工錢，坐贓論。若有所造作及有所毁壞，備慮不謹而誤殺人者，以過失殺人論。工匠、提調官各以所由爲罪。

直 凡 人巭乙 抄出爲 木石材木斫取爲於 磚瓦乙 熇造爲乎矣 功力虛費遣 不堪用爲在乙良 費用爲乎 功錢乙 計數爲 坐贓以 論齊 須只造作爲乎 事果 須只 破壞爲乎 事乙 預備分別不冬爲有如可 誤錯亦殺人爲在乙良 過失殺人例以 論罪遣 次知官員工匠等乙良 各各起揭人以 與罪爲乎事

450 造作不如法

凡造作不如法者，笞四十。若成造軍器不如法，及織造段疋麤糙紕薄者，各笞五十。若不堪用及應改造者，各并計所損財物及所費雇工錢，重者，坐贓論。其應供奉御用之物，加二[4]等。工匠各以所由爲罪，局官減工匠一等，提調官吏又減局官一等。竝均償物價、工錢還官。

2 功 : 《大明律附例》, 《大明律集解附例》, 《大明律附例箋釋》에는 "工"으로 되어 있다.

3 功 : 《大明律附例》, 《大明律集解附例》, 《大明律附例箋釋》에는 "工"으로 되어 있다.

4 二 : 直解 및 世宗板에는 "一"로 되어 있다.

直 凡 造作爲乎矣 如法不得爲在乙良 笞四十齊 軍器乙 造作爲乎矣 如法不冬爲旀 疋段乙 織造爲乎矣 麤糙及疏薄亦 使內在乙良 各笞五十遣 不堪用爲旀 不用是乎等用良 改造爲在乙良 所損財物果 所費功錢數爻乙 計爲 重者是去等 坐贓以 論齊 進上爲白乎 物色是去等 加一等遣 工匠乙良 各各次知使內 人乙 與罪齊 官員乙良 工匠罪良中 減一等齊 提調官吏乙良 官員例良中 減一等遣 費用工錢乙良 竝只 生徵還官爲乎事

451 冒破物料

451-1 凡造作局院頭目、工匠，多破物料入己者，計贓，以監守自盜論，追物還官。

451-2 局官并覆實官吏知情符同者，與同罪。失覺察者，減三等，罪止杖一百。

直 凡 全委造作繕工寺果 供造署等 次知爲頭匠人等亦 造作入用物色等乙 斜用爲在乙良 贓物數乙 計爲 監守自盜例以 論遣 生徵納官齊 ○ 同寺果 及署 官員及次知令史色員等亦 同意爲 欺弄爲在乙良 罪同齊 知不得 遲慢覺察爲在乙良 減三等遣 罪止杖一百爲乎事

452 帶造段疋

凡監臨、主守官吏將自己物料，輒於官局帶[5]造段疋者，杖六十。段疋入官，工匠笞五十。局官知而不擧者，與同罪。失覺察者，減三等。

直 凡 監臨官吏等亦 其矣 物色等乙 官司良中 挾帶造作爲在乙良 杖六十齊 段疋乙良 沒官遣 匠人乙良 笞五十爲齊 同官員亦 知而不問爲在乙良 罪同齊 知不得 遲慢覺察爲在乙良 減三等爲乎事

453 織造違禁龍鳳文段疋

453-1 凡民間織造違禁龍鳳文紵絲、紗羅貨賣者，杖一百。段疋入官。

453-2 機戶及挑花、挽花工匠，同罪。連當房家小起發赴京，籍充局[6]匠。

直 凡 民間良中 國禁龍鳳文紵絲紗羅段疋等乙 織造爲 放賣爲在乙良 杖一百遣 物色乙良 沒官齊

(○) 織造匠人果 及擧花文爲在 匠人等隱 同罪齊 同居妻子息等乙良 同匠役良中 充屬爲乎事

454 造作過限

454-1 凡各處額造常課段疋、軍器，過限不納齊足者，以十分爲率，一分工匠笞二十，每一分加一等，罪止笞五十。局官減工匠一等，提

5 帶 : 底本에서는 글자를 판독할 수 없다. 世宗板, 光州板, 晉州板, 樂安板, 平壤板, 《大明律講解》, 《大明律附例》, 《律條疏議》, 《大明律釋義》, 《大明律集解附例》, 《大明律附例箋釋》에 근거하여 확정하였다.

6 局 : 底本에는 "國"으로 되어 있다. 《大明律講解》, 《大明律附例》, 《律條疏議》, 《大明律釋義》, 《大明律集解附例》, 《大明律附例箋釋》에 근거하여 수정하였다.

調官吏又減局官一等。

454-2 若不依期計撥物料者，局官笞四十，提調官吏減一等。

直 凡 京外各處良中 國用卜定爲乎 織造段疋軍器等乙 定日內良中 數准上納不得爲在乙良 十分乙 爲率爲 一分乙 遲慢爲去等 匠人乙 笞二十齊 每一分加一等 罪止笞五十遣 官[7]員乙良 減匠人一等齊 次知令史色員乙良 官員罪良中 減一等齊

○ 織造入物色乙 依例定日良中 題給不冬爲在乙良 笞四十遣 次知官吏乙良 減一等爲乎事

455 修理倉庫

凡各處公廨、倉、庫、局、院、係官房舍但有損壞，當該官吏隨卽移文有司修理。違者，笞四十。若因而損壞官物者，依律科罪，倍償所損之物。若已移文有司，而失誤者，罪坐有司。

直 凡 各處公廨倉庫果 官司房舍等亦 破壞爲去等 次知官吏亦 卽時所任官良中 行移修理爲乎矣 違者乙良 笞四十齊 因此官物乙 損壞爲在乙良 依例科罪遣 損壞之物乙良 還徵齊 所任官良中 行移使內良在等 遲慢失誤爲在乙良 同官乙 坐罪爲乎事

7 官 : 底本에서는 글자를 판독할 수 없다. 世宗板, 光州板, 晉州板, 樂安板, 平壤板에 근거하여 확정하였다.

456 有司官吏不住公廨

456-1 凡有司官吏不住公廨內官房，而住街市民房者，杖八十。

456-2 若埋沒公用器物者，以毁[8]失官物論。

直 凡 色掌官吏等亦 官處良中 接居不冬爲遣 街市民家良中 居住爲去等 杖八十齊

○ 官司器物等乙 埋沒爲在乙良 毁失官物例以 論爲乎事

8 毁：底本에는 "壞"로 되어 있다. 直解 및《大明律講解》,《大明律附例》,《律條疏議》,《大明律釋義》,《大明律集解附例》,《大明律附例箋釋》에 근거하여 수정하였다.

河防

457 盜決河防

457-1 凡盜決河防者，杖一百。盜決圩岸、陂塘者，杖八十。若毁害人家，及漂失財物，渰沒田禾，計物價，重者，坐贓論。因而殺傷人者，各減鬪殺傷罪一等。

457-2 若故決河防者，杖一百徒三年。故決圩岸、陂塘，減二等。漂失，贓，重者，准竊盜論，免刺。因而殺傷人者，以故殺傷論。

直 凡 防築川水乙 隱密亦 決流爲在乙良 杖一百齊 川岸陂塘乙 隱密亦 決流爲在乙良 杖八十齊 人家乙 毁破爲旀 財物漂失爲旀 禾穀乙 沒失爲在乙良 物價計爲 重爲去等 坐贓以 論齊 因此殺傷人爲在乙良 鬪殺傷罪良中 減一等齊

○ 故只 他矣 防築貯水乙 決流爲在乙良 杖一百[9]齊 故只 川岸陂塘乙 決流爲在乙良 減二等爲乎矣 漂失爲乎 財物亦 重爲去等 竊盜例乙 准論齊 因此殺傷人爲在乙良 故殺傷以 論爲乎事

458 失時不修隄防

458-1 凡不修河防，及修而失時者，提調官吏各笞五十。若毁害人

9 杖一百 : 뒤에 "徒三年"이 빠진 듯하다. 律文에는 "杖一百徒三年"으로 되어 있다.

家，漂失財物者，杖六十。因而致傷人命者，杖八十。

458-2　若不修圩岸，及修而失時者，笞三十。因而渰沒田禾者，笞五十。其暴水連雨，損壞隄防，非人力所制[10]者，勿論。

直 凡 防築乙 修理不冬爲旀 修理爲乎矣 失時爲在乙良 次知官吏乙 各笞五十齊 人家乙 毁害爲旀 財物乙 漂失爲在乙良 杖六十齊 因此致傷人命爲在乙良 杖八十齊

○[11] 川岸防築乙 修理不冬爲旀 修理爲乎矣 失時爲在乙良 笞三十齊 因此禾穀乙 沈沒爲在乙良 笞五十齊 防築亦 暴水霾雨良中 損壞爲在如中 非人力所能制良尒 勿論爲乎事

459 侵占街道

凡侵占街巷、道路，而起蓋房屋及爲園圃者，杖六十，各令復舊。其穿墻而出汚穢[12]之物於街巷者，笞四十。出水者，勿論。

直 凡 街巷道路乙 侵占爲 家舍造立爲旀 園圃乙 添作爲在乙良 杖六十遣 各令依舊令是齊 垣墻良中 穿穴爲 汚穢之物乙 街路良中 出置爲在乙良 笞四十遣 出水者勿論爲乎事

10 制：《大明律附例》，《律條疏議》，《大明律集解附例》，《大明律附例箋釋》에는 "致"로 되어 있다.

11 ○：底本에는 탈각되었다. 光州板，晉州板，樂安板，平壤板에 근거하여 보충하였다.

12 汚穢：《大明律講解》，《大明律附例》，《律條疏議》，《大明律釋義》，《大明律集解附例》，《大明律附例箋釋》에는 "穢汚"로 되어 있다.

460 修理橋梁道路

460-1 凡橋梁、道路，府、州、縣佐貳官提調，於農隙之時，常加點視修理，務要堅完平坦。若損壞失於修理，阻礙經行者，提調官吏笞三十。

460-2 若津渡之處，應造橋梁而不造，應置渡船而不置者，笞四十。

直 凡 橋梁道路乙 州府郡縣之次官亦 次知農隙乙用良 時常點檢修理爲乎矣 須只 堅實平闊爲齊 破毁修理不冬 行路乙 塡塞爲在乙良 次知官吏乙 笞三十齊

○ 津渡各處良中 依例造作橋梁乙 造作不冬爲旀 依例過涉船乙 闕立爲在乙良 笞四十爲乎事

跋文

刑者，輔治之法，不可爲忽也尙矣。諸刑家製律，或有過不及之差，有司病焉。此大明律書，科條輕重，各有攸當，誠執法者之准繩。

聖上思欲頒布中外，使仕進輩傳相誦習，皆得以取法。然其使字不常，人人未易曉。況我本朝三韓時，薛聰所製方言文字，謂之吏道，土俗生知習熟，未能遽革。焉得家到戶，諭每人而敎之哉。宜將是書，讀之以吏道，導之以良能。

政丞平壤伯趙浚，乃命檢校中樞院高士褧與予囑其事。某等詳究反復，逐字直解。於戱，予二人草刱於前，三峯鄭先生道傳、工曹典書唐誠潤色於後，豈非切磋琢磨之謂也歟。功旣告訖，付書籍院，以白州知事徐贊所造刻字，印出無慮百餘本，而試頒行，庶不負欽恤之意也。

時洪武乙亥二月初吉 尙友齋 金祗 謹識

附錄

六贓圖[1]

		監守盜	常人盜 枉法	竊盜 不枉法	坐贓
笞	二十				一貫以下
	三十				一貫至一十貫
	四十				二十貫
	五十				三十貫
杖	六十			一貫以下	四十貫
	七十		一貫以下	一貫之上至一十貫	五十貫
	八十	一貫以下	一貫至五貫	二十貫	六十貫
	九十	一貫至二貫五百文	一十貫	三十貫	七十貫
	一百	五貫	一十五貫	四十貫	八十貫
徒	一年 杖六十	七貫五百文	二十貫	五十貫	一百貫
	一年半 杖七十	一十貫	二十五貫	六十貫	二百貫
	二年 杖八十	一十二貫五百文	三十貫	七十貫	三百貫
	二年半 杖九十	一十五貫	三十五貫	八十貫	四百貫
	三年 杖一百	一十七貫五百文	四十貫	九十貫	五百貫
流	二千里 杖一百	二十貫	四十五貫	一百貫	
	二千五百里 杖一百	二十二貫五百文	五十貫	一百一十貫	
	三千里 杖一百	二十五貫	五十五貫	一百二十貫	
死 雜犯	絞		八十貫		
	斬	四十貫			

1 六贓圖 : 이하의 부록은 底本에는 없고 《大明律集解附例》에 있는 것이다.

本宗九族五服正服之圖

<table>
<tr><td colspan="2" rowspan="3">凡姑、姉妹女及孫女，在室或已嫁被出而歸，服竝與男子同。出稼而無夫與子者，爲兄弟姉妹及姪，皆不杖期。</td><td></td><td></td><td colspan="2">高祖父母【卽太太公婆】：齊衰三月</td></tr>
<tr><td></td><td>族曾祖姑【謂曾祖之姉妹，卽太姑婆.】
在室：緦麻
出稼：無服</td><td colspan="2">曾祖父母【卽太公太婆】：齊衰五月</td></tr>
<tr><td>族祖姑【謂祖之同堂姉妹】
在室：緦麻
出稼：無服</td><td>從祖祖姑【謂祖之親姉妹，卽姑婆.】
在室：小功
出稼：緦麻</td><td colspan="2">祖父母【卽公婆】：齊衰不杖期</td></tr>
<tr><td></td><td>族姑【謂父之再從姉妹】
在室：緦麻
出稼：無服</td><td>堂姑【謂父之伯叔姉妹】
在室：小功
出稼：緦麻</td><td>姑【謂父之親姉妹】
在室：期年
出稼：大功</td><td colspan="2">父母：斬衰三年</td></tr>
<tr><td>族姉妹【謂三從姉妹，卽同高祖姉妹】
在室：緦麻
出稼：無服</td><td>再從姉妹【謂父之伯叔兄弟之女，卽同曾祖姉妹.】
在室：小功
出稼：緦麻</td><td>堂姉妹【謂同祖伯叔姉妹】
在室：大功
出稼：小功</td><td>姉妹【謂己之親姉妹】
在室：期年
出稼：大功</td><td colspan="2">己身</td></tr>
<tr><td></td><td>再從姪女【謂再從兄弟之女，卽同曾祖兄弟之女.】
在室：緦麻
出稼：無服</td><td>堂姪女【謂同祖伯叔兄弟之女】
在室：小功
出稼：緦麻</td><td>姪女【謂兄弟之女】
在室：期年
出稼：大功</td><td>衆子：期年
衆子婦：大功</td><td>長子：期年
長子婦：期年</td></tr>
<tr><td colspan="2" rowspan="3">凡同五世祖族屬，在緦麻絶服之外，皆爲袒免親。遇喪葬，則服素服尺布纏頭。</td><td>堂姪孫女【謂同祖伯叔兄弟之孫女】
在室：緦麻
出稼：無服</td><td>姪孫女【謂兄弟之孫女】
在室：小功
出稼：緦麻</td><td>衆孫：大功
衆孫婦：緦麻</td><td>嫡孫：期年
嫡孫婦：小功</td></tr>
<tr><td rowspan="2"></td><td>姪曾孫女【謂兄弟之曾孫女】
在室：緦麻
出稼：無服</td><td>曾孫婦：無服</td><td>曾孫【謂孫之子】：緦麻</td></tr>
<tr><td></td><td>玄孫婦：無服</td><td>玄孫【謂曾孫之子】：緦麻</td></tr>
</table>

<table>
<tr><td></td><td></td><td colspan="2" rowspan="3">凡嫡孫，父卒爲祖父母承重服，斬衰三年。若爲曾高祖父母承重服亦同。祖在爲祖母，止服杖期。</td></tr>
<tr><td>族曾祖父母【謂曾祖之兄弟及妻，卽太伯公太伯婆·太叔公太叔婆.】: 緦麻</td><td></td></tr>
<tr><td>伯叔祖父母【謂祖之親兄弟及妻 卽伯公伯婆·叔公叔婆.】: 小功</td><td>族伯叔祖父母【謂祖之同堂兄弟及妻，卽公之伯叔兄弟.】: 緦麻</td></tr>
<tr><td>伯叔父母【謂父之親兄弟及妻 卽伯伯姆姆·叔叔嬸嬸.】: 期年</td><td>堂伯叔父母【謂父之伯叔兄弟及妻】: 小功</td><td>族伯叔父母【謂父之再從兄弟及妻，卽父同曾祖兄弟.】: 緦麻</td><td></td></tr>
<tr><td>兄弟【謂己之親兄弟】: 期年
兄弟妻: 小功</td><td>堂兄弟【謂同祖伯叔兄弟】: 大功
堂兄弟妻: 緦麻</td><td>再從兄弟【謂父伯叔兄弟之子，卽同曾祖兄弟.】: 小功
再從兄弟妻: 無服</td><td>族兄弟【謂三從兄弟，卽同高祖兄弟.】: 緦麻
族兄弟妻: 無服</td></tr>
<tr><td>姪【謂兄弟之子】: 期年
姪婦: 大功</td><td>堂姪【謂同祖伯叔兄弟之子】: 小功
堂姪婦: 緦麻</td><td>再從姪【謂再從兄弟之子，卽同曾祖兄弟之子.】: 緦麻
再從姪婦: 無服</td><td></td></tr>
<tr><td>姪孫【謂兄弟之孫】: 小功
姪孫婦: 緦麻</td><td>堂姪孫【謂同祖伯叔兄弟之孫】: 緦麻
堂姪孫婦: 無服</td><td colspan="2" rowspan="3">凡男爲人後者，爲本生親屬孝服，皆降一等，惟本生父母，降服不杖期。父母報服同。</td></tr>
<tr><td>曾姪孫【謂兄弟之曾孫】: 緦麻
曾姪孫婦: 無服</td><td rowspan="2"></td></tr>
<tr><td></td></tr>
</table>

妻爲夫族服圖

<table>
<tr><td colspan="2" rowspan="2">夫爲人後, 其妻爲本生舅姑, 服大功。</td><td></td><td></td><td colspan="2">夫高祖父母: 緦麻</td></tr>
<tr><td></td><td>夫曾祖姑: 無服</td><td colspan="2">夫曾祖父母: 緦麻</td></tr>
<tr><td></td><td></td><td>夫堂祖姑: 無服</td><td>夫祖姑【卽夫之姑婆】
在室: 緦麻
出稼: 無服</td><td colspan="2">夫祖父母: 大功</td></tr>
<tr><td></td><td>夫族姑: 無服</td><td>夫堂姑
在室: 緦麻
出稼: 無服</td><td>夫親姑【卽夫之姑】: 小功</td><td colspan="2">姑舅: 斬衰三年</td></tr>
<tr><td>夫族姉妹: 無服</td><td>夫再從姉妹: 無服</td><td>夫堂姉妹: 緦麻</td><td>夫姉妹【卽姑】: 小功</td><td>夫爲妻: 斬衰杖期
父母在: 不杖期</td><td>妻爲夫: 斬衰三年</td></tr>
<tr><td></td><td>夫再從姪女
在室: 緦麻
出稼: 無服</td><td>夫堂姪女
在室: 小功
出稼: 緦麻</td><td>夫姪女
在室: 期年
出稼: 大功</td><td>衆子: 期年
衆子婦: 大功</td><td>長子: 期年
長子婦: 期年</td></tr>
<tr><td colspan="2" rowspan="3"></td><td>夫堂姪孫女: 緦麻</td><td>夫姪孫女
在室: 小功
出稼: 緦麻</td><td>孫婦: 緦麻</td><td>孫: 大功</td></tr>
<tr><td rowspan="2"></td><td>夫曾姪孫女: 緦麻</td><td colspan="2">曾孫: 緦麻</td></tr>
<tr><td></td><td colspan="2">玄孫: 緦麻</td></tr>
</table>

		夫爲祖父母及曾高祖父母承重者，竝從夫服。	
夫族曾祖父母: 無服			
夫伯叔祖父母【卽夫之伯公婆叔公婆】: 緦麻	夫族伯叔祖父母: 無服		
夫伯叔父母【卽夫伯伯姆姆·叔叔嬸嬸.】: 大功	夫堂伯叔父母: 緦麻	夫族伯叔父母: 無服	
夫兄弟及妻【卽夫兄曰伯, 夫弟曰叔.】: 小功	夫堂兄弟及妻: 緦麻	夫再從兄弟: 無服	夫族兄弟: 無服
夫姪: 期年 夫姪婦: 大功	夫堂姪: 小功 夫堂姪婦: 緦麻	夫再從姪: 緦麻	
夫姪孫: 小功 夫姪孫婦: 緦麻	夫堂姪孫: 緦麻		
夫曾姪孫: 緦麻			

妾爲家長族服之圖

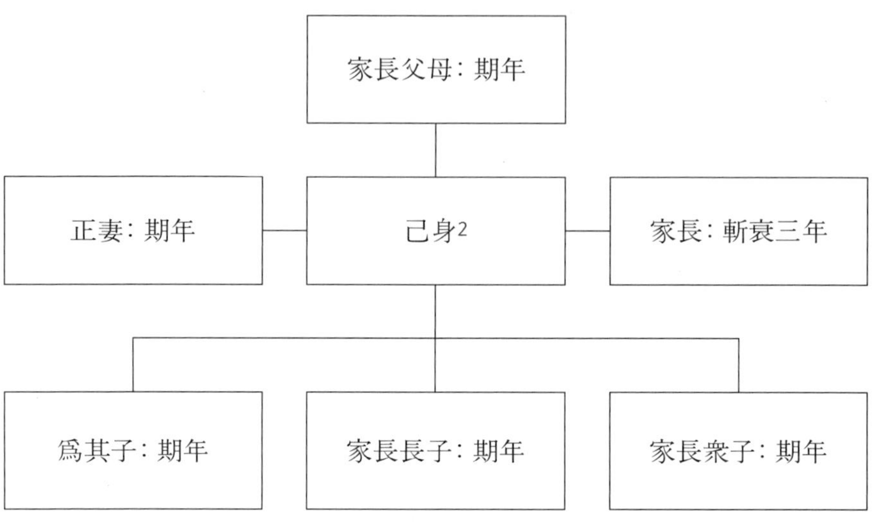

2 己身 : 原文에는 없는데, 이해를 돕기 위하여 삽입하였다.

出稼女爲本宗降服之圖

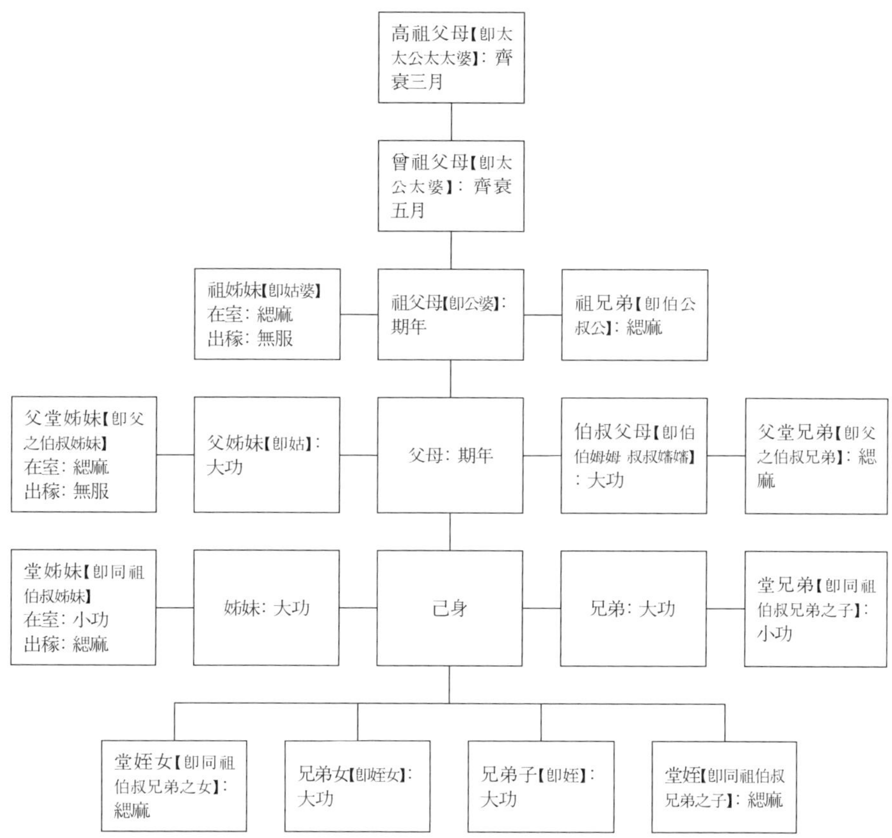

高祖父母【卽太太公太太婆】: 齊衰三月
曾祖父母【卽太公太婆】: 齊衰五月
祖姊妹【卽姑婆】 在室: 緦麻 出稼: 無服
祖父母【卽公婆】: 期年
祖兄弟【卽伯公叔公】: 緦麻
父堂姊妹【卽父之伯叔姊妹】 在室: 緦麻 出稼: 無服
父姊妹【卽姑】: 大功
父母: 期年
伯叔父母【卽伯伯姆姆 叔叔嬸嬸】: 大功
父堂兄弟【卽父之伯叔兄弟】: 緦麻
堂姊妹【卽同祖伯叔姊妹】 在室: 小功 出稼: 緦麻
姊妹: 大功
己身
兄弟: 大功
堂兄弟【卽同祖伯叔兄弟之子】: 小功
堂姪女【卽同祖伯叔兄弟之女】: 緦麻
兄弟女【卽姪女】: 大功
兄弟子【卽姪】: 大功
堂姪【卽同祖伯叔兄弟之子】: 緦麻

外親服圖

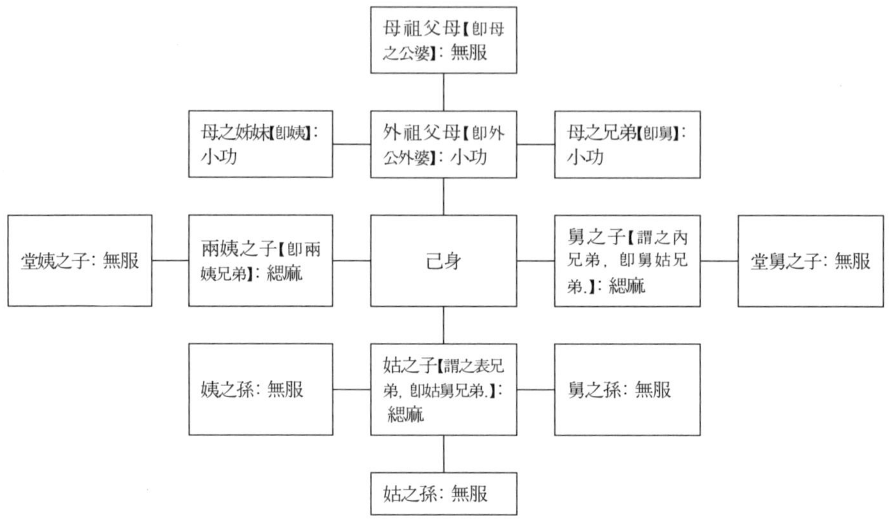

母祖父母【卽母之公婆】: 無服
母之姊妹【卽姨】: 小功
外祖父母【卽外公外婆】: 小功
母之兄弟【卽舅】: 小功
堂姨之子: 無服
兩姨之子【卽兩姨兄弟】: 緦麻
己身
舅之子【謂之內兄弟, 卽舅姑兄弟.】: 緦麻
堂舅之子: 無服
姨之孫: 無服
姑之子【謂之表兄弟, 卽姑舅兄弟.】: 緦麻
舅之孫: 無服
姑之孫: 無服

妻親服圖

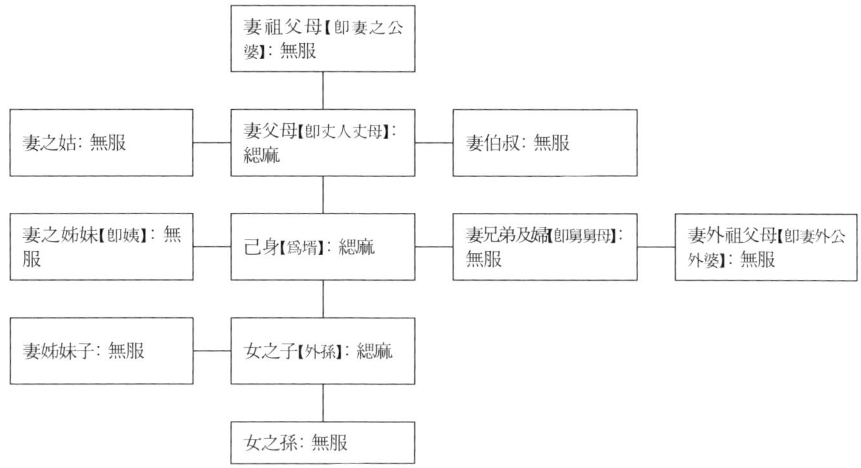

妻祖父母【卽妻之公婆】: 無服
妻之姑: 無服
妻父母【卽丈人丈母】: 緦麻
妻伯叔: 無服
妻之姊妹【卽姨】: 無服
己身【爲壻】: 緦麻
妻兄弟及婦【卽舅舅母】: 無服
妻外祖父母【卽妻外公外婆】: 無服
妻姊妹子: 無服
女之子【外孫】: 緦麻
女之孫: 無服

三父八母服圖

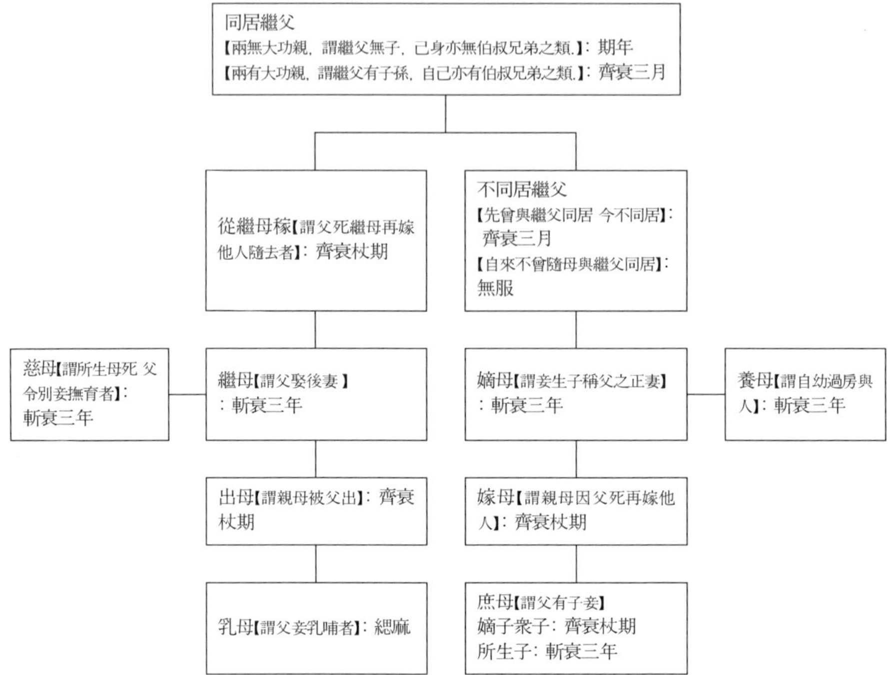

同居繼父
【兩無大功親, 謂繼父無子, 己身亦無伯叔兄弟之類.】: 期年
【兩有大功親, 謂繼父有子孫, 自己亦有伯叔兄弟之類.】: 齊衰三月
從繼母稼【謂父死繼母再嫁他人隨去者】: 齊衰杖期
不同居繼父
【先曾與繼父同居 今不同居】: 齊衰三月
【自來不曾隨母與繼父同居】: 無服
慈母【謂所生母死 父令別妾撫育者】: 斬衰三年
繼母【謂父娶後妻】: 斬衰三年
嫡母【謂妾生子稱父之正妻】: 斬衰三年
養母【謂自幼過房與人】: 斬衰三年
出母【謂親母被父出】: 齊衰杖期
嫁母【謂親母因父死再嫁他人】: 齊衰杖期
乳母【謂父妾乳哺者】: 緦麻
庶母【謂父有子妾】
嫡子衆子: 齊衰杖期
所生子: 斬衰三年

服制

斬衰三年

○ 子爲父母。女在室幷已許嫁者及嫁被出而反在室者同。子之妻同。

○ 子爲繼母爲慈母爲養母。子之妻同。【繼母，父之後妻。慈母，謂母卒，父命他妾養己者。養母，謂自幼過房與人者，卽爲人後者之所後母也。】

○ 庶子爲所生母爲嫡母。庶子之妻同。

○ 爲人後者爲所後父母。爲人後者之妻同。

○ 嫡孫爲祖父母承重。高曾祖承重同。

○ 妻爲夫。妾爲家長同。

齊衰杖期

○ 嫡子、衆子爲庶母。嫡子、衆子之妻同。【庶母，父妾之有子者。父妾無子，不得以母稱矣。】

○ 子爲嫁母。【親生母，父亡而改嫁者。】

○ 子爲出母。【親生母，爲父所出者。】

○ 夫爲妻。【父母在，不杖。】

○ 嫡孫祖在，爲祖母承重。

齊衰不杖期

○ 祖爲嫡孫。

○ 父母爲嫡長子及嫡長子之妻及衆子及女在室及子爲人後者。

○ 繼母爲長子、衆子。

○ 前夫之子從繼母改嫁於人，爲改嫁繼母。

○ 姪爲伯叔父母。【父之親兄弟及親兄弟之妻也。】

○ 爲已之親兄弟及親兄弟之子、女在室者。

○ 孫爲祖父母。孫女在室、出嫁同。

○ 爲人後者爲其本生父母。

○ 女出嫁爲本宗父母。

○ 女在室及雖適人而無夫與子者，爲其兄弟姊妹及姪與姪女在室者。

○ 女適人爲兄弟之爲父後者。

○ 婦爲夫親兄弟之子及女在室者。

○ 妾爲家長之正妻。

○ 妾爲家長父母。

○ 妾爲家長之長子、衆子與其所生子。

○ 爲同居繼父而兩無大功以上親者。

齊衰五月

○ 曾孫爲曾祖父母。曾孫女同。

齊衰三月

○ 玄孫爲高祖父母。玄孫女同。

○ 爲繼父先曾同居今不同居者。【自來不曾同居者，無服。】

○ 爲同居繼父而兩有大功以上親者。

大功九月

○ 祖爲衆孫。孫女在室同。

○ 祖母爲衆孫、嫡孫。

○ 父母爲衆子婦及女已出嫁者。

○ 伯叔父母爲姪婦及姪女已出嫁者。【姪婦，兄弟子之妻也。姪女，兄弟之

女也。】

○ 妻爲夫之祖父母。

○ 妻爲夫之伯叔父母。

○ 爲人後者爲其兄及姑及姊妹在室者。【旣爲人後，則於本生親屬服皆降一等。】

○ 夫爲人後，其妻爲夫本生父母。

○ 爲己之同堂兄弟、姊妹在室者。【卽伯叔父母之子女也。】

○ 爲姑及姊妹之已出嫁者。【姑卽父之姊妹，姊妹卽己之親姊妹也。】

○ 爲己兄弟之子爲人後者。

○ 出嫁女爲本宗伯叔父母。

○ 出嫁女爲本宗兄弟及兄弟之子。

○ 出嫁女爲本宗姑、姊妹及兄弟之女在室者。

小功五月

○ 爲伯叔祖父母。【祖之親兄弟。】

○ 爲堂伯叔父母。【父之堂兄弟。】

○ 爲再從兄弟及再從姊妹在室者。

○ 爲同堂姊妹出嫁者。

○ 爲同堂兄弟之子及女在室者。

○ 爲從祖姑在室者。【卽祖之親姊妹。】

○ 爲堂姑之在室者。【卽父之同堂姊妹。】

○ 爲兄弟之妻。

○ 祖爲嫡孫之婦。

○ 爲兄弟之孫及兄弟之孫女在室者。

○ 爲外祖父母。【卽母之父母。】

○ 爲母之兄弟姊妹。【兄弟卽舅，姊妹卽姨。】

○ 爲姊妹之子。【卽外甥。】

○ 婦爲夫兄弟之孫【卽甥孫。】及夫兄弟之孫女在室者。【卽姪孫女。】

○ 婦爲夫之姑及夫姊妹。【在室、出嫁同。】

○ 婦爲夫兄弟及夫兄弟之妻。

○ 婦爲夫同堂兄弟之子及女在室者。

○ 女出嫁爲本宗堂兄弟及堂姊妹之在室者。

○ 爲人後者爲其姑及姊妹出嫁者。

緦麻三月

○ 祖爲衆孫婦。

○ 曾祖父母爲曾孫。【玄孫同。】

○ 祖母爲嫡孫、衆孫婦。

○ 爲乳母。

○ 爲族曾祖父母。【卽曾祖之兄弟及曾祖兄弟之妻。】

○ 爲族伯叔父母。【卽父再從兄弟及再從兄弟之妻。】

○ 爲族兄弟及族姊妹在室者。【卽己三從兄弟、姊妹，所與同高祖者。】

○ 爲族曾祖姑在室者。【卽曾祖之姊妹。】

○ 爲族祖姑在室者。【卽祖之同堂姊妹。】

○ 爲族姑在室者。【卽父之再從姊妹。】

○ 爲族伯叔祖父母。【卽祖同堂兄弟及同堂兄弟妻。】

○ 爲兄弟之曾孫及兄弟之曾孫女在室者。

○ 爲兄弟之孫女出嫁者。

○ 爲同堂兄弟之孫及同堂兄弟之孫女在室者。

○ 爲再從兄弟之子及女在室者。

○ 爲從祖姑及堂姑及已之再從姊妹出嫁者。【從祖姑卽祖之親姊妹，堂姑卽父之堂姊妹。】

○ 爲同堂姊妹之女出嫁者。

○ 爲姑之子。【卽父姊妹之子。】

○ 爲舅之子。【卽母兄弟之子。】

○ 爲兩姨兄弟。【卽母姊妹之子。】

○ 爲妻之父母。

○ 爲壻。

○ 爲外孫。 男女同。【卽女之子女。】

○ 爲兄弟孫之妻。【卽姪孫之妻。】

○ 爲同堂兄弟之子妻。【卽堂姪之妻。】

○ 爲同堂兄弟之妻。

○ 婦爲夫高曾祖父母。

○ 婦爲夫之伯叔祖父母及夫之從祖姑在室者。

○ 婦爲夫之伯叔父母及夫之堂姑在室者。【夫之堂姑，卽夫之伯叔祖父母所生也。】

○ 婦爲夫之同堂兄弟、姊妹及夫同堂兄弟之妻。

○ 婦爲夫再從兄弟之子。 女在室同。

○ 婦爲夫同堂兄弟之女出嫁者。

○ 婦爲夫同堂兄弟子之妻。【卽堂姪婦。】

○ 婦爲夫同堂兄弟之孫及孫女之在室者。

○ 婦爲夫兄弟孫之妻。【卽姪孫之妻。】

○ 婦爲夫兄弟之孫女出嫁者。

○ 婦爲夫兄弟之曾孫。【卽曾姪孫。】 女同。

○ 女出嫁爲本宗伯叔祖父母及從祖姑在室者。

○ 女出嫁爲本宗再從伯叔父母及堂姑出嫁者。

○ 女出嫁爲本宗堂兄弟之子。女在室者同。

御製《大明律》序

朕有天下，倣古爲治。明禮以導民，定律以繩頑，刊著爲令，行之已久，奈何犯者相繼？由是出五刑、酷法以治之，欲民畏而不犯，作《大誥》以昭示民間，使知所趨避又有年矣。然法在有司，民不周知。特勅六部、都察院官，將《大誥》內條目撮其要略，附載於律，其遞年一切榜文、禁例盡行革去。今後法司只依律與《大誥》議罪。合黥刺者，除黨逆家屬竝律該載外，其餘有犯俱不黥刺。雜犯死罪竝徒、流、遷徙、笞、杖等刑，悉照今定贖罪條例科斷。編寫成書，刊布中外，使臣民知所遵守。

洪武三十年五月　日

校勘標點

韓相權 1953년 충남 홍성에서 태어났다. 서울대학교 국사학과에서 〈18세기 말~19세기 초 場市 發達에 관한 基礎 硏究 : 慶尙道 地方을 중심으로〉로 석사 학위를, 〈朝鮮 後期 社會 問題와 訴冤 制度의 發達 : 正祖代 上言·擊錚의 分析을 중심으로〉로 박사 학위를 받았다. 한국역사연구회 회장을 지냈으며, 현재 덕성여대 사학과 교수로 재직하고 있다. 《朝鮮 後期 社會와 訴冤制度》로 제23회 월봉저작상을, 〈17세기 중엽 해남 윤씨가의 노비 소송〉으로 제5회 영산(瀛山) 법사학(法史學) 우수학술상을 수상하였다.

具德會 1955년 충남 태안에서 태어났다. 서울대학교 국사학과에서 학사, 석사 학위를 받고 박사 과정을 수료하였다. 주로 조선 시대 정치사를 연구하면서 서울 소재 중고등학교에서 역사 교사로 재직하다가 정년퇴직하였으며, 현재 한국역사연구회 회원으로 활동하고 있다. 저서로 《조선 중기 정치와 정책》(공저), 《신보수교집록(新補受敎輯錄)》(공역), 《수교집록(受敎輯錄)》(공역), 《각사수교(各司受敎)》(공역)가 있고, 주요 논문으로 〈宣祖代 후반(1594~1608) 政治 體制의 재편과 政局의 動向〉, 〈성종대 동반 경관직 인사 관리의 성격〉, 〈대명률과 조선 중기 형률상의 신분 차별〉 등이 있다.

沈羲基 1956년 서울에서 태어났다. 서울대학교 대학원에서 〈조선 후기 토지 소유에 관한 연구〉로 박사 학위를 받았다. 법과사회이론학회 회장, 한국형사소송법학회 회장, 한국법사학회 회장을 역임하였고, 2017년부터 2019년까지 '조선 시대 결송입안 탈초와 역주팀'의 연구 책임을 맡고 있으며, 현재 연세대 법학전문대학원 교수로 재직하고 있다. 저서로 《한국법사연구》, 《한국법제사강의》, 《역주 흠흠신서(欽欽新書)》(공역)가 있고, 주요 논문으로 〈조선 시대 사송에서 제기되는 문서의 진정성 문제들〉, 〈一人償命 談論에 대한 再考〉, 〈율해변의·율학해이·대명률강해의 상호 관계에 관한 실증적 연구〉, 〈조선 시대 형사·민사일체형 재판 사례의 분석〉, 〈근세 조선의 민사 재판의 실태와 성격〉 등이 있다.

朴鎭浩 1970년 서울에서 태어났다. 서울대학교 국문과에서 학사, 석사, 박사 학위를 받고, 한양대학교 국문과 전임 강사, 조교수를 거쳐, 현재 서울대학교 국문과 교수로 재직하고 있다. 한국어 문법을 일본어, 중국어 등 세계의 여러 언어와 대조하여 연구하고 있고, 차자 표기 자료를 바탕으로 고대 한국어 문법도 연구하고 있다. 저서로 《현대 한국어 동사 구문 사전》(공저), 《각필구결의 해독과 번역 1~5》(공저), 《인문학을 위한 컴퓨터》(공저), 《각사수교》(공역) 등이 있고, 주요 논문으로 〈시제, 상, 양태〉, 〈의미지도를 이용한 한국어 어휘 요소와 문법 요소의 의미 기술〉, 〈보조사의 역사적 연구〉, 〈유형론적 관점에서 본 한국어 대명사 체계의 특징〉, 〈언어에서의 전염 현상〉, 〈'-었었-'의 단절과거 용법에 대한 재고찰〉, 〈한·중·일 세 언어의 존재구문에 대한 대조 분석 : 언어유형론의 관점에서〉 등이 있다.

張景俊 1969년 대전에서 태어났다. 연세대학교에서 수학하여 박사 과정까지 마치고 현재 고려대학교 국어국문학과 교수로 재직하고 있다. 저서로 《유가사지론 점토석독구결의 해독 방법 연구》, 《각필구결의 해독과 번역 1~5》(공저), 《유가사지론 권20의 석독구결 역주》(공역) 등이 있고, 주요 논문으로 〈대명률직해의 계통과 서지적 특징〉, 〈조선 초기 대명률의 이두 번역에 대하여〉, 〈花村美樹의 대명률직해 교정에 대하여〉, 〈大明律直解, 大明律講解, 律解辯疑와 洪武律에 대한 試論〉 등이 있다.

金世奉 1958년 경기도 안성에서 태어났다. 단국대학교 사학과에서 〈17세기 호서 산림 세력 연구〉로 박사 학위를 받았다. 유도회 한문연수원 장학생반을 졸업하였고, 단국대학교 동양학연구원에서 《한한대사전》 편찬에 참여하였다. 동양고전학회 회장을 역임하였고, 현재 유도회 한문연수원의 교수로 활동하고 있다. 저서로 《조선 중기 정치와 정책》(공저), 《17세기 한국 지식인의 삶과 사상》(공저), 《신보수교집록》(공역), 《수교집록》(공역), 《각사수교》(공역)가 있다.

金伯哲 1978년 부산에서 태어났다. 부산대학교 사학과를 졸업하고, 서울대학교 국사학과에서 석사, 박사 학위를 받았다. 조선 시대 법사학 및 정치사상을 연구하고 있다. 전북대학교 HK교수, 서울대학교 규장각한국학연구원 책임연구원 등을 거쳐, 현재 계명대학교 사학과 조교수로 재직하고 있다. 저서로 《조선 후기 영조의 탕평 정치 : 속대전의 편찬과 백성의 재인식》, 《두 얼굴의 영조 : 18세기 탕평 군주상의 재검토》, 《법치 국가 조선의 탄생 : 조선 전기 국법 체계 형성사》, 《탕평 시대 법치주의 유산 : 조선 후기 국법 체계 재구축사》 등이 있다.

趙允旋 1963년 서울에서 태어났다. 성균관대학교에서 학사를, 고려대학교 한국사학과에서 석사, 박사 학위를 취득하였고, 서울대학교 BK21 법학연구단 한국법연구센터에서 박사후과정연구원으로 조선 시대 법제사를 공부하였다. 청주대학교를 거쳐 현재 한국고전번역원에 재직하고 있다. 저서로 《조선 후기 소송 연구》, 《조선 시대 생활사 4》(공저), 《한국유학사상대계 법사상사편》(공저), 《조선 후기사 연구의 현황과 과제》(공저), 《推案及鞫案》(공역), 《影幀摹寫都監儀軌》(공역), 《승정원일기》(공역), 《포도청등록》(공역) 등이 있고, 주요 논문으로 〈英祖代 남형·혹형 폐지 과정의 실태와 欽恤策에 대한 평가〉, 〈조선 후기 영조 31년 乙亥獄事의 추이와 정치적 의미〉, 〈조선 시대 赦免·疏決의 운영과 法制的·政治的 의의〉, 〈영조 6년(庚戌年) 모반 사건의 내용과 그 성격〉 등이 있다.

校勘標點
大明律直解

韓相權 具德會 沈羲基 朴鎭浩
張景俊 金世奉 金伯哲 趙允旋 校點

2018年 12月 20日 初版 1刷 發行

發行人 辛承云 | 發行處 韓國古典飜譯院
登錄 2008. 3. 12. 第300-2008-22號
住所 (03310) 서울市 恩平區 津寬1路 85
電話 02-350-4886 | 팩스 02-350-4899 | 홈페이지 www.itkc.or.kr

研究總括 李基璨 | 研究企劃 李濟宥

責任編輯 鄭永美 | 編輯進行 朴正烈
編輯校正 金賢泰 朴成喜 朴賢珍 宋叔姬 | 組版 鄭孝珍 | 製作 金炯奭
디자인 殷希周 | 印刷 반디컴

값 20,000원
ISBN 978-89-284-0579-4 94910
978-89-284-0574-9 (세트)
* 이 책은 2018년도 教育部 古典飜譯事業費로 出刊한 것임.